本作品受广州市宣传文化出版资金资助

现代乡村旅游

史寿山◎编著

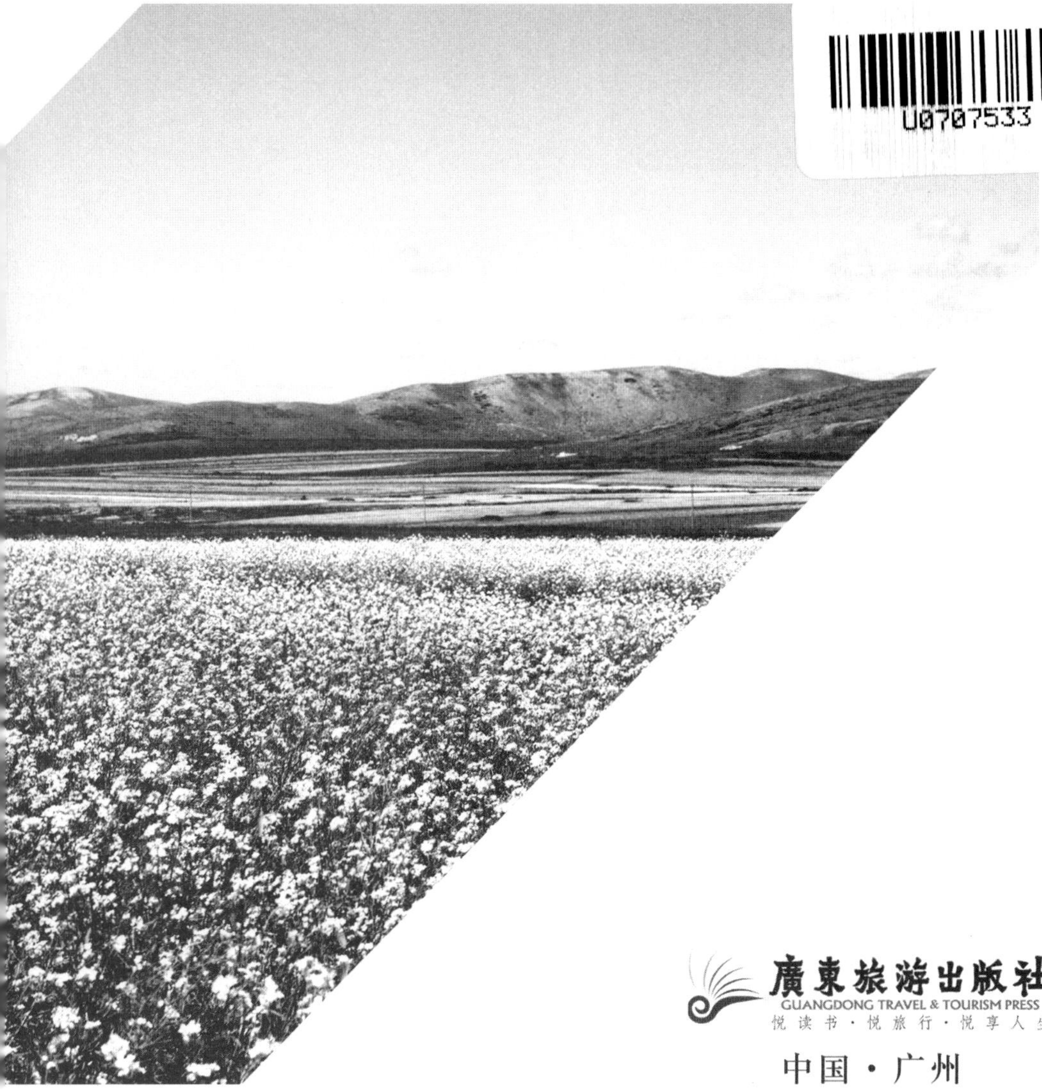

廣東旅游出版社
Guangdong Travel & Tourism Press
悦读书·悦旅行·悦享人生

中国·广州

图书在版编目（CIP）数据

现代乡村旅游/史寿山编著.—广州：广东旅游出版社，2017.9
ISBN 978-7-5570-1019-5

Ⅰ.①现…　Ⅱ.①史…　Ⅲ.①乡村旅游—旅游业发展—研究—中国　Ⅳ.①F592.3

中国版本图书馆CIP数据核字（2017）第145813号

出 版 人：刘志松
策划编辑：何　阳
责任编辑：梅哲坤
责任校对：李瑞苑
责任技编：刘振华

现代乡村旅游
XIANDAI XIANGCUN LÜYOU

广东旅游出版社出版发行
地址：广州市越秀区环市东路338号银政大厦西楼12层
邮编：510060
电话：020-87348243
广东旅游出版社图书网
（网址：www.tourpress.cn）
印刷：广州家联印刷有限公司
（地址：广州天河吉山村坑尾路自编3-2号）
787毫米×1092毫米　1/16
字数：231千字
印张：14.5
版次：2017年9月第1版
印次：2017年9月第1次印刷
定价：39.80元

【版权所有　侵权必究】

本书如有错页倒装等质量问题，请直接与印刷厂联系换书

目 录 Contents

自序 ·· I

第一章　现代乡村旅游概述 ·· 1

第二章　现代乡村旅游的"乡村性" ··· 25

第三章　现代乡村旅游的受益主体 ··· 51

第四章　现代乡村旅游发展规律的把握 ····································· 61

第五章　现代乡村旅游的客源地分析 ·· 85

第六章　现代乡村旅游目的地建设 ··· 97

第七章　现代乡村旅游特色村建设 ··· 111

第八章　现代乡村旅游中的"古人居遗产"游 ··························· 125

第九章　现代乡村旅游产业体系的构建 ····································· 159

第十章　现代乡村旅游节庆活动 ·· 169

第十一章　现代乡村旅游的可持续发展模式 ······························ 179

第十二章　现代乡村旅游的县级"顶层设计" ··························· 199

附件一：广东省地方标准《乡村旅游服务规范》内容摘要 ············ 209

附件二：广东省地方标准《家庭旅馆经营服务规范》内容摘要 ······ 217

参考文献 ·· 223

后记 ·· 226

自 序

多年从事乡村旅游发展的实践活动，使我多次萌生了要写一本指导乡村旅游发展的实战型参考书的想法。近年来，我以增城旅游发展实践为案例，先后撰写了《大旅游》《全域旅游》两本书，重点对"大旅游"产业和全域旅游的发展进行了思考。这次编著《现代乡村旅游》，试图站在全国乡村旅游发展的视角，对全国蓬勃开展的乡村旅游实践做一些深层次的理性研究，目的是为全国旅游界同行以及乡村旅游发展的决策者们提供一些参考和借鉴，也是我的著作《大旅游》《全域旅游》的发展理念在乡村旅游领域的细化与升华。本书着眼于把握现代乡村旅游的方向性、规律性、格局性、实用性，趋向于县一级旅游的"顶层设计"。

本书书名之所以叫作《现代乡村旅游》，主要基于以下考虑：一是我国乡村旅游发展是从20世纪80年代起步的，现代社会乡村旅游有了较快发展，全域旅游和"大旅游"逐渐成为新的潮流；二是改革开放以来，我国一些先富起来的地区的主要城市群进入了后工业化时期，这里的近郊客源市场对乡村旅游产品产生了更多的需求；三是党的十八大以来，提出"创新、协调、绿色、开放、共享"的发展新理念，促进新型城镇化对广大乡村产生了"宜居、宜业、宜游"的综合协调发展的时代新要求；四是适逢国家"十三五"提出乡村脱贫攻坚、全面实现小康社会的宏伟目标，旅游扶贫、旅游惠民、精准扶贫工作，尤其是在乡村旅游领域任务重、压力大、工作紧迫；五是互联网思维下的乡村旅游发展出现新的模式等。出于上述考虑，笔者深感在当前和今后很长一段时期内，急需来自乡村旅游一线实践所产生的新鲜理论指导，急需一批在乡村旅游实践领域"摸爬滚打"的"实战型"人才进行业务培训和业务交流，以便适应和推动全国广泛深入开展的乡村旅游的伟大实践。

据《中国旅游报》（2016年3月14日第一版）报道，近年来，我国乡村旅游呈爆发式发展。全国城市居民周末休闲和节日出游，70%以上选择周边的乡村旅游点，主要城市周边的乡村旅游接待人数年均增长20%以上。而且，我国乡村旅游资源占全国旅游资源的70%以上，但旅游消费还不到全国旅游消费总额的20%，未来增长潜力很大。有资料显示，"十二五"期间，我国通过乡村旅游带动了约10%的贫困人口脱贫。预计"十三五"期间，乡村旅游接待游客人次年均增长15%，到2020年达到40亿人次；乡村旅游营业收入年均增长18%，到2020年达到2.3万亿元，带动约8000万农民受益。每年带动200万贫困农民脱贫，到"十三五"末带动约1200万贫困人口脱贫，占全国贫困人口总量的17%。

总的来说，我国现代乡村旅游发展起步晚、发展时间短，尚处于初级阶段。和世界上发达国家的乡村旅游相比，我国乡村旅游的发展还有很长的路要走，但潜力很大，前景很广阔。

世界公认，旅游产业是全球最大的综合型产业，是最有前景的朝阳产业、低碳产业和高层次精神需求的民生福祉的导向型行业。而现代乡村旅游，在整个旅游产业中的比重最大、活动最广泛、作用最突出、意义最深远。

作为一个长期在县级旅游部门工作的基层实践工作者，笔者边学习，边实践，边思考，对乡村旅游发展战略和规律的把握与实践思考可能是肤浅的、不全面的，有待不断深化。恳请有识之士和旅游专家、学者及广大一线工作者给予斧正。

是为序。

广州市增城区旅游发展中心主任　史寿山
2017年1月10日于增城

第一章

现代乡村旅游概述

本章对现代乡村旅游的一般概念、特点、意义以及国内外现代乡村旅游的类型进行论述，目的是帮助大家了解现代乡村旅游的一般知识。

一、现代乡村旅游的概念

传统的乡村旅游，是指回乡探亲旅游，例如"回老家看看"。这是一种简单、自发、传统的旅游方式。

现代的乡村旅游，有别于传统的乡村旅游，它是现代社会一种专业化的乡村旅游业态。本书把现代乡村旅游作为研究对象。

一般认为，现代乡村旅游是在农业的基础上增加旅游要素，把传统农业变为休闲农业；在远离都市的乡野地区开辟旅游目的地，把农业区域变为农业与旅游兼有的区域；将乡村特有的自然和人文景观作为吸引物，分析优势，设计规划，施工兴办；把都市居民作为主要服务目标群体，通过满足游客观光、休闲、度假、求知、体验和回归自然等需求，获取经济和社会效益的一种旅游方式。

直白地说，乡村旅游就是以农村为阵地，以农业为依托，以农民为经营主体，以都市居民为服务对象，以乡村田园风光、乡村生活和乡村文化为旅游吸引物，以农业和农村特色资源为基础开发旅游产品的一种休闲旅游方式。

这里的农村，是指远离都市的农村，包括生态农村、特色农村、古村落、特色小镇、美丽乡村等，一般不包括都市里的"城中村"。

这里的农业，包括传统农业和现代农业，有观光农业、休闲农业、特色农业、文化农业、遗产农业、高科技农业等，是一个大农业的概念，即涵盖农业、林业、水利、牧业、渔业内容。

这里的农民，包括传统农民和现代农民，涵盖年轻知识农民、返乡农民工、乡贤、都市义化新农民、手工和现代专业技术农民、乡村基层干部等。

这里的都市居民，包括自驾车游客、自行车运动一族、文化艺术青年、社会精英、富裕家庭、亲子家庭、大众家庭、背包客自助游组团客等。

这里的乡村旅游产品，是指乡村观光、休闲、求知、体验、度假等产品。

这里的休闲旅游，是指在乡村逗留、观赏、考察、学习、参与、体验、娱乐、购物和度假等旅游方式。

世界旅游组织认为，乡村旅游是指游客在乡村（通常是偏远地区的传统乡村）及其附近逗留、学习、体验乡村生活模式的活动。

中华人民共和国国家标准《旅游业基础术语》指出：乡村旅游是指以乡村自然景观、民俗和农事活动为主要吸引物的旅游。

目前，我国各地开展的现代乡村旅游均在朝着融观赏、考察、学习、参与、娱乐、购物和度假于一体的综合型方向发展。

二、现代乡村旅游的特点

在中国现代乡村旅游中，乡村是构成整个文化的宏大的地理背景，是乡村旅游不可缺少的一部分。广大乡村旅游存在极其丰富的自然资源和人文资源，如奇峰异岭、河流水库、多民族的民俗风情、历史名胜古迹、无数的地方土特产品和民间美术工艺品寓于民间。同其他旅游方式一样，这些是乡村旅游发展的基础元素。其自然的农事活动、人居环境、生活习俗、农耕生态环境、农业收获物都是具有吸引力的景观。这是我国发展乡村旅游取之不尽、用之不竭的旅游资源。

乡村旅游有别于城市旅游，其旅游活动必须是发生在乡村的，其最本质的核心特征是"乡村性"。

乡村旅游发生在乡村地区，是指以农业文化景观、农业生态环境、农事生产活动及传统的乡村文化为资源，融观赏、考察、学习、参与、娱乐、购物、度假等于一体的生态性旅游活动。

乡村旅游已经成为都市人回归自然，放松身心，感受自然野趣，体验乡村生活，进行休闲娱乐的主要方式之一。

作为旅游产业的一个分支，乡村旅游除了具有一般旅游活动的特征如综合性、文化性、市场性外，同时具有独特性。具体来讲，现代乡村旅游有如下特点。

(一) 乡村旅游资源和产品的丰富性

一般而言，乡村地域广大辽阔，种类多样，加之受工业化影响较小，多数地区仍保持自然风貌、乡土民俗风格。从乡村旅游资源看，乡村有丰富的自然景观和人文景观。各具特色的乡村自然风光，丰富多彩的乡村民俗风情，充满情趣的乡土文化艺术，风格各异的建筑艺术，富有特色的乡村传统劳作，形态各异的农用工具，乡土气息浓郁的农事节气活动，乡村土生的农副产品，丰富多彩的农耕文化和民俗文化的体验实践，都是乡村旅游可以挖掘和利用的资源。著名旅游专家魏小安先生将其形象比喻为"山水画、田园诗、民俗风、文化歌、生活曲、梦幻情"。由乡村旅游多样化的资源设计规划而产生的乡村旅游景区、旅游线路、旅游目的地等更加丰富多彩。

(二) 乡村旅游在地域上的差异性

由于各地乡村地理环境的差异性，形成了乡村旅游的地理环境、生产方式、生活语言、农作文化、传统习俗、美食特色等方面的差异性。各种生产生活、器皿工具、房屋建筑、饮食习俗、礼仪服饰、婚恋庆典、舞蹈语言等主要存在于乡村地区，从而使乡村旅游具有明显的地域差异性。这种在特定地域所形成的"古、始、真、土"的特点，具有明显的、城镇无可比拟的、贴近自然的优势，为都市游客回归自然、返璞归真提供了优越条件。中华民族的民俗风情，集中体现在中国56个民族大家庭中。中国地理学家胡焕庸在1935年提出的划分中国人口密度的对比线，即"瑷珲—腾冲一线"（也称"胡焕庸线"），从旅游角度看，可以说既是中国东西部经济差距的分割线，也是中国东西部乡村旅游的自然风景线。中国国道318线描述了从上海到西藏的中国最美公路地域差异化的乡村旅游风景线。地球北回归线穿越了15个国家，其中广州的增城区成为难得的一块"醉美"生态翡翠绿洲。上下五千年，中国的乡村旅游资源"十里不同俗"，且大多以自然风貌、劳作形态、农家生活和传统习俗为主，受季节和气候的影响较大。因此，乡村旅游时间的可变性、地域的分散性、气候的差异性，一方面为满足游客多方面的需求奠定了基础，同时十分明显地展现出乡村旅游的地域差异性。

（三）乡村旅游的季节性

一年四季周期性变化，农历二十四节气在不停地轮换。广大农村自然环境的季节性、气候分明的季节性、农业生产和农村生活的季节性，决定了乡村旅游活动的季节性。农业生产各阶段对阳光、温度、水分、土壤等条件不同的要求，使农业具有不同的季节性和周期性，从而使得乡村旅游的内容随着农业生产的季节变化而变化。就南方而言，有三月"枇杷节"、六月"荔枝节"、八月"葡萄节"、十月"乌榄节"、七月和十一月"稻香节"、十二月"菜心美食节"等。这些农事节庆活动，往往都是乡村旅游季节性的重头戏。北方冬天寒冷，乡村旅游会受到一定制约，"冬仨月"户外活动基本上处于停止状态。另外，乡村农耕文化和民俗文化的旅游体验活动，也随着乡村的天气和农作物的季节性而变换应节的乡村旅游产品。实际上，如果认真研究乡村旅游季节性的特点，每一个乡村地区、每一年季节性的乡村旅游产品包括节庆、观光、采摘、体验、休闲、度假等，及早研发、公布、组织，因地制宜、因时制宜、因事制宜，将乡村旅游产品适时推向市场，也可以变乡村旅游的淡季为旺季。这方面的开发潜力是巨大的。

（四）乡村旅游内容的广泛性

乡村旅游是农业、农村与旅游产业结合的产物，互动性强、体验性强，且涉及的内容广博而宽泛。例如，对独特农村风光的观赏，四季农事节庆活动的参与，名优特农产品的收获采摘，民俗文化活动的实践，乡村特色风格建筑科技知识的普及，婚俗文化的体验，野趣乡村耕种文化场景的尝试，不同民族民俗特色语言的交流等，使乡村旅游更加丰富多彩。乡村旅游不仅指单一的观光游览项目和活动，还是包括观光、娱乐、康疗、民俗、科考、访问等在内的多功能、复合型旅游活动。乡村旅游的复合型特点导致游客在主体行为上具有很大程度的参与性。乡村旅游能够让游客体验乡村民风民俗、农家生活和劳作形式，在劳动的欢快之余，购得满意的农副产品和民间工艺品。可以说，乡村旅游在内容上有差异化的观光"亮点"给人看,有好玩的体验活动给人玩,有舒适、干净、安全的地方给人住,有乡土特色且让人放心的美食给人品尝,有无公害有机特产给人购买,游客是会满意的。

(五) 乡村旅游类型的多样性

从乡村旅游的类型来看,具有多样性,或者说有多种"玩法"。每种乡村旅游,在深挖广掘乡村旅游资源的基础上又可以细分,且能够精细化规划设计出多种多样、形形色色的乡村旅游产品。而且,乡村旅游在观光、休闲、度假、专项旅游的各个阶段、不同层次的产品也较多。例如,乡村旅游观光,包括乡村山水观光、田园观光、果园观光、鸟类观光、花卉观光、森林生态观光、现代农业观光等。体验性乡村旅游项目,包括扎稻草人、田园牧歌、抱瓜比赛、割禾大赛、水果竞猜挑战赛、定向寻宝、推农用车比赛、背老婆比赛、户外联动拓展赛、乡村美食烹饪赛、民宿深度体验赛,项目多、品种全、趣味浓。乡村文化属于民间文化,国内外乡村绚丽多彩的民间文化具有悠久的历史和丰富的内涵,使乡村旅游在文化层次上具有高品位的特点。乡村的各种民俗节庆、工艺美术、民间建筑、民间文艺、婚俗禁忌、趣事传说等,赋予乡村旅游深厚的文化底蕴。由于乡村社区的这种"浓厚的区域本位主义和家乡观念特色的非规范性",使民间文化具有深刻的淳朴性和神秘性,这对于都市游客来说,具有极大的诱惑力和吸引力。

(六) 乡村旅游的原真性

人是从原野中走来的,乡村原野"天人合一"的旅游环境,健康、朴素、简单的生活,即原真性,给人以初始、真实、纯洁、原味的亲切感觉,是乡村旅游吸引游客的博大基础。我国在经济发展的过程中,仍保留许多未曾开发的乡村自然景观。这些藏在"深闺"中的"处女地",将是发展乡村旅游强有力的物质依托。乡村旅游依托农业,阵地在乡村,主体在农民,活动在原野,其本质就是要"土",越"土"越有"味道"。老祖宗留下来的原始风貌、乡土风情、民俗习惯,"古法、原始、原真、乡土"的浓郁特色,使都市人到乡村旅游更能够找到乡愁、乡情、乡音，使乡村旅游更具有贴近大自然、融入大乡里、返璞归真、人与自然和谐相处的"天人合一"的崇高境界。科学保护和倍加珍惜乡村旅游的原真性，贯穿于整个乡村旅游活动的全过程。一旦失去乡村旅游资源和旅游产品的原真性，乡村旅游的核心竞争力就会丧失。"仁者乐山，智者乐水"，人们对青山碧水的大自然怀有敬畏之情。乡村旅游的寻根之旅，可以开发出丰富多彩的乡村旅游产品。乡村文化场景式的旅游剧场演出，唤起多少人难忘的回忆。乡愁、乡情、乡音，是民族文化繁荣的根基。每一种乡村旅游的业态，经过演绎、穿越、寻根乡土文化的原真性设计规划，成为乡村旅游开发的永恒主题。

除此之外，乡村旅游还有开发难度相对较小、见效较快、投资风险较低以及经营主体实力偏弱等特点。由于现代乡村旅游融乡村自然意象、文化意象和现代科技于一体，旅游发展与农业生产于一体，城市旅游与乡村旅游互动于一体，是可持续发展的旅游新业态。

三、现代乡村旅游的意义

在2015年全国乡村旅游提升与旅游扶贫推进会议上，中国国家旅游局局长李金早同志在本次会议上指出，从目前我国大量的乡村旅游的实践来看，乡村旅游至少有如下四个方面的重要意义。

（一）乡村旅游是推动农村迈向现代化进程的重要力量

农村是全面建设小康社会和实现现代化的重点和难点，"三农"工作始终是党和国家的中心工作。法国、日本、韩国和我国台湾等地的发展经验表明，乡村旅游是推动农村实现现代化的重要力量。我国实践也表明乡村旅游不仅能够有效带动农业增效、农民增收、农村繁荣，而且能够推动农民思想观念、行为方式、生活方式以及农村生产组织方式、社会结构产生重大变革，有力地推进了农村现代化进程。同时，农民利用闲置的房屋和生产资料开展旅游经营，改变了农村千百年来单一依靠农业的发展模式，不仅发展效益大幅提升，而且优化了农村的经济结构，走出了一条新的乡村发展道路。从全局上看，发展乡村旅游是我国农村全面建成小康社会和实现现代化的现实有效之举。

（二）乡村旅游是促进农村经济增长和农业结构调整的重要渠道

乡村旅游是我国旅游发展潜力最大、带动性最强、受益面最广的领域。近年来，乡村旅游接待人数和收入年均增幅都超过20%。2014年全国乡村旅游达12亿人次，旅游收入3200多亿元，直接从事乡村旅游的农民达3300万人，人均增收9700元。乡村旅游使传统农业向现代农业转变，使单一农业向多元农业转变，使粗放经济向效益经济转变，大大提高了农业效益和农村经济发展水平。同时，乡村旅游把农民从土地上"解放"出来，不少农民通过参与乡村旅游经营，如开办农家乐和经营乡村旅馆，成为第三产业的经营业主，既增加了收入，又优化了农村经济结构。

（三）乡村旅游是消除城乡二元结构、促进城乡一体化发展的有效途径

乡村旅游一手连着农民，一手连着市民；一手托着农村，一手托着城市；一肩挑着第一产业，一肩挑着第三产业。乡村旅游发展不仅关系到全国6.7亿农业人口的福祉，还关乎7亿城市人口的生活质量和生活品质。通过发展乡村旅游，城市居民和农民可以有效、充分地交流。这种城乡联动、乡城互动，必然为统筹城乡发展、消除城乡经济社会发展二元结构发挥积极作用。通过城乡一体旅游公共服务体系的建设，农民也有条件与城里人一样享受商贸、物流、信息、网络等服务。发展乡村旅游，还可以盘活乡村闲置的土地资源，通过创新乡村旅游项目，引导资金、土地、技术、人才和信息等资源在城乡之间合理流动，优化城乡资源配置，促进城乡统筹发展。

（四）乡村旅游是推进新一轮农村扶贫开发攻坚的中坚力量

旅游扶贫是产业扶贫的主要方式，具有贫困人口参与面广、生产经营成本较低、扶贫效果快、返贫率低等特点和优势。旅游扶贫给贫困人口带来的不仅是经济上的脱贫，更重要的是精神上的脱贫，是物质和精神"双脱贫"。特别是乡村旅游发展到一定阶段，农民学习掌握现代思想文化理念成为自觉的行动，这样才能从根本上实现"真脱贫"，不返贫，才能阻止贫困现象代际传递。据统计，全国12.8万贫困村中至少有50%具备发展乡村旅游的条件，发展乡村旅游的贫困村又可以带动70%的贫困户脱贫。"十二五"以来，全国通过发展乡村旅游带动了10%以上贫困人口脱贫，旅游脱贫人数1000万以上。乡村旅游已经成为农村扶贫开发的主渠道。

四、国内外现代乡村旅游类型

本节重点对国外和国内乡村旅游的起源、发展及形成的类型逐一介绍。

（一）国外现代乡村旅游的类型

据资料介绍，现代旅游产生于汽船和火车等交通工具的运用，而它的大发展得益于汽车和民用航空业的广泛应用。从19世纪中期开始，欧洲和北美地区的国内旅游和区域旅游有了较快推进。进入20世纪以后，随着汽车工业的迅速扩大和汽车的广泛利用，欧美发达国家的国际、国外旅游进一步扩展。1950年以后，随着民用航空交通的大范围启用，世界现代乡村旅游也得到快速发展，特别是进入1990年以后旅游产业已经成为世界经济中发展势头最强劲的产业，人们把迅速崛起的现代旅游产业称为"新兴产业"和"朝阳产业"。

国外乡村旅游起源于1885年的法国，比我国发展乡村旅游早了100年。近年来，乡村旅游在德国、奥地利、英国、法国、西班牙、美国、日本等发达国家已具有相当的规模，走上了规范化发展的轨道。乡村旅游对推动经济不景气的农村地区的发展起到了非常重要的作用。乡村旅游对当地经济的贡献和意义得到了充分证明。在许多国家，乡村旅游被认为是一种阻止农业衰退和增加农村收入的有效手段。相关资料显示，乡村旅游在世界各地发展非常迅速，2001年，意大利1万多家乡村旅游企业共接待游客达2100万人次，营业额达9000亿里拉（约合4.3亿美元），比2000年增加了12.5%。据报道，在美国就有30个州有明确针对农村区域的旅游政策,其中14个州在旅游总体发展规划中包含了乡村旅游。在以色列,乡村旅游开发被作为对农村收入下降的一种有效补充,乡村旅游企业数量逐年增多。包括加拿大、澳大利亚、新西兰、东欧和太平洋地区在内的许多国家,都认为乡村旅游产业是农村地区经济发展和经济多样化的动力。

据报道,国外乡村旅游产品的类型丰富多彩,如德国的度假农庄、法国的教育农园、意大利的绿色度假村、日本的观光农园、澳大利亚的郊野宿营。根据陈雪钧等学者研究发现,国外乡村旅游的类型主要有以下几种。

1. 乡村观光旅游

乡村观光旅游指以优美的乡村绿色景观、田园风光及独特的农业生产过程作为旅游吸引物,吸引城市居民前往参观、参与、购物和游玩。主要包括传统乡村观光游、乡村科技观光游两种类型。

(1) 传统乡村观光游,主要以不为都市人所熟悉的农业生产过程特别是特色农产品生产过程作为卖点。突出特色,是观光型乡村旅游产品具有长久生命力的关键。这就需要充分利用当地独特的旅游资源优势塑造特色产品。

澳大利亚将当地的葡萄酒产业优势与旅游产业有机结合,开发出葡萄酒旅游,允许游客游览参观葡萄园、酿酒厂和产酒地区等景点,还可以参加包括制酒、品酒、赏酒、健身、美食、购物等一系列娱乐活动。村庄旅游是法国人喜爱的一种旅游休闲方式,每年有数百万游客到远离城市的偏远村庄,住进条件简陋的农舍,家长带孩子参观农庄,看牛羊、看挤奶、观看制作奶酪和酿酒过程,游客还可以品尝这些美味。

苏格兰乡村崇尚自然,苏格兰乡村很美,当然这和当地人不大量种植庄稼有关系,他们只种点大麦酿酒,主要放羊,崇尚自然的感觉非常突出。

以色列北部一个地处沙漠的村庄用当地独特的沙果(一种极耐旱的水果)发展观光农业,游客可以在品尝沙果的同时做沙疗(一种把身子埋在热沙里治风湿病的方法),每年的游客量超过二十万。

法国卢旺河谷构造了一个乡村旅游综合模式,这条河谷是一条文化之谷,也是一条葡萄酒河谷，有大量葡萄酒庄，很有特色。几个产业的发展，把整个乡村旅游都带动起来了。

对于占韩国人口87%的城市居民来说，随着生活水平的提高，愿意到农村休闲的人越来越多。聪明的韩国农民于是发明了一种新的致富办法——开办"观光农园"——一般是几户农民联合开办的一种比较简朴的，集食宿、劳动和文体娱乐于一体的休闲设施。城里人来到这里小住几日，在这里既可轻松观赏乡村的山水野景，享受大自然的宁静，也可参加一些农业生产活动，如收获瓜果和蔬菜等，从中体会劳动和收获的喜悦；此外还可以学习农家制作面包、奶酪、果酱、葡萄酒的手艺。通过感受农家生活，使身心得到休息和调整。韩国农民开办"观光农园"须得到政府有关部门的批准。韩国农林部门在资金和政策上积极扶持农民发展观光事业的同时，也制定了严格的管理法规。对于违反规定的农园，会限令其立即整顿或停业。由于管理比较得当，"观光农园"发展势头良好，形式趋于多样化。

（2）乡村科技观光游，主要是利用现代高科技手段建立小型的农、林、牧等生产基地，既可以生产农副产品，又给游客提供了游览的场所。

新加坡将高科技农业与旅游相结合，兴建了10个农业科技公园。农业科技公园内应用最新科学技术管理，各种设施造型艺术化，合理种植作物，精心布局娱乐场所。养鱼池由配有循环处理系统的"水道"组成；菜园由造型新颖的栽培池组成，里面种上各种蔬菜，由计算机控制养分；田间林荫大道的两边也种上了各种瓜果。

美国建立了多处供观光的"基因农场"，用科学方法培植马铃薯、番茄，在发展农业的同时向游客普及基因科学知识。

一些国家发展生态乡村旅游，把生态旅游和农业旅游相结合，建立生态农业园，用高科技手段进行大规模的农业种植与管理。旅游活动在生态农业园内进行，游客通过在农业园内生活，参与农业园的劳动，并且可以通过购买或者租赁的形式在农业园内选择一块土地，自己种植一些农作物。有的国家的生态农业园非常大，形成一个联合体，乡村旅游活动都在生态农业园内进行。进行生态农业旅游最具代表性的国家是波兰，波兰的生态农业旅游区面积超过4000公顷。"农业+旅游"式的乡村旅游成为许多地方和国家发展乡村旅游的又一个模式。以旅游带动农业，以旅游促进农业的发展，把农业生产和旅游活动结合起来，使农业和旅游产业相互促进，既能增加旅游产业收入，又能带动农业发展，形成良性互动。据预测，欧洲每年旅游总收入中农业旅游收入占5%~10%。

2. 乡村休闲旅游

乡村休闲旅游，以乡村旅游资源为载体，以形式多样的参与性旅游活动为主要内容，满足游客休闲娱乐、身心健康、自我发展等需求。休闲型乡村旅游对比观光型乡村旅游，最大的区别在于，乡村休闲旅游主要满足游客的健康、娱乐、放松、享受等高层次需求，因此在产品特色上更加突出休闲度假主题，服务内容以康体、休闲、娱乐为主，产品表现形式更加强调创新、互动以及知识性。它主要包括三种类型：乡村休闲娱乐游、乡村康体疗养游、乡村自我发展游。

（1）乡村休闲娱乐游。现代乡村旅游是现代都市人为了缓解工作生活压力，利用假日外出进行的令精神和身体放松的一种较高层次的旅游形式，娱乐需求成为游客的基本旅游需求之一。

国外在开发乡村旅游时积极开发娱乐性强、互动参与性高、表现形式新颖的休闲娱乐项目以满足游客多层次需求。

日本各地的农场用富有诗情画意的田园风光和各种具有特色的服务设施开发"务农"旅游，游客可以自由参观园内的农作物，亲自参与劳务活动，现场采摘农作物并做成美味的佳肴；还可以在沿海地区参加捕捞虹鳟鱼，采集和加工海带等活动，获得全新的劳动体验。日本北海道突出自身优势，把大自然完整地保留下来，整个北海道看不到多少人，但北海道变成了日本人的一个大花园、休闲地。

在美国，每当瓜果成熟的季节，城里人就纷纷涌进各大农场参加摘水果等度假活动，以获得别有情趣的度假享受，缓解工作压力。

德国的乡村旅游十分简洁，不会因为旅游开发而刻意改变乡村的自然风貌，主要项目有瓜果采摘、集市体验、亲近动物、农家住宿、自租自种等。

意大利的农业旅游区则是一个典型的具有教育、游憩、文化等多种功能的"生态教育农业园"，游客可以从事各种农业健身运动，例如原始农业耕作、狩猎、亲手制作工艺纪念品、学习烹调等。

法国为满足不同偏好度假游客的需求，开发了不同主题、种类齐全的休闲农场，包括农场客栈、点心农场、农产品农场、骑马农场、教学农场、探索农场、狩猎农场、民宿农场、露营农场。

(2) 乡村康体疗养游。随着游客越来越关注旅游产品的医疗保健功能，国外许多乡村旅游目的地针对性地强化了其产品的医疗保健功能，开发诸如体检、按摩、理疗等与健康相关的乡村度假项目。这不仅能够满足游客的健康需求，还能为举办者带来不菲的利润回报。例如古巴的医疗旅游、日本的温泉旅游、法国的森林旅游、西班牙的海滨旅游等项目都以医疗保健功能而闻名。

(3) 乡村自我发展游。是指乡村度假地为游客提供一个轻松舒适的学习环境，通过团队合作交流、自主探索学习等方式而不是请专业人士做教练，让游客在没有任何压力的情况下学习新知识、熟练新技能，既享受了轻松的休闲时光，又学习到了知识。这种兼有娱乐和教育培训意义的参与式的乡村旅游形式深受游客欢迎，成为乡村旅游的发展趋势。

日本的许多地方为迎合人们关注野生鸟类生活的兴趣而专门开发设计了观鸟旅游，让游客亲临野鸟栖息地观察鸟类生活，随行配备观鸟专家指导，使游客在旅游中既观赏到了鸟类的生活，也学到了许多关于鸟类生活的知识。

美国的农场、牧场旅游不仅能使游客欣赏美丽的田园风光、体验乡村生活的乐趣，还有专人授课的农场学校，游客能够学到很多农业知识。

3. 乡村文化旅游

乡村文化旅游，以乡村民俗、乡村民族风情以及传统民族文化为主题，将乡村旅游与文化旅游紧密结合，使游客在欣赏美丽的田园风光的同时体味几千年历史积累下来的民族文化，是一种更高档次的旅游方式。乡村文化旅游有助于深度挖掘乡村旅游产品的文化内涵，满足游客文化旅游的需求，提升产品档次。参与这种旅游的消费者群体的文化水平较高，他们来到乡村主要是体验和欣赏传统文化，而传统文化在工业文明的浪潮中早就被湮没。来到乡村的游客以发现的眼光去寻觅传统的文化和古老的习俗，比如乡村的民居、当地人的生活方式以及流传下来的乡村戏曲、武术、杂耍等。对于游客来说，到乡村去旅游主要是追求精神上的享受和满足，是获取高层次生活的需要。

国际上开展文化型乡村旅游最好的国家是匈牙利，已经成为许多国家发展乡村旅游的模范，其开发的乡村文化旅游产品使游客领略匈牙利田园风光的同时，在乡村野店、山歌牧笛、乡间野味中感受丰富多彩的民俗风情，欣赏充满情趣的文化艺术，体味几千年历史淀积下来的民族文化。

西班牙开发了许多乡村文化旅游线路，满足游客多种文化需求，是西班牙乡村旅游产品的重要组成部分，如城堡游、葡萄酒之旅、美食之旅等。据有关专家介绍，西班牙全国有1000多座古堡，这是一笔十分重要的文化遗产。那么，这1000多个古堡到底怎么使用？西班牙发明了一招，1美元就可以买1座古堡，吸引了很多美国人、日本人，他们后来才发现那里和之前想象的并不一样。古堡基本上是赠送的，但是有条件：第一，必须按照西班牙的规划来重整，不能想干什么干什么；第二，古堡重整之后，至少有二分之一要拿出来作为公共设施。就这两条，1000多座古堡焕发了活力，而且1000多座古堡带动了1000多个乡村。就这样，文化遗产既得以保留，又得到保护，乡村也因此而振兴。

4. 乡村度假旅游

欧美国家游客喜欢到本国乡村度假，尤其是那些风景优美、远离喧嚣城市的农村甚至是比较偏僻的地方，在优美的自然环境中休养身心，体验另外一种生活方式。许多游客住在当地农民的家里，和他们一起生活，一起在农场里劳动，一起吃新鲜的蔬菜和水果。

美国西部的许多农场，都有为那些来自大城市的游客提供休息住宿的设施，游客还可以和农场主一起放牧、割草，或者采集水果、农产品。在劳动中，他们能够学习到更多的知识，增加感性认识。

法国政府采取干预支持机制与市场经济整合起来的模式，即"假期绿色居所计划"，是政府支持乡村旅游最好的代表。实行"农户＋协会＋政府"的乡村旅游供给模式，农民自愿加入"欢迎你到农庄来""农家长租房"等协会，农舍联合会专门监督和推销农舍，还制定主要规范与质量评定标准，政府少量参与，并提供规划、制度保障与财政支持——主要包括以下几点：（1）推行乡村旅游品质认证制度。不论是在餐饮、住宿方面还是在购物方面，法国都通过认证来进行规范和管理。（2）围绕乡村旅游开发产品项目。法国的乡村旅游产品愈来愈"乡村化"，甚至以人工手法增加乡村特色，如购置古老家具和布置法国乡村风味餐厅，政府要求在乡村规划中恢复和发展传统建筑文化，保留典型的有特色的古老村舍，并要求农场的建筑符合当地的特色。（3）营销和开发并重。乡村旅游企业行销模式多样，往往通过和行业对手以及政府性旅游组织合作，扩大营销的层面和影响力。（4）拓展旅游营销市场。从普通的观光产品到种类齐全的休闲农场，再到不同主题文化的旅游产品，政府都有相应的营销与品牌策略，住宿类型也涵盖了不同层次的需求，保持长久旺盛的生命力。

奥地利度假农场以质量分级和主体化作为开发和营销手段，促进乡村旅游发展与农村建设。开展全国范围内的"绿色村庄计划"，推广生态旅游"标签"运动。

西班牙用行业标准来确保乡村旅游质量，每一个地区都有乡村旅游方面的法律，法制上确定乡村旅游的地位。开展乡村旅游过程中，西班牙政府还对进行乡村旅游的农户严格考核，向具备条件的农户颁发《旅游接待许可证》。除此之外，西班牙还改造城堡和大农场，建成乡村度假旅游社区。

（二）国内现代乡村旅游的类型

我国现代乡村旅游产生于20世纪80年代，成都市郫都区（原名郫县）诞生了我国第一家"农家乐"。随着改革开放的不断深入和人民生活水平的普遍提高，汽车、航空、高铁、高速公路等交通设施的快速发展，我国现代乡村旅游得到快速发展和不断壮大。为了适应市场的迫切需求，我国的现代乡村旅游形成了不同的产品类型，主要有以下几个类型。

1."农家乐"

"农家乐"是以农家为主要旅游资源，以农村其他资源为辅助旅游资源，策划开发的旅游产品。农民利用自家的庭院，自己生产的农产品，周围的田园风光、自然景点，以及低廉的价格，吸引游客吃、住、玩、游、娱、购。主要包括农业观光型"农家乐"、民俗文化型"农家乐"、民居型"农家乐"、餐饮型"农家乐"、食住型"农家乐"、农事参与型"农家乐"、休闲娱乐型"农家乐"等。"农家乐"以农业、农村、农事作为主要发展载体，重点突出一个"农"字，体现一个"乐"字。成都"农家乐"是都市依托型乡村旅游的代表，类似的还有北京的民俗村、贵州的村寨游、黄山的古村游、增城的万家旅舍等。成都市郫县是中国"农家乐"的发源地，其典型的特色是"吃农家饭，住农家屋，干农家活，游乡村风光，购农家特产，娱农家欢乐"。其主要特点是依托城市大市场，发展周末休闲度假旅游。

近年来，政府鼓励"大众创业、万众创新"，支持包括农家乐这样的小微企业发展，通过提高税收的起征点等措施，基本免收管理费和税费，对农家户进行免费培训以及实行办理经营证照给予简化手续等方式对"农家乐"给予扶持，同时采取星级管理、卫生环保整顿和推进规模、打造品牌等一系列措施推进"农家乐"健康有序地发展。

但由于从上到下都没有对农家乐建立健全统一具体的法规政策体系，存在问题还是很多，管理不规范，发展中还存在不少问题。总体而言，"农家乐"存在四个突出问题：一是经营形式单一，产品的同质化问题突出。走遍全国，

"农家乐"都差不多,同质化问题普遍。二是低价恶性竞争,产品质量还不高。经营户越来越多,普遍是打价格战,进行恶性竞争。三是由于没有品牌,市场的持续性不足,也没有建立相应的合理分工体系,可持续发展存在的问题非常突出。四是证照不齐全,管理不规范。特别是污水排放、消防、特种行业许可等方面问题突出,公共基础设施滞后,法规政策不健全。

根据各地发展的经验看,"农家乐"的主要转型思路可以归纳为:"农家乐"要以"农"为根,向"村"拓展;以"家"为平台,向"田"拓展;以"乐"为魂,向"休闲"拓展;以"富"为本,向"和谐"拓展。具体讲,"农家乐"升级有以下十条路径:一是培育特色,打造"一村一品";二是景观升级,保留乡村文化称号,塑造乡村景观;三是经营转型,发展休闲体验型项目,延长游客逗留时间;四是产品升级,开发乡村旅游商品,满足游客"购"的需求;五是功能升级,增加公共服务设施,完善乡村功能;六是文化升级,发展创意农业,提升文化内涵;七是规模升级,整合资源,建设主题性乡村旅游目的地;八是服务升级,规范服务,提高游客满意度;九是组织升级,创新机制,提高"农家乐"的组织化程度;十是营销升级,整合营销,衔接供需。

2. 观光型乡村旅游

以农村田园景观、农业生产活动和特色农产品为旅游吸引物,开发农业游、林果游、花卉游、渔业游、牧业游等不同特色的主题旅游活动,满足游客体验农业、回归自然的心理需求,主要包括农业观光游、田园观光游和生态观光游。

农业观光游,主要以特色农业、高科技农业、农村风貌、生产生活场景为旅游吸引物,满足游客学习农业科技知识、体验乡村风貌和乡村生活的需求。田园观光游,以乡村景色为载体,以绿色景观和田园风光为主题,以单纯自然的农业风光为吸引物,需要有较大的开发体量,比如油菜花田、百草园。田园观光游,包括各种花卉、果品、稀有植物等形成农业公园,此类型旅游产品以台湾的观光农场较为成熟。生态观光游,顾名思义,是以优美的乡村田园风光、乡村特色民居群落、传统的农业生产过程、民俗博览园等作为旅游吸引物，把生态与民俗风情、旅游与休闲结合起来，满足游客回归自然、寻找梦想的心理需求，吸引城市居民前来参观和游览。

观光型乡村旅游产品要想具有长久的生命力，必须突出当地乡村的特色，充分利用当地独特的旅游资源优势以塑造特色产品。因为每一个乡村都是万花丛中的一点"绿"，想要做到万绿丛中的一点"红"，就必须从特色出发。具体包括以下几种类型。

（1）观光花园。观光花园以观花赏花、园艺学习为主题，主要利用一些大型花卉生产基地，为游客提供观光，赏花，买花，学习园艺、插花等技艺的旅游活动场所。这些花卉生产基地与旅游产业天然的耦合关系，是发展乡村观光旅游（如赏花节、赏花会、赏花之旅）的基本资源，也是塑造田园化乡村环境的重要因素。以对山东省的各种林果、花卉考察为例，发现不同的花卉种类有不同的赏花期，这正好构成了观光花园的各个旅游时节。

（2）观光果园。以水果旅游为主题，主要利用成熟的果园，通过观果、品果、摘果等一系列活动吸引游客。观光果园一般指开放成熟期的果园供游客亲自采摘、品尝、购买及参与加工果实，能观赏果实累累的丰收美景，并与其他休闲活动相结合的果园经营新形态。果树品种以苹果、梨、葡萄、柑橘、桃为主，一般选择花香、色艳、味美的果树品种，综合考虑开花期和成熟期，将其合理搭配和组装以增强吸引力，延长开放期。果园内可开设果品加工坊、果品品尝屋、鲜果专卖店、休息亭、品茶亭若干座，游客平时可在林间休闲、游览、野营、烧烤，果实成熟时游客可自采、品尝、参与加工、购买新鲜水果。为了增加果园的文化氛围，可点缀文化艺术小品，如雕塑、壁画、楹联、诗词等，可以直接以水果为内容，也可以间接引述或表现与水果有关的历史典故、传说趣闻，如古诗名句"满园春色关不住，一枝红杏出墙来"就可雕刻于石碑上。为保障果园正常生产，观光果园要开辟活动专线，开辟供游客采摘、品尝和学习栽培的固定区域。

（3）观光牧场。观光牧场开发有两个方向：饲养普通家禽、家畜，如牛、马、羊等，开发参与功能，让游客全方位、多层次参与。如让游客参与饲养、剪毛、挤奶、品尝羊肉和羊制品，观赏和拍摄奶牛等。饲养品种优良而独特的牲畜及野生动物，这些动物必须易于饲养且有很大的观赏价值，如鹿、狐、鸵鸟。观光牧场既有生产的功能又有观光的功能，因此牧场应采用先进的饲养技术、管理方法和设施设备，建立畜禽良种繁殖体系，畜产品加工、检验、贮运体系，形成融观光、参与、娱乐、品尝、培训、咨询、购物、科研等功能于一体的一条龙旅游服务体系。

（4）观光渔村。主要以参与为主，如规划地周围有大面积的水面和传统渔业，则应恢复传统渔业生产风貌，甚至可以对其进行适当的艺术加工，使其具有旅游吸引力。

胶东半岛沿海地区以渔业生产、渔民生活和胶东地区特有的地理、自然资源为基础，形成了独具特色的"胶东渔村"。渔村和渔民以荣成、蓬莱、长岛、日照等地的最为典型。以成山头为界，胶东半岛南部的海域，渔民习惯上称之为"南海"，其渔业生产习俗受长江口一带的影响较多，渔船以乌高、排子为代表，善用镩子网、架子网等定置渔具；胶东半岛北部海域，渔民习惯上称之为"北海"，典型的渔村集中于荣成龙须岛、蓬莱大季家、刘家旺、长岛砣矶岛、莱州三山岛等处，渔业生产习俗以驾"大瓜篓"、打风网（围网）为特色。南北渔村的海带草房、玉米面饼子、海产食品、天后崇拜、行船禁忌等习俗，都为别处所不多见。沿海渔民沿袭"齐人好逐利"的传统，外出经商的习俗历数十代而不衰。这方面的突出代表是蓬莱、龙口、莱州等沿海地区，"蓬黄掖"的经商习俗不仅在东北有很大影响力，在京、津、沪等地也多见"蓬黄掖"商人的足迹。20世纪90年代以来，胶东地区相继开发出了以长岛和日照"渔家乐"、荣成"胶东渔村"等为代表的，以传统渔家生活为主题的乡村旅游产品，在国内市场上成为知名旅游品牌。

（5）观光鸟园。一般包括观光湿地建设，观光鸟群迁移，以及观赏鸟巢等。

西班牙南部有个小镇有着丰富的鸟群，是观赏鸟的天堂，每年都能吸引很多鸟类学者前来观光。一年中最好的观赏季节是春天，因为这时候既可以看到很多冬天的物种，又可以看即将来临的夏季物种。

（6）森林公园。面积较大的森林地段可开发为森林公园。森林公园区位条件好，地形多变，山峦起伏，溪流交错，森林茂密，景色秀丽，环境优良，气候舒适，成为人们回归自然、休闲、度假、野营、避暑、科学考察和进行森林浴的理想场所。

（7）农业公园。按照公园规划建设和经营管理思想，将农田划为服务区、景观区、农业生产区、农产品消费区、旅游休闲娱乐区等部分，形成一个公园式的农业庄园。

（8）农业科技观光游。利用现代高科技手段建立小型的农、林、牧生产基地，既可以生产农副产品，又给游客提供了游览的场所。

山东省寿光市蔬菜高科技示范园，建成"三园三区五中心"格局，即蔬菜高新技术创新园、农业博士创业园、外商投资园；蔬菜标准化生产示范区、新品种试验示范区、现代化设施试验示范区；智能化信息管理中心、蔬菜高新技术培训中心、展示交流中心、现代化生物工程种苗中心和蔬菜保鲜加工销售中心。成为国内农业科技观光游的一个亮点。园内南国的水果、北方的蔬菜应有尽有，各式景点错落分布，令人向往，每年接待国内外各种旅游参观团体和单位20000多个，游客达50万人次。

（9）水乡农耕观光游。以水乡农耕景观为主要旅游吸引物，利用河口水网密布的特点，营造荷塘万里，蕉林、蔗林成片，凉亭竹棚，鱼跃禽鸣的水乡农耕景观，让游客置身于水乡秀色、田园绿野中，尽情领略水乡风情。

（10）绿色生态观光游。利用农村特有的自然生态旅游资源，进行适当的规划和包装，开发各式各样的"绿色生态之旅"项目。被财政部和水利部授予"全国水上保持生态建设示范村"的辽宁丹东大梨树农业生态旅游村，1992年被联合国环境规划署授予"全球500佳"称号的辽宁盘锦大洼县西安生态养殖旅游项目都属此类。在波兰，乡村旅游与生态旅游紧密结合，开展的活动内容与其他国家一样，不过参与接待的是生态农业专业户，一切活动均在特定的生态农业旅游区内进行。

3. 民俗风情型乡村旅游

以农村的风土人情、民俗文化为旅游吸引物，充分突出农耕文化、乡土文化和民俗文化特色，开发农耕文化展示、民间技艺、时令民俗、节庆活动、民间歌舞等旅游活动，增加乡村旅游的文化内涵。主要类型有农耕文化游、民俗文化游、乡土文化游和民族文化游。民俗风情型乡村旅游主要以民俗村镇的生产活动、生活方式、民情风俗、宗教信仰及各种传统节日吸引广大游客和观光者前来观光游览、康体娱乐、学习研究等。一般在少数民族聚集的地区进行旅游开发，特色明显，传统民俗风情浓郁，并伴有文化韵味甚浓的各种节庆活动，与生态结合，突出了乡村旅游的地域性和民族性，代表性的有广西桂林、云南丽江等。

民俗风情型乡村旅游的表现形式多为民俗村，分为实地民俗村和模拟民俗村两种类型。实地民俗村，或称"原生型民俗村寨"，在少数民族聚居地区选择较为典型的天然村，对民俗文化进行开发、保护和利用，展现生动的民族生活现状。实践证明，这是最富有生命力的民俗文化村模式。模拟民俗村，是把某一地某些民族的文化生活现状以模拟的形式保存或重建加以展示，属于主题公园。模拟民俗村往往建在城市周围，弥补城市旅游资源的缺乏，为开拓客源市场提供新的思路，也为保护民俗文化提供了一条非常重要的途径，但不代表民俗旅游的发展方向。

随着民俗旅游的蓬勃发展，民俗文化在旅游当中受到了冲击甚至消亡，面对民俗文化保护和旅游开发的矛盾，面对当地居民与旅游经济的博弈，民俗风情型乡村旅游未来实现利益共享，寻找发展平衡点，对于推动我国乡村旅游发展具有积极的实践意义。其中不可忽视的一点是开发民间艺术。民间艺术是区域大众生活的体现和特征，主要包括微雕、陶瓷、布艺、木艺、果核雕刻、刺绣、毛绒、皮影、泥塑、紫砂、蜡艺、文房四宝、书画、铜艺、装饰品、漆器等，代表了一个民族和地方的文化特征，具有区域独特性。正因为民间艺术的这一特性，逐渐成为乡村文化创意旅游的一个重要方面，通过传统艺术创新，不仅丰富了乡村旅游体验，也强化了旅游目的地的品牌形象。

4. 村落乡镇型乡村旅游

以古村镇宅院建筑和美丽乡村格局为吸引物，主要类型有：古民居和故宅院旅游、民族村寨旅游、古镇建筑旅游、新农村和美丽乡村风貌旅游。我国在明清时期曾有一段乡村社会繁荣发展时期，给后世留下了拥有大量传统民居的古村落，形成了我国乡村旅游的重要特色。我国的古村落中，以皖赣古村落具有典型性。古村镇旅游是当前国内旅游开发的一个热点问题，也是乡村旅游体系中一个比较独特的类型，以其深厚的文化底蕴、淳朴的民风和古香古色的建筑遗迹等特点受到游客的喜爱。但是，旅游开发中保护与开发之间的矛盾，传承与商业化的博弈等，也给景区发展带来了诸多限制。因此，古村古镇旅游要实现高效、可持续发展，需要探索出一条既最大限度保持历史文化面貌，又能弘扬传统文化，充分发挥旅游经济效益的发展模式。

5. 参与体验型乡村旅游

乡村体验式旅游是乡村旅游的一种新的高级业态。特别是针对城市家庭、亲子设计的农耕文化、民俗文化体验式的家庭旅游、亲子旅游，人气格外火爆，令大城市的少年儿童格外开心快乐。旅游21世纪是"体验经济"时代，游客更注重在消费过程中的参与和体验，参与体验型乡村旅游就是强调游客在旅游过程中的体验感知，以开发主题活动的方式来满足游客的体验要求，比如采摘果品、品尝美食、参与农事活动、节庆活动、购买土特产品等。通过这些具有吸引力的活动，使那些寻觅纯朴乡情的游客感受到自己融入到乡村的环境和氛围中。

6. 科普教育型乡村旅游

利用农业观光园、农业科技生态园、农产品展览馆、农业博览园或博物馆，为游客提供了解农业历史、学习农业技术、增长农业知识的旅游活动，主要类型有：农业科技教育基地、观光休闲教育农业园、少儿教育农业基地、农业博览园。乡村旅游应当集学习知识、游览、娱乐于一体，对游客起着拓宽视野和增长见识的作用，尤其对于青少年学生，科普教育型乡村旅游为游客提供了一种深入了解农村、农业和农民的途径。科普教育型乡村旅游可以开展以农业科普为主的休闲娱乐活动,在轻松愉快的氛围中让游客的求知欲得到满足。

7. 回归自然型乡村旅游

利用农村优美的自然景观、奇异的山水、多彩的花卉、绿色的森林,发展观山、赏景、赏花、登山、森林浴、滑雪、滑水等旅游活动,让游客感悟大自然、亲近大自然、回归大自然。主要类型有:森林公园、湿地公园、花卉主题公园、水上乐园、露宿营地、自然保护区等。

田园风光,是指广袤田垄与峰林山峦相连、田秀山清、山环水绕、河映山村的美妙景色。田园风光游是乡村旅游区别于都市旅游最大的韵味。由于不同地域地质地貌的差异,田园风光又分为江南田园风光、平原田园风光、山林田园风光、水乡田园风光、梯田田园风光、热带田园风光。回归自然型乡村旅游以康体疗养和健身娱乐为主题,通过乡村休闲运动,如林中远足、采蘑菇、挖竹笋、采茶、山地野营、森林滑草、滑雪、游泳、漂流、森林探险、徒步、攀岩等,实现强身健体的目的。国外发展最早、最成熟的乡村旅游产品就是回归自然型乡村旅游。

8. 休闲度假旅游类型

依托优美的乡野风景,舒适宜人的清新气候,独特的地热温泉和山泉,环保生态的绿色空间,结合周边的自然景观和民俗文化,兴建一些休闲、娱乐、度假设施,为游客提供休憩、度假、娱乐、餐饮、健身等服务。主要类型有:休闲度假村、休闲农庄、特色庄园、乡村酒店等。以产业化程度极高的优势农业为依托,通过拓展农业观光、休闲、度假和体验等功能,开发"农业+旅游"产品组合,带动农副产品加工、餐饮服务等相关产业发展,促使农业向第二、第三产业延伸,实现农业与旅游产业的协同发展。其中特色庄园模式适用于农业产业规模效益显著的地区,以特色农业的大地景观、加工工艺和产品体验作为旅游吸引物,开发观光、休闲、体验等旅游产品,带动餐饮、住宿、购物、娱乐等产业延伸,产生强大的产业经济协同效益。台湾庄园旅游发展经验值得借鉴。

第二章

现代乡村旅游的"乡村性"

现代乡村旅游的"乡村性"是吸引乡村游客的基础，是界定乡村旅游概念最重要的标志，是现代乡村旅游的最本质特征。因此，现代乡村旅游，一是必须发生在乡村地区；二是必须以乡村资源作为吸引物；三是主要以都市居民为吸引和服务对象，使其通过"完全的乡村体验"满足"回归自然"的旅游要求。本章专题论述"乡村性"，以示它对乡村旅游极其重要的意义。

习近平总书记曾经说过三句话，第一句是"绿水青山就是金山银山"，第二句是"山水林田湖是一个生命共同体"，第三句话是"望得见山，看得见水，记得住乡愁"，笔者认为，这充分点明了农村"乡村性"的重要意义所在。想要让农村建设得更像农村，就要保留并珍惜其"乡村性"。发展乡村旅游使农村永葆"乡村性"，乃是乡村旅游可持续发展的关键。

何谓"乡村性"？乡村性就是乡村独有的特性，就是要追求那山那水，那一草一木，那鸡鸭狗，那马牛羊，那小桥、流水、人家，那民俗，那乡村印记，总与乡愁、乡情、乡音相互关联的意境。概括来讲，就是在乡村要保存或营造一种纯真的"山水画，田园诗，民俗风，文化歌，生活曲，梦幻情"的场景和意境。发展乡村旅游，要善于发现和挖掘乡村的老故事，善于发现和修复文物古迹，善于发现和保护农耕文化的老物件，这些都是中华民族传统农耕时代、耕读人家、书乡门第的"活化石"。人们往往看到这些，就勾起了乡愁、念起了乡情、找到了乡音。

苏宁所著《一座消失的村庄》中列举并详细描述了一个乡村的"看青、收秋、青年点、跳大神、露天电影、照相师傅、嫁娶、饮酒、猪肉炖酸菜、秧歌、二人转、炊烟升起、生个小孩吊起来、姑娘叼着大烟袋、窗户纸贴在外"等民俗风情，使人读着读着就想起了乡愁。这些乡愁的元素构成了当地特有的"乡村性"特点，这些都是发展乡村旅游宝贵的旅游资源，成为引起游客浓厚兴趣的重要吸引物。

邹统钎等所著《乡村旅游：理论·案例》一书在谈到"乡村性"时指出，"乡村性：乡村旅游的原动力……乡村性是乡村旅游地所体现出的、不同于城市区域的性质和特征，它客观上表现为一种'气氛'。将这种'气氛'具体化为：古朴的村庄作坊、原始的劳作形态、真实的民风民俗、土生的乡村特产……乡村性的特征表现为小规模经营、本地化开发、社区主导和全民受益"。

可见，发展乡村旅游，首先应高度关注乡村的"乡村性"，这是十分必要的。我们要通过保护和发展"乡村性"，使乡村建设得更像乡村，文化得以传承，历史得以延续，从而与城市文化、场景形成强烈反差，才能保证乡村旅游可以张扬当地的乡村个性，促进乡村旅游可持续发展。发展乡村旅游，自始至终都要善于发现、挖掘、保护和弘扬体现"乡村性"的诸多元素。因此，有必要对"乡村性"的基本业态加以论述。

一、"山水画"的乡村原生态

保护好青山绿水，蓝天白云，充分展现一幅幅喀斯特、丹霞、溶洞石林、湖光山色、江河画廊等江山多娇的乡村"山水画卷"。例如，乡村的河流、湖泊、溪流、沟域、流域、滩涂、森林、湿地、空气、水源、沙石等。这些都属于旅游地理方面的范畴，原生态资源更加宝贵，次生态资源越久远越有价值。乡村自然景观包括自然景观和人文景观，我国地大物博，幅员辽阔，各地乡村差异很大，这里只论述"乡村性"的普遍性元素。

（一）山

山是自然旅游资源之一，是现代乡村旅游的重要资源，具有观光游览、避暑消夏、度假疗养、登山探险、科考研修和宗教朝觐等多种旅游价值，是地文景观的主干。

山，是陆地表面高度较大、坡度较陡的隆起的部分，自上而下分为山顶、山坡和山麓。有土山、石山之分，高大的山称为山岳。山的特点与地貌直接相关。山地控制着陆地的地形和格局。山地垂直度高，地形起伏明显，气候复杂多变，动植物资源丰富，空气清新。山，具有"形象美"，可概括为"雄、奇、险、秀、幽、奥、旷、野"等八个美学观赏特征。雄，雄壮、浑厚、崇高；奇，奇异、奇特、奇怪；险，山势险峻，坡度大，山脊高而窄；秀，秀美，赏心悦目；幽，隐蔽，深沉，安静，神秘；奥，高深莫测，变化无穷；

旷，辽阔，豁朗；野，野情，野趣，原始荒野状态。凡是幽奥之处，往往是文人骚客、修身养性之人的所到之处。著名的风景区也往往是八个特征兼备的丰富多彩的空间综合体。

我国地势西高东低，从西向东逐步下降，呈现三级阶梯态势。青藏高原，平均海拔4000米以上，有"世界屋脊"之称，属于第一阶梯；青藏高原的北面和东面，海拔下降到一两千米，为第二阶梯；由高原（内蒙古高原、黄土高原、云贵高原）和盆地（四川盆地、塔里木盆地、准葛尔盆地）组成，再向东延伸，海拔降至500米以下，由平原（东北平原、华北平原、长江中下游平原）和广阔的丘陵组成，是第三阶梯。总体来看，山地、丘陵分布最广，占我国国土总面积的三分之二以上。

从旅游角度看，高山、极高山，是登山运动特殊的旅游和科研专门场所；中、低高度的山，丘陵，盆地，则是普通游客游玩的天地。我国的名山大多是中、低高度的山，一般具有雄、奇、险、秀、幽的名山特点，大多是由岩浆岩、沉积岩、变质岩构成。黄山、华山、衡山、九华山、天台山，都属于岩浆岩中的花岗岩地貌；浙江的普陀山主要由肉红色的粗粒花岗岩构成；厦门的鼓浪屿的日光岩，海南岛的天涯海角和黄山的仙桃石、飞来石、"猴子望太平"等都是花岗岩球状风化的结果。黑龙江五大连池游览区，是一座近代火山地理博物馆，其中的条条石龙属于岩浆岩中的玄武岩，是火山喷发时流出的岩浆边流边冷却形成的。

沉积岩是地表上的岩石被侵蚀、破坏后，矿物质重新组织而成，或者由地表上的动植物的遗体堆积而成。这种岩石中的石灰岩和砂砾岩最有观赏价值。石灰岩中的太湖石、砂砾岩中的丹霞地貌很有名。广东韶关仁化县的丹霞，地貌最为典型且发现最早，故得名"丹霞地貌"。福建的武夷山，河北承德磬锤峰、僧帽山，安徽的齐云山，江西的龙虎山，湖南的岳麓山，长沙的橘子洲头以及湖南武陵源的大部分景区，都属于丹霞地貌。此外，河北承德的蛤蟆石、双塔山，广东坪石的金鸡岭，武陵源金鞭溪等，都是驰名的丹霞地貌。面积达240平方公里的云南丽江黎明丹霞地貌分布区，是中国最大的丹霞地貌景区。红色砂砾岩厚实、呈整体性，便于雕塑，云冈石窟、大足石刻、乐山大佛等，都属于红岩地带。

岩溶风景又称喀斯特地貌，包括最常见的石林、峰林、孤峰和天生桥。如云南昆明的石林，广西桂林的峰林，广东清远英德、阳山等地的喀斯特风景。分地表和地下两类，地下岩溶风景，主要指溶洞，包括溶洞内的河、湖、堆积物。我国著名的溶洞有贵州安顺龙宫、广东肇庆七星岩、广西柳州万华洞、湖北利川的腾龙洞、贵州织金的织金洞等。近年发现的以腾龙洞为主体的洞穴群，洞穴计600多个，洞洞相连，展布面积500平方千米，被誉为"溶洞之王"和"地球之宝"。贵州织金洞的堆积物有40多处，最高的离洞底150米以上。

变质岩是固态岩石受地球运动产生的高温、高压变质而形成的矿物重新组合、结晶的新型岩石，例如大理石（包括汉白玉）。我国由变质岩形成的名山不多，有"群山之长"之称的泰山就是变质岩形成的名山。现在泰山仍以每年0.5毫米的速度升高。云南大理的苍山与泰山类似。我国大部分地区没有名山大川，对一些中、低高度的山资源，要注意挖掘乡村旅游资源，找出文化特色，编好故事，加以利用。例如，广东增城的卧佛山、石人岭、仙人迹、钟鼓石、将军石、试剑石、天然浴缸、白水仙瀑，都是发展乡村生态旅游的良好自然资源。

中国旅游名山主要分布在我国东部季风湿润地区，以低山和中等山为主，呈现出"南秀北雄"的特点。在中国，有"泰山天下雄，华山天下险，峨眉天下秀，青城天下幽"的美誉。华夏五岳、四大佛教名山和主要道教名山，都具有极高的历史文化价值。往往名山兼有奇峰、怪石、飞瀑、流泉、小溪、古木和奇花异草，又多垂直分布，神奇幽静的环境对游客的诱惑很大。因此，利用山的自然资源和人文资源，对发展现代乡村旅游具有十分重要的意义。

（二）水

水也是自然旅游资源，是现代乡村旅游的重要资源。山离不开水，有山就有水，山因水而具有灵性。水，又因动态而美。宋人郭熙《林泉高致·山水训》中写道"山得水而活……水得山而媚"。有绿水，才有青山，"青山隐隐水迢迢"。往往山水相连，山水相依，刚柔相间，动静并济，则山水景观便得以形成。一般来说，水资源的门类较多，主要有江河、湖泊、泉水、瀑布、海滨、冰川等六大类。水域，不仅为人类提供灌溉、蓄水、交通、发电和养殖的功能，更能调节气候，构景添色供人游览，诱人娱乐。常言道，仁者乐山，智者乐水。

我国河流中，有长江、黄河、黑龙江、珠江等四条大动脉。"三江并流"被列入《世界自然遗产名录》，长江三峡段、桂林漓江、浙江富春江—新安江、楠溪江、鸭绿江辽宁丹东段、福建鸳鸯溪、云南瑞丽江和建水、西藏雅砻河、贵州赤水和马岭河、荔波樟江等被列为国家重点风景名胜。黄河下游为"地上河"，宏伟壮观，极具观赏价值。长江发源于青藏高原的唐古拉山脉，源头的沱沱河为一片沼泽地，细流交织，荒凉神秘。湖北宜昌以上为长江上游，其中，金沙江虎跳峡河段最窄处30米，激流咆哮、群山震荡的壮丽景观被列入《世界自然遗产名录》；而举世闻名的瞿塘、巫峡、西陵三峡等峡谷两岸峭壁耸立，修建大坝后高山出平湖。出三峡，宜昌至江西湖口为长江中游，其中荆江河道蜿蜒，多浅滩沙洲，流水不畅，平静明媚，景色颇佳。湖口以下为长江下游，旧称"扬子江"，为水乡泽国，无处不景。江口东临大海，长岛横陈，沙洲并立，水天一色。

人们常常用"湖光山色"来赞誉美景。我国是个湖泊众多的国家，江西的鄱阳湖、湖南的洞庭湖、安徽的巢湖、江苏的太湖和洪泽湖被称为我国五大淡水湖，青海湖为我国最大的咸水湖。在众多湖泊中，黑龙江的镜泊湖、五大连池，吉林的松花湖，甘肃的鸣沙山月牙泉，青海的青海湖，新疆的天池，江苏的太湖，扬州的瘦西湖，杭州的西湖，福建的金湖，武汉的东湖，湖南的洞庭湖，广东的肇庆七星湖，贵州的红枫湖，云南的滇池和洱海等，被列为国家重点风景名胜。洞庭湖、鄱阳湖、巢湖、青海湖、滇池、洱海和台湾日月潭，面积大，水深，水中有大量溶解氧，很少含有矿物质，湖水澄澈，色蓝黑，如碧玉诱人。火山口积水而成的湖，如长白山天池、云南腾冲大龙潭等，水源补水全靠雪水和泉水，水质清如明镜，照见人影。岩溶湖又称喀斯特湖，主要分布在云南、贵州、广西和广东的清远等地。

泉水，包括涌泉、温泉、矿泉等。涌泉多属于观赏泉。济南有72泉群，被称为"泉城"。云南腾冲的"蛤蟆嘴"，水一跃一停作呼吸状，水如滚沸，声如雷，夹带巨风，游客如接近有被卷入的危险。四川广元的"害羞泉"，像害羞草一样，投一石子就悄悄隐退，隔一会儿又继续喷涌。安徽寿县有人喊叫就喷水的"喊泉"，无为县还有听见拍手或笑声有反应的"笑泉"。云南腾冲有"热海大滚锅"的珍珠泉；台湾台南县关子岭有"水火泉"（泉下含油的页岩，分解成天然气），一划火柴，如同水着火。

温泉，是温热的泉水，可以解释为温度高于当地平均气温的泉水。我国省份按温泉数量多少排序，西藏、云南、广东、台湾温泉密度排第一。福州到处是温泉，以水温为50摄氏度至90摄氏度的温泉居多。广东从化温泉开发较早，属苏打温泉，与瑞士温泉媲美，从化被称为我国"温泉之都"。广州增城高滩温泉，经鉴定属于"浴疗"温泉，对皮肤病、关节炎等有较好疗效。

矿泉和温泉具有重要的医疗、保健功能。氡泉对治疗神经衰弱、心律不齐、高血压或低血压、糖尿病等多种疾病有较好疗效；硫化氢泉可以改善皮肤血液循环及新陈代谢，对银屑病、神经性皮炎、湿疹有独特疗效；其他如硅酸盐泉、碳酸氢泉在治疗某些疾病方面也发挥着较大作用。世界上的重要温泉地几乎都是疗养地。矿泉、温泉疗养成为当今健身度假旅游的重要内容。

瀑布，是指水流从悬崖或陡坡上倾泻而下所形成的水体景观，或者是河流纵断面上突然产生波折而跌落的水流。它是河床不连续的结果。瀑布通常由水流、陡坎和深水潭三部分构成。

塘，包括山塘、鱼塘，也要从发展乡村旅游的方面考虑，合理利用，如开发山泉山塘、垂钓鱼塘、景观水塘、荷花池。

开发乡村旅游，要高度重视对水资源的有效利用，发现和营造水景之美，使水资源成为现代乡村旅游的重要吸引物。应重视对矿泉、瀑布、海滨等水资源进行普查，有效保护，合理利用。

二、"田园诗"的乡村植被多样化

开发现代乡村旅游，要保护和营造好乡村生物的多样化、花卉的多彩化、田园的景观化和创意化。

（一）生物

生物，是现代乡村旅游的重要自然资源，包括植物、动物和微生物。植物中的观赏植物，是大地的"美容师"。云南被称为"植物王国"，其中西双版纳被称为"王国皇冠上的宝石"。松、竹、梅被称为"岁寒三友"，梅、兰、竹、菊被称为植物中的"四君子"。动物具有观赏性，往往给游客带来欢乐。蝴蝶谷、萤火虫园等容易成为旅游观光景点。

萤火虫生态旅游，是乡村旅游业态中很受欢迎的一个旅游产品。据资料介绍，萤火虫属鞘翅类萤科与雌光萤科昆虫，属完全变态昆虫，一生有卵、幼虫、蛹、成虫等四个时期，大部分品种四个阶段都会发光，自古以来，很受中国人的喜爱，它既是历代文人墨客咏颂的对象，也是孩子的童真、青年的浪漫、老辈人的追忆，不仅是生态旅游中的"旗舰"生物，也是人们欣赏和观察自然的窗口。随着生态环境的改善，自然界的萤火虫越来越多，萤火虫生态旅游逐渐兴起。但由于会发光和对栖息地环境品质要求较高，萤火虫旅游在地域上有较大的生态限制。我国山东省沂水有地下萤光湖，台湾地区萤火虫生态旅游较发达，一般萤火虫旅游集中在春夏季节，而在台湾有的地方秋冬季节也能观赏，萤火虫的品种也很多，有十多个。

发展乡村旅游，要特别重视对古树名木的保护和利用，拓展古树名木之旅。有的地方，一棵百年古树就能成为地标。发展乡村旅游，要对乡村林木资源进行普查，筛选出珍稀林木加以保护和宣传，对原生林木进行特别保护，同时不断营造林木的生态环境，增加品种，强化林木个性，形成区域特色、四季特色，提高区域森林覆盖率（一般生态旅游区的森林覆盖率为80%左右）。成百上千年树龄的古树，是当地先人们遗留下来的宝贵财富，要世代相传。古树的保护和利用，对发展乡村旅游有着重要作用。古树名木之旅，往往成为现代乡村旅游的重要产品。

广州市增城区有一千八百年历史，增城小楼镇的何仙姑文化旅游景区就有一千三百年树龄的"千年古藤"（学名白花鱼藤），当地人称之为"盘龙古藤"；增城有世界唯一的一棵四百年树龄的挂绿荔枝母树，增城区正果镇湖心岛旅游风景区和黄塘村、蒙花布村还有众多百年乌榄树；还有三百年历史的龙眼树、桂花树、木棉树、秋枫树、芒果树，四五百年树龄的荔枝树、仁面子树、荷木树、格木树等。除了增城，广东省韶关市南雄县的古老银杏树，河北省保定市的古槐树，河北省博野县的千年老梨树，江西省婺源县的千年老樟树等，都对当地乡村旅游发展作出了贡献。

各种各样的竹子也是历代文人墨客的至爱，同一种竹子形成规模，不同品种的竹子形成多样的品种，都有可能成为乡村旅游的重要资源。

（二）花卉

花卉是生物的一种，是现代乡村旅游的重要资源。花卉地是由各种奇花异卉所构成的旅游景观地。花卉具有观赏美和嗅觉美及美化环境等功能。除了梅、兰、竹、菊被称为"四君子"，还有兰、菊、水仙、菖蒲被誉为"花草四雅"，牡丹、玫瑰、蔷薇、月季被誉为"园中四杰"。

云南素有"天然花园"之称。欧洲花卉种植规模宏大，荷兰有"欧洲花园"的美誉。日本被称为"樱花之国"，以樱花为国花，种植品种达三百个。我国河南洛阳、山东菏泽牡丹享誉国内外。发展现代乡村旅游，应高度重视并发挥一年四季花卉的观赏作用，努力形成花卉观赏旅游的规模效应和季节性差异化观赏效应。

（三）特色农田

特色农田资源也是现代乡村旅游重要的独特吸引物，具代表性的有广西龙胜龙脊梯田、云南元阳多彩梯田，珠江三角洲的桑基鱼塘和蔗基鱼塘、水稻鱼塘等，英国农村的"麦圈"景观田等，都成了现代乡村旅游的重要景观。一些乡村反季节的蔬菜大棚，也成为游客的参观点。发展现代乡村旅游，要重视农田景观的营造和保护,传统农田要向休闲田园、文化田园、创意田园、遗产田园、景观田园转变,增强田园"乡村性"的吸引力和附加值。

发展现代乡村旅游,要特别重视对乡村原生态景观的保护和科学利用。这些乡村原生态景观有的是大自然的鬼斧神工,有的是不可思议的"仙人杰作",是难得的旅游资源。乡村观光以乡村景观观光为主要诉求,可概括为"看得见山,望得见水,记得住乡愁"。如果破坏了、失去了乡村景观,就失去了乡村观光的实际意义。乡村的山山水水、一草一木,留下了太多美好的回忆。城里人从农村走出去,"独在异乡为异客,每逢佳节倍思亲",乡愁、乡音、乡情,是天下游子的牵挂。

三、"文化歌"的乡村多元文化

(一)乡土建筑文化

乡村古建筑,包括古村、古民居、古祠堂、古私塾、古观庙宇、古碉楼、古城墙、古街道、古桥、古塔、古码头、茶马古道、古碑刻、古雕塑、古墓等。这些都是乡村古迹的"活着的"文化符号,是体现乡村旅游原真性的核心资源。

1. 祠堂

祠堂是中国几千年宗法制度的具体体现。宗法制度的核心内容,就是以血缘作为维系各种社会关系的手段和标准。具体来说,就是以血缘关系来区分嫡庶,规定长幼尊卑等级,族权、政权层层控制,在皇帝世袭制度下构成了封建社会特有的家、国密不可分的关系。从上到下的重血统、敬祖先、齐家治国安天下的宗法意识,成为此背景下的精神支柱。而祠堂就成为了本族人对祖先尊崇和对血缘重视,以及举行相关仪式的具体场所。

很早以前,只有皇帝和王公大臣才有资格享受建立祖庙的待遇。天子的祖庙又称太庙,相当于皇帝家的祠堂,其规格是全国最高的。现今北京的太庙就是明清两代皇家的祖庙,庄严肃穆的环境,金碧辉煌的建筑,显示出太庙至高无上的等级和威严。各地分封的诸侯和一般大臣,其家庙或祠堂的规格按官位大小和级别高低比皇家祠堂层层降低规格。至于一般庶民，按照《周礼》解释，没有祖庙，只能在家里祭祀祖宗。

我国宗法制度在西周的时候就已经出现，但到了明清时期祠堂才出现并逐渐兴盛。明代朝廷开始允许庶民建立自家的宗祠，在专门的祖庙中祭祀自己的祖先。从此，中国的宗法制度在社会的最底层也有自己的形式。江南地区的祠堂，多为中国传统的四合院式建筑，形成前后两进两个天井的组合式建筑群。岭南地区多为三进、五进式祠堂，广州市增城区派潭镇熊氏宗祠为七进式，在岭南实属罕见。中国传统的宗族制度赋予了祠堂很多功能，清代雍正时期推行的《圣谕广训》中明确规定了祠堂的繁杂任务。一般来说，在祠堂里族人举行祭拜祖先、族人议事、婚丧嫁娶、迎接神像、添丁续香、兴办私塾、修订家谱、审判冒犯族规族人、设台唱戏等活动，以达到宣示宗族势力和地位、形成家族权力中心、凝聚族人人心以及感受宗族势力影响的目的。

在我国江南水乡和岭南地区，至今还保留着大量的古祠堂，很多特色祠堂成为文物保护单位，这些都是现代乡村旅游的"亮点"和"乡村性"的重要元素。修复古祠堂，利用好宗祠文化，对于传承乡村特色文化、发展乡村旅游有着重要意义。发展乡村旅游，应当重视对祠堂的保护、修缮和传承利用，使之成为乡村民俗文化旅游的精品景观，如广州市区的陈家祠就开发成为一个非常好的旅游景点。

2. 古井

古井也是"乡村性"的一个重要元素。我国广大地区百姓依井而居或依河（江）便形成村落。单说井口就各式各样，有圆形、方形、六边形、八边形等。有一村一井，一村几井，一户一井甚至一户多井。井栏的装饰也多种多样，精雕细琢，外观精美，不仅起到安全维护作用，而且成为一道赏心悦目的风景。乡村古井历史悠久，有的有上千年历史，代代相传，承载了众多乡愁、历史故事和乡土文化，令人感到神秘、沧桑，肃然起敬。在一些古村落，先人修井历来是村寨的头等大事，除讨论、决策、选址之外，还有一定的仪式。修好的井还用石板精心砌护铺就，甚至刻上龙的故事。以前还有很多规矩，如井边绝不允许洗衣、洗头等。小学课本中有《吃水不忘挖井人》的课文，令人难忘。发展乡村旅游，应格外重视古井的保护、修复和利用，找回当年消逝的生活场景，使之形成乡村旅游的精品景观。

3. 乡村庙宇

乡村庙宇景观和文化是现代乡村旅游的重要资源。乡村庙观的修复和重建，既是营造乡村旅游景观的要求，又是满足乡村信众精神上的需要。我国北方有佛寺，南方沿海有妈祖庙，道教圣地有各种道观，在一些地方还有"儒释道"三教合一的纪念场所。在一些地方还有"八仙庙"或"三忠古庙"（纪念文天祥、陆秀夫、张世杰这三位著名将领）。我国台湾的庙宇修建得富丽堂皇，香火也很旺。

4. 乡村牌坊

牌坊，又称牌楼，为单排立柱，是中国特有的门洞式建筑，往往被安置在一组建筑群的前面，或者立在村庄的入口处，抑或立在一座城市的市中心、宽敞大道的两头，在城市和建筑群中起到划分和控制空间的作用，增添建筑群体的艺术表现力，被视为华夏建筑文化的典型标志之一。牌坊，包括标志性牌坊、大门式牌坊、装饰性牌坊、纪念性牌坊等。设在古城、古镇和古村的牌坊，有的"旌表功名"或表彰"节孝"，有的起着标示位置、丰富街景的作用。江南水乡、婺源乡村、客家村庄，都有很多具有当地特色的各式牌坊，为乡村旅游的发展增光添彩。

5. 乡亭

亭是中国传统建筑中古老的形式之一。《释名》中说："亭，停也，人所停集也。"亭，包括驿站亭、邮亭和观赏风景、点缀风景的园林亭。园林景观亭，又分圆亭、方亭、六角亭、环亭和叠亭等。古往今来，人们总是把亭作为特定时期产生影响的重要人物、事件和典故的标志物和纪念物，用以寄托人们的情思，或缅怀、或追忆、或崇仰、或祭悼。这样，亭就比其他建筑承载了更多的历史和人文内涵。

湖南有个独醒亭，是为纪念爱国诗人屈原的风景名胜，源自屈原"众人皆醉我独醒，众人皆浊我独清"的名句。安徽省滁州有个醉翁亭，此亭是山僧智仙修建的，是北宋太守欧阳修去山寺途中的休息处。欧阳修号醉翁，登亭饮酒并作《醉翁亭记》，苏轼书此刻于碑，自此醉翁亭闻名于世。湖南长沙岳麓书院旁有座爱晚亭，名字取自唐代诗人杜牧的诗作《山行》中"停车坐爱枫林晚"，是岳麓一景，也是中国的一座名亭。广州市增城区的凤凰山公园有一座菊坡亭（原名凤凰亭），是纪念南宋名臣、右丞相崔与之的纪念亭。

好的亭，可以对周边环境起到画龙点睛的作用。发展乡村旅游，应当重视亭的建设和利用，并赋予特色文化内涵，使之成为可供游客休憩的乡村景观。

6. 乡桥

桥，包括梁桥、索桥、拱桥、廊桥、亭桥、浮桥、吊桥，不仅连接江、河、渠、溪的两岸，方便人们行走，更可供观赏。《说文解字》中说"桥，水梁也"，又说"梁，水桥也"。古代造桥如造景，如中国最负盛名的千年石拱桥河北赵州桥；婺源的彩虹桥；贵州、江苏、安徽的廊桥，尤其是颐和园内的十七孔桥。

从发展乡村旅游的角度出发，桥不仅可作为交通建筑，更应成为乡村旅游景观，应该利用现代造桥技术和人类美学智慧，在确保安全通行的前提下，用心尽力多造一些形态各异、被赋予文化内涵的景观桥，努力为乡村旅游的精品景观增添"亮点"。

7. 乡村建筑小品

发展乡村旅游，要重视乡村建筑小品的作用。建筑小品是指那些作为纪念、装饰、美化环境和配置主体建筑的独立构筑物，它们的主要功能是成为景点，或供人饮宴、游乐、赏景与读书作画，诸如雕塑、坊、表、阙、台、阁、廊、亭、榭、舫、影壁、经幢、喷泉、假山与堆石、祭祀标记等。乡村建筑景观包括乡村公路、桥梁、车站，应提倡"一路一桥一站一景观"。修建农村公路、建设汽车客运站、公交亭，也应该在满足交通建筑功能的前提下营造乡村交通景观，为乡村全域旅游的发展做出贡献。

8. 乡村古民居

古民居是"乡村性"的建筑文化元素符号，例如北方的四合院、徽派特色建筑、藏民的碉房、客家的围龙屋、蒙古族的蒙古包。保护和利用好古民居，对于发展现代乡村旅游有着十分重要意义。

乡村古民居是"老祖宗"留给晚辈的一份丰厚遗产，也是彰显特色文化最具展示力的载体。古民居闪耀着浓郁的人文地域色彩，蕴藏着丰富的历史文化内涵，它是人类共同的宝贵财富，是不可再生的珍贵资源，是贯通历史与未来的桥梁纽带，是中华民族共有的精神家园。实施古民居保护利用工程，是一项功在当代、利在千秋的传世工程，是一项保护历史、传承文化的精神工程，是一项挖掘旅游发展资源、惠及广大群众的民心工程，也是一项提升城市品位、实现持续发展的战略工程。但古民居的保护和利用工作，又是一项社会涉及面广、资金投入量大、时间跨度比较长、工作要求非常高的系统工程。因此，必须坚持以传统资源的永续利用为原则，以传统资源为人民大众服务为最终目标，认真贯彻"保护为主、抢救第一、合理利用、加强管理"的文化遗产保护工作方针，学习借鉴以往国内外先进的做法和成功经验，切不可鲁莽行事。要坚持保护第一与合理利用、科学规划与依法推进、政府主导与市场运作、分类指导与分级负责、尊重民意与宣传引导等相结合，切实抓紧，稳妥做好。

（二）村名解读

发展现代乡村旅游，解读村名是一个基本功。很多小村的村名诗情画意，一听村名就令人向往。例如广州市增城区有一些小村的名字非常好听，如仙村，传说东晋道教"仙师"葛洪来过此地，有葛仙祠为证，此外还有蒙花布村、牛眼睛村、半边山村、瓜岭村、莲塘村、车洞村等，究其村名来历，不是因为地形地貌就是因为风土人情，都有说不完的动听故事。

发展现代乡村旅游，要善于讲好乡村故事，如此才能增强乡村旅游的吸引力。

譬如，广州市增城区正果镇蒙花布村，是一个客家小山村，位于增城东北部的增江河畔，是一个面积约1.5平方公里的"半岛"，辖2个自然村、4个合作社，常住人口92户、360人。2003年被评为广东省生态示范村，2009开始发展"农家乐"。近年来重点发展万家旅舍，开办农家旅馆。目前，全村村民利用自己闲置的房屋开办"万家旅舍"22家，床位265个，每逢节假日游客如潮，住宿爆满，有时一天自驾车旅游的车辆就达到500辆。村委会门前的停车场、乌榄园的停车场以及篮球场都停满了来旅游的自驾车。之所以这里乡村旅游这么旺，不仅仅是因为这里的生态好，村内没有任何工业企业，绿化覆盖率达70%，具有优良的自然生态休闲条件；也不仅仅是因为盛产黄皮、青榄、芒果、乌榄、荔枝等水果，具有较好的果园观光资源；更重要是冲着这"诗情画意"的"蒙花布"的村名而来。蒙花布村，有乡村故事，有乡愁的印记，有着诗情画意的意境。蒙花布村原名叫黄沙坝，是因村周围增江河水环绕，被上游冲积下来的淡水细滑沙滩长达2公里而得名。后来，在黄沙坝上生长出一簇簇成片的芒草花，每当春秋时节，芒草花被风一吹，整个小村上空便被芒草花"白花花一片笼罩"着，就像是蓝色的天空下蒙上了一块巨大的花布一样，使得整个小山村在绿色生态簇拥下格外好看和壮观。久而久之，村民认为黄沙坝的名字"土"了，就起了个好听的名字叫"蒙花布"。珠江三角洲的游客们一听说这个村名，就不停地追问名字的由来，"百闻不如一见"，于是常常萌生向往"探求个究竟"的冲动。游客又听说，进村还有吃有住，绿色而宁静，又有儿童喜爱的沙滩，来了就不想走了，周末来村生态观光、玩沙观水、采摘水果、骑游绿道、入住民宿、感受生态美景、参与亲子活动，很受欢迎。由此我们可以看出，发展乡村旅游，解读好村名、讲好乡村故事很重要。

（三）姓氏文化

在一些乡村，一村同一个姓氏的现象很普遍；有的一村有两至四个姓氏；有的相连两个行政村是同一个姓氏，譬如广州市增城区小楼镇的东境村和西境村，两村相邻且都姓周，据查证，《爱莲说》的作者、大理学家"二程"（程颢、程颐）的老师周敦颐，他的一支后人就迁至此地定居。广州市白云区大南村片区也有两个行政村，也都姓周，他们也是周敦颐的后人。

中国百家姓在乡村文化中源远流长，往往经过成百上千年繁衍生息就发展成数百户数千人的大村庄。姓氏文化有利于发展现代乡村旅游的寻根之旅。著名旅游专家武旭峰老师曾经写过张、王、李、赵、刘、杨、黄、朱、陈、胡等姓氏寻根之旅的著作达10部。

实践证明，一个村的姓氏族谱，就是一部乡村大家族的故事集。全部姓氏乡村的故事集，几乎就是一部中华民族的乡村发展史。

刘沛林所著的《中国古村落之旅》一书记载了闻名遐迩的"山西裴柏村——宰相的摇篮"。"裴柏村，位于山西省闻喜县沿大运路向北行驶20公里处，属礼元镇的一个村庄。该村处'九凤朝阳'的公鸡山的环抱之中，清一色的砖瓦房被郁郁葱葱的绿树掩映，山上保留至今的九棵千年古柏仍生机勃勃，昭示着裴柏村深厚的历史文化根基，古柏所在为裴氏家族的聚居地，兴许这就是取名裴柏村的缘由……裴柏村历来是个科甲兴盛、人才辈出、官宦迭起的地方。裴氏家族自魏晋初露锋芒，显赫于六朝之时，盛极于隋唐二朝，村中先后出过59位宰相，59位大将军，14位中书侍郎，55位尚书，44位侍郎，11位常侍，11位御史，211位刺史，77位太守，21位驸马，68位进士，3位皇后，2位皇妃，七品以上的官吏总数3000人以上，郡守以下官吏不计其数……最著名的几位有：裴度、裴行俭、裴耀庭、裴矩、裴秀、裴松之、裴马因、裴子野等人……裴柏村之所以人才辈出，墨宝古迹众多，一个重要原因是这里文化品位高，重视教育。裴柏村至今保持着重教传统，几乎家家门楼的显要位置都刻有'耕读人家'家训……当地习俗之一是，谁家孩子出生后，邻里亲朋都要用红绸布写上'济世栋梁、建国英才'之类的吉祥贺词，并将书写用过的毛笔、砚台一同奉送。受赠的主人便将这些赠品置于门楣之上，以寄希望于子孙后代人才辈出……"裴柏村的裴氏族谱就是一本乡村大家族的故事集，如果按人物、朝代、故事分类进行图文展示，裴柏村就是一个"裴氏文化博物馆"。

笔者坚信，裴柏村的名人古村乡村旅游肯定"红火"。当然，裴柏村比较典型，但我国乡村以一个姓氏立村或几个姓氏立村的村庄很多，如果挖掘姓氏文化和名人文化并以此作为乡村旅游的吸引物从而发展乡村旅游，潜力大、前景好。

（四）乡村历史文脉

1. 乡村故事

一个村就是一本乡村旅游文化的故事集、百科全书。有的村开山寨立村上千年，一代一代，祖祖辈辈，流传着生生不息、脍炙人口的乡村故事。把这些故事挖掘出来讲给游客听，耐人回味。笔者亲身到过一些乡村，就是通过挖掘乡村故事来发展乡村旅游的。

河北省保定市蠡县有一个叫梁庄的大村庄，这个村子近现代出了三个名人：其中一个是撰写《红旗谱》的著名作家梁斌，一个是擅长画毛驴的著名画家梁黄胄（笔名叫"黄胄"），二人是亲兄弟。这个村几乎家家户户都会画画，画的小毛驴像模像样，村子的墙壁上画满了一幅幅乡土气息的绘画作品。梁斌、黄胄故居的青砖瓦房保存至今。近年来，蠡县在建设美丽乡村和特色小镇中，充分挖掘"三梁故里"的名人故事、乡土绘画艺术和红旗谱的红色文化，改善环境卫生，增加旅游配套设施，展现特色文化，打造"红旗谱特色小镇"，其乡村文化旅游和休闲农业旅游很快就发展起来了。在蠡县，还有一个村叫武家营村，这个村子是一个武术之乡，一般家家户户都有刀、枪、剑、戟之类的武术器械，每个人一出手都会比划两下子武功。笔者参观时，当场建议让村支部书记给"露两手"，于是村支书试着就与同族的兄弟在街道上对打起几个回合，很是精彩。这个村还建设了简易的村史馆、农具展示馆，我当时建议他们进一步挖掘武术之乡的故事，并以此作为乡村旅游的重要吸引物之一，继而举办武术文化旅游、武术休闲旅游、武术赛事、武术亲子旅游、休闲农业旅游、美食购物旅游等，乡村旅游一定会发展起来。当时县、乡、村等三级很重视，现在花卉旅游已经发展起来了，当地乡村旅游发展得很不错，已经小有名气。

发展乡村旅游,要善于编好、讲好、推广好乡村旅游文化特色故事。著名旅游专家武旭峰老师很善于编写旅游文化故事。他引经据典、实地勘察、说古论今、夹叙夹议、文风严谨,不仅善于挖掘和编写一个省、一个地区、一个县、一个镇和一个村的旅游文化故事,还善于写一个大景区和一个历史名人的旅游文化故事。他年过花甲还笔耕不辍,已出版旅游文化著作六十余种。如果拿着他写的书去进行精准旅游,一定会有收获;如果把他写的内容精简一下,写成若干篇导游词,开辟旅游专线,一定很精彩;如果进一步将书中的经典内容加工成一座座博物馆,作为旅游文化景点,应该会受游客喜欢。发展现代乡村旅游,也要像他那样,善于挖掘并讲好有旅游文化内涵的乡村故事。

2. 乡村馆

(1) 村史馆。城里人往往怀念故乡的山、故乡的水,更怀念曾经的人、曾经的事。发展乡村旅游,就要解读乡村的村名来历、演变历程、开村之祖、创业梗概、耕读故事、名人趣事、村史乡情、现代村务管理等,图文并茂,讲好乡村故事。要通过建设村史馆这个公共设施,把这个村子的来龙去脉说清楚,然后建个网站,通过互联网传播出去,外界就知道这个村子了。

(2) 农耕文化博物馆。中华五千年文明史,主要是一部农耕文明史。农具,是农耕文明的活化石,锄、镰、犁、刀、锹、铲、耙,既是农民的手脚、延伸的肩腿,也是智慧的着力点。发展乡村旅游,要把农村的老物件找出来、展现出来,做成农耕文化的博物馆,供游客参观。

农具,在沈成嵩、王喜根著的《农耕年华》一书中有详细描述,农活和手工艺也值得展示。如做田埂、挖排水沟、沤草塘、上河工、叉鱼、摆渡、磨豆腐、造纸、货郎担、染布、接生、烧窑、酿酒、打铁、做酱、杀猪、阉鸡、裁缝、补缸、补锅、白铁匠、剃头、纤夫、放排、做媒、卖老鼠药、打棺材、做裁缝、补牙、修伞、修鞋、爆米花。乡土民俗、婚俗、乡戏,也很受游客欢迎,如舞龙、舞狮、唱麒麟、踩高跷、打腰鼓、荡湖船、剪鞋样、剪纸、画年画、打绳结、放风筝、做泥塑、蒸年糕、包粽子、打算盘、滚铁环、打弹弓、跳绳、蘸冰糖葫芦、做草炉火烧、卖汤圆、卖麦芽糖、拾麦穗、唱山歌、说大鼓书、逛庙会、放露天电影、吹唢呐、红白喜事、祭祖。农耕文化博物馆就是一个乡村旅游的景点,集聚乡土文化和文化传承。如果是少数民族,还可以建设民族民俗馆,如广州市增城区正果镇畲族村就建有畲族民俗馆。

(3)地质博物馆。乡村山水特有的地质地貌,往往构成独特的地质博物馆,这也是现代乡村旅游的重要资源。如河南省焦作市云台山景区建有国家地质博物馆,广东省清远市阳山县建有国家地质公园和博物馆,广州市增城区建有白水寨地质公园等。

(4)名人纪念馆。名人纪念馆一般由名人故居改建而成,如婺源县江湾古镇有江一麟、江永纪的纪念馆,这为发展当地文化休闲旅游创造了条件。

四、"民俗风"的乡村特色民俗

(一)特色民俗活动

特色民俗活动主要指对非物质文化的传承活动。各地的地方剧种、乡村特色的群众性活动都应当得到保护和弘扬。一些特色的民俗文化体育活动,也有利于发展现代乡村旅游,对于丰富现代乡村旅游业态至关重要。

内蒙古乡村的骑马比赛、篝火晚会;贵州省黔东南苗族侗族自治州内的枪手寨门迎宾、枪手巡山展示、祭拜太阳仪式、苗家芦笛舞、芦笙踩堂舞、闹姑娘、火镰取火;冬季到陕北或晋中过大年、闹社火,到东北欣赏奇妙的冰雪世界、狗拉雪橇、打雪仗;元宵节期间的全国各地吃元宵、舞龙灯、张灯结彩猜灯谜,广东潮汕地区有渡桥、吊喜灯、求喜物、掷喜童。各地少数民族过年过节都有各自的特色活动。广州市增城区有荔枝文化旅游节、菜心美食节、乡村美食节、牛仔国际文化节、龙舟节、畲族盘王节以及舞龙、舞狮、舞貔貅、舞春牛、舞火狗、舞鱼灯等特色活动。

(二)特色旅游商品

乡村旅游商品指游客购买的与乡村旅游活动相关的一切物质性商品。一是乡村旅游纪念品,包括乡村工艺美术品,如雕塑工艺品、漆器工艺品、陶瓷工艺品、编织工艺品、金属工艺品、花画工艺品、织绣工艺品、玻璃工艺品。二是土特产，主要指具有浓郁地方特色，以地方原料或地方具有一定垄断性技术、历史悠久的传统工艺为支撑而生产加工的产品，如新疆的哈密瓜、吐鲁番的葡萄，河北沧州的金丝小枣，北京的板栗，河南陕县的观音堂牛肉，山西汾阳的汾酒，安徽祁门的红茶，广东增城的荔枝、迟菜心，宁夏银川的枸杞，黑龙江伊春的野生黑木耳，南京高淳的酱香鹅。三是民俗用品，如佩戴用的金银首饰、服装类的鞋帽布匹用品。四是文化类用品，如介绍地方文化历史的风光景物图像、音乐资料，字画金石，文物古董，文房四宝等。

（三）特色风味美食

我国很多地方的特色风味美食很有名，发展现代乡村旅游，应挖掘乡村特色小吃，弘扬美食文化，形成规模特色优势。小吃虽小，但从中可以品尝出当地的人文民风，体味出当地居民的生活性格，深受广大游客青睐。我国知名小吃包括：北京的烤鸭、涮羊肉，天津的狗不理包子、十八街麻花，广州的早茶点，南京的灌汤包，西安的羊肉泡馍，新疆的拉面、烤羊肉串，山西的饺子、刀削面，德州的扒鸡，云南的过桥米线，重庆的麻辣火锅，成都的夫妻肺片、担担面、赖汤圆、钟水饺，嘉兴的鲜肉粽，肇庆的裹蒸粽，扬州的臭豆腐，洛阳的水席，保定的驴肉火烧，增城派潭的烧鸡。有些地方的药膳及素食小吃很有特色，应当下功夫挖掘与推广。高度重视乡村"一村一品"的建设和善于挖掘和培育"一镇一村一美食"，打造特色美食品牌，形成特色小吃体系、特色美食街区，这对于发展现代乡村旅游有着重要意义。

（四）品评农时

农时节气是农耕文化的结晶。农历二十四节气：立春、雨水、惊蛰、春分、清明、谷雨、立夏、小满、芒种、夏至、小暑、大暑、立秋、处暑、白露、秋分、寒露、霜降、立冬、小雪、大雪、冬至、小寒、大寒。

《二十四节气歌》是这样唱的："春雨惊春清谷天，夏满芒夏暑相连，秋处露秋寒霜降，冬雪雪冬小大寒。"

在沈成嵩、王喜根的著作《农耕年华》中，记载了各主要节气的农村场景："正月新春忙过年，莺飞草长二月天；阳春三月百花艳，四月初夏芳菲尽；五月榴花红胜火，映日荷花六月红；七月流火报秋信，中秋八月桂花香；九月重阳话登高，十月立冬晓霜浓；隆冬数九梅花开，腊月除夕盼团圆。"

苏宁的著作《一座消失的村庄》中记述："打春阳气转，雨水散河边，惊蛰乌鸦叫，春分地气干。清明忙种麦，谷雨种大田，立夏鹅毛住，小满鸟来全。芒种五月节，夏至不穿棉，小暑不算热，大暑三伏天。"

北方的冬天，寒时变化带来天气变化，大人小孩都会背《数九歌》："一九二九不出手，三九四九冰上走，五九六九河边看柳，七九河开，八九燕来，九九加一九耕牛遍地走"。歌谣描述的日子过起来有滋有味。

发展现代乡村旅游，可以根据二十四节气以及民间节庆策划各种活动，发展自驾车游、家庭游、亲子游、组团游等。例如，正月初一过大年，正月十五闹元宵，清明时节踏青去，五月端午赛龙舟包粽子，芒种收割晒麦场，乞巧节牛郎会织女，中秋赏月庆丰收，重阳节敬老登高，吃腊八粥后盼过年。有书记载，进入腊月，开始准备过年："二十四写大字（买红纸写春联）；二十五做豆腐（豆腐要多做，要冻起来吃一个正月）；二十六杀猪（兼灌血肠、香肠）；二十七宰年鸡；二十八把面发（蒸包子、蒸馒头，越过越发）；二十九贴道酉（请家谱，上坟，祭祖，贴春联）；三十送灶爷上天（灶王爷人最好，上天言好事，下界保平安）"。以上这些，都可以策划为有特色的乡村体验式旅游活动。我国少数民族的民族民俗风情更加丰富多彩，这里不作详细论述。

五、"生活曲"的乡村特色生活

现代乡村多姿多彩的生活，是世世代代、祖祖辈辈"吃穿住行，柴米油盐"的生活习俗的沉淀、集聚和优化。承载这些特色生活文化场景的人和物，对发展现代乡村旅游有着重要意义。

(一) 土著

发展现代乡村旅游，关键在人。土著，也称原住民，是乡村旅游原真性的"活宝"，是乡村性最本质的特征。一个地区，如果没有土著存在和生活，就会失去乡村旅游的原真性和乡村性。著名旅游文化专家武旭峰先生在他的《福寿新丰》一书中指出："我们靠什么来唤起游客的历史记忆？有人情味才有亲和力。我以为留住乡愁的前提是留住乡民。没有原住民的乡村是不可能留住游子乡愁的。只有乡民挚爱自己的家园，游客才会爱上它。"可以说，土著是"活着的"乡村旅游原真性的文化教科书。

保护土著的生活以及保证土著占有足够的人口比例，对于增强乡村旅游原真性的吸引力是非常重要的。乡村长寿老人，在乡村旅游中更是"一宝"。一群长寿老人在街头巷尾做农活、做手工、卖手工产品，本身就是一道靓丽的乡村风景。把长寿老人打扮得"漂漂亮亮"，聚集起来一起做手工艺品或做农活，也是乡村人文景观。如果长寿老人向游客讲讲村里的故事、说说长寿的秘诀、道道做人处事的道理，对发展乡村旅游也有很大好处。保护土著老人的健康是重中之重，总结长寿老人的长寿秘诀，游客也会喜欢。合理利用好土著老人的生活场景，挖掘土著老人的手艺，摆摊设点，也可以成为乡村旅游的景点。

(二) 乡贤

乡贤是指品德、才学为乡人所推崇敬重的人。"乡贤"一词始于东汉，是有作为的官员，或有崇高威望、为社会作出重大贡献的社会贤达，去世后国家对其表彰的荣誉称号，是对享有这一称号者人生价值的肯定。讫于清末，各州县均建有乡贤祠供奉历代乡贤人物，形成一套完整的官方纪念、祭奠仪式。乡贤文化是中华传统文化在乡村的一种表现形式，具有见贤思齐、崇德向善、诚信友善等特点。

如今，借助传统的乡贤文化形式，乡贤被赋予新的时代内涵，以乡情为纽带，以优秀基层干部、道德模范、身边好人的嘉言懿行为模范，引领推进

"新乡贤"文化建设，有利于延续农耕文明、培育新型农民、涵育文明乡风、促进共同富裕，也有利于中华传统文化创造性转化、创新性发展。发展乡村旅游，应注重发挥"新乡贤"的积极作用。"新乡贤"退职还乡积极意义明显，实现了宝贵人才资源从乡村流出、返回乡村的良性循环，使社会人才分布结构趋于合理，有利于整个社会可持续协调发展；"告老还乡"传统，对解决当下农村"空心化"积弊，对缓解大城市过于拥挤、不堪重负等"城市病"，都具有重要意义。

退休干部当村干部、做乡贤有很多优势。一是虽然离开家乡几十年，但在村里有一定知名度，大家都熟悉，而且在村里属于长辈，工作起来便利不少。二是退休干部有时间、有精力、有退休工资，不需要通过在村里工作为自己"捞好处"，村民都很放心，工作比较超脱，也能更加投入。三是能搭建争取筹集资源的桥梁。村"两委"工作四处"化缘"，如果熟悉行政流程，无疑能给村里带来不少帮助与支持。四是退休干部有很强的紧迫感，返乡工作，说明还有体现自身价值的机会，趁着身体还算健康的几年发挥余热。

（三）乡村服饰

少数民族的服饰很有特点，汉族的服饰也有自己的特点，不同地方的乡村服饰也有差异性。从发展乡村旅游"造景"的角度，笔者主张，每个乡村旅游村都应挖掘本村特色文化，传承特色文化基因，通过村民讨论自主决定本村的特色服装和饰品，使村民的生产和生活成为"一道活动的风景"，这既是村民的荣耀，也能增强对游客的吸引力。特色的乡村服饰，村民早上穿出来，晚上脱下去，白天"就像当演员"，打扮得漂漂亮亮的，每天都像是过年，村里村外营造活动的靓丽风景，还可以免费与游客合影，对待游客如同对待亲朋好友一样亲热。如果村民达成共识形成习惯，自觉穿着特色服饰生产和生活，营造农村流动的美好场景，张扬乡村服饰的个性，这个村发展乡村旅游必定红火。

（四）乡音

乡音伴随人的一生，听到乡音感到亲切，说乡音感到温暖，乡音是人们思想与情感的一种外在表现形式，乡音里有地方文化繁荣的源源不断的动力。乡音不仅是说话之音，还是音乐之音。一种乡音，孕育出一份乡情；而一份乡情，会转化为一种乡愁。举头望明月，低头思故乡。尽管"相逢不相识"，但乡音使"他乡遇故知"。多年过去，人的外表、性情、思维、习惯，都会或多或少发生改变，唯一很难改变的是来自记忆深处的乡音，正所谓"乡音无改鬓毛衰"。

感悟纯正的乡愁、乡音、乡情的记忆符号、物件。乡愁，是对故乡的依恋，这种依恋来源于故乡特有的魅力，这种美丽是风土人情融合而成的。乡情，是对故乡的感情，这种感情需要呵护，需要铸造。乡情是人生情感的无尽源泉。乡愁、乡情、乡音是文化繁荣之根，保护乡愁、乡情、乡音是筑基工程。乡愁、乡情、乡音是"乡村性"的地方特色，应该得到更好的保护、充实，因为这里面有我们的文化之根、民族之魂，是我们永远的精神家园和源源不断的精神正能量源泉。不同区域有不同的乡音，同一区域不同地方乡音也不同，挖掘乡音文化是发展现代乡村旅游的重要方面。

（五）"梦幻情"的乡村百姓梦想

按照"中国梦"的宏伟蓝图，实现广大农村旅游扶贫，让更多的村民在家门口就业创业，通过发展旅游让"绿水青山变成金山银山"，使老百姓过上衣食无忧、美满富裕小康的好日子，实现中共十八届五中全会提出的"创新、协调、绿色、开放、共享"的五大发展理念，让现代乡村旅游永续发展，使当地居民和游客"主客共享"乡村绿色生活，这是广大乡村百姓和广大旅游从业人员心中的一个崇高梦想。

发展乡村旅游，必须传承多彩多姿的文化，坚守并努力让乡村更像乡村。说"坚守"，是为了提醒大家在实际工作中真正做到这一点并非易事，要努力。必须清醒地认识到，乡村旅游是逆城市化发展，不要把城市化的东西简单搬入农村。乡村旅游的动力机制是使农村与城市差异化，与城市的差异化越大，乡村旅游的动力越强。要在政府主导、规划引导、建设管理上真正解决"让农村更像农村"这一根本性问题，要防止打着建设"新农村""美丽乡村"

的旗号毁灭"乡村性"。特别是在民居建设上要保护和继承古民居的特质，使特有的建筑文化得以传承。

吸引城里人来乡村旅游，要让游客感受到在城市没有的浓浓乡愁、乡情、乡音，勾起游客童年、少年、青年的回忆。能否满足"山水画、田园诗、文化歌、民俗风、生活曲、梦幻情"，这往往是对乡村旅游本质性的考验。

农村时刻保持"乡村性"，是乡村旅游可持续发展的根本。如果在乡村建设中把乡村建设得如同城市，不仅是乡村的悲哀，也是乡村旅游发展的败笔。事实上，纵观我国著名的古村、古镇、古城，无不是"乡村性"元素的综合体。"乡村性"元素集聚得越多，现代乡村旅游的吸引力就越大，旅游市场也就越旺。

各地的乡村性既带有普遍意义的共性，也有自己的个性，"乡村性"是乡村旅游可持续的独特卖点和最重要的吸引物，应当认真发现、挖掘和提升。特别指出的是，在新型城镇化进程中，譬如特色小镇和"美丽乡村"建设，以及在整治乡村土地中，都要先规划设计并经村民民主管理，要千方百计保护好各种特色"乡村性"元素，避免大拆大建，要警惕在发展现代乡村旅游中造成乡村消失。如果丢失了"乡村性"元素，既对不起祖宗，也对不起后代，事后追悔莫及，于事无补，这种教训，我们要永远谨记。乡村旅游发展的决策者、管理的执行者、企业的经营者，对此应当保持头脑清醒，牢记使命。这不仅是对当代人负责，也是对子孙后代永续发展负责。

欧美的"美丽乡村"建设值得我们学习。英国人常常自豪地说"英国的灵魂在乡村"。英国游记作家詹姆斯·本特利所著《英国最美乡村》一书在扉页简介中如是说："聚集在教堂周围，或是沿着曲折的街道错落分布，乡村是英国风格最完美的展现。乡村教堂、乡村小酒馆、偌大的农场、茅草屋顶小房子、爬满植物的小村舍以及原汁原味的乡村公园展示了英国人自盎格鲁—撒克逊时期以来慢慢形成的生活方式……在英国田园乡村里住上几天，能让久住城市的人认识到更加温暖的旅行方式。"东莞市退休干部原来先生在他所著的《都市圈上耀明珠——广东旅游休闲度假小镇发展之路》一书中这样写道："乡村老家的山水很美——这是一些故乡在山区农村的城里人的共同心声。十几年来,城里人时兴'回老家看看'的风尚。不少来自农村的城里人,利用双休日或节日长假,带上家人,有的还约上几位好友,一同驱车回乡休闲。家乡的山是宁静的,水是清澈的。早晨起来,吐纳着清新中带甜味的空气,可以到屋后的小冈上漫步,也可以在门前溪水中摸鱼。"这些文字描写的乡村场景中,既透露出作者心中那份对乡村牵挂的情怀,又说明了保护"乡村性"的重要意义。让我们一起为实现广大乡村百姓世代幸福的梦想努力吧。

第三章

现代乡村旅游的受益主体

发展现代乡村旅游为了谁？这个问题的答案关乎现代乡村旅游发展的正确方向。笔者认为，这个问题的答案必须十分明确且旗帜鲜明：发展现代乡村旅游的根本目的是为了农民幸福，受益主体是农民。这是发展现代乡村旅游的正确方向。

邹统钎等所著《乡村旅游：理论·案例》一书曾经讨论了乡村旅游的受益主体问题。书中指出，"乡村旅游核心的举措是本地化，小规模经营是组织形式，社区主导是基本理念和方法，全民受益是目的。本地化是解决代内公平的措施，还可以促进乡村文化景观保护，进而促进代际公平，实现乡村旅游的可持续发展目标。"笔者认为，这些观点是很有道理的。下面就现代乡村旅游的受益主体问题作一些讨论。

一、现代乡村旅游的受益主体应是农民

应当明确，发展现代乡村旅游，无论采用哪种开发模式，无论谁作为开发主体，无论选择哪种产品类型，都必须让农民实实在在成为乡村旅游开发和经营的受益主体。否则乡村旅游扶贫、乡村旅游致富就失去应有的意义。这是发展现代乡村旅游的底线，真正坚持做到这一点不容易，我们必须始终保持清醒头脑。要防止在发展现代乡村旅游中剥夺农民、驱赶农民、剥离农民，防止使农民成为"旁观者""失落者""局外人"。乡村旅游扶贫的核心是让欠发达地区的农民获得发展的权利，让他们更好地参与到乡村旅游产业发展中来。要通过举办乡村旅游学校等方式加强对农民的乡村旅游"应知应会"技能培训，教会农民做生意、做好生意；同时开展乡村旅游协会等活动，使经营者之间加强业务交流。

二、怎样使农民成为现代乡村旅游的受益主体

让农民成为现代乡村旅游发展中的受益主体应注意以下几点。

（一）让农民成为乡村旅游的经营主体

乡村旅游在全国开展得如火如荼，但在大好形势的背后，出现了一些值得我们关注的问题，其中最值得关注的是乡村旅游开发的参与主体和利益分配机制问题。农民作为"三农"的主体，农业增收、农村经济发展与农民的脱贫致富是联系在一起的。乡村旅游产业是现代农村、农业与旅游产业融合发展形成的新业态，具有提高农业附加值、拓宽收入来源、优化乡村环境、改善乡村基础设施等多重效益，但只有当农民成为乡村旅游开发和经营的主体，并形成一定的规模，这些效益才能同时作用于农村。因此，发展乡村旅游，农民不应该只是出租资源、拿租金的旁观者，而应该是主要的开发者和经营者，是熟练掌握乡村旅游这种"渔"并用它来脱贫致富的实践者。

在坚持政府规划引导、重点区域发展的前提下，引导农民积极开办"农家乐"餐饮、农家客栈、特产店，让农民成为乡村旅游的经营主体。引导农民发展旅游，必须坚持自主自愿，不能强制推行，不能"拉郎配"，不能由上级想当然地推行。在农民尚无足够认识的情况下，用行政命令强硬推行，那将会带来"夹生饭"等事与愿违的效果。最理想的办法是在政策公平、公正、公开和依法依规的前提下，政府和民间组织坚持激励机制，即考虑到农民觉悟有先有后、每家每户富裕程度有差别的实际，鼓励农民积极了解、稳妥参与乡村旅游。发展乡村旅游，谁有积极性，就扶持谁；谁的积极性高，扶持的力度就大；重点扶持和培育那些以农民为经营主体、本身具备做大做强乡村旅游事业基础和愿望的乡村旅游景点，并将其作为乡村旅游发展的示范点；重点扶持和培育农业基础好、生态环境好、村"两委"班子强、民风淳朴的乡村，发展成为主要依靠休闲农业与乡村旅游致富的特色"美丽乡村"。以富民、农村城镇化为出发点和落脚点的新一轮乡村旅游，要大力发展以周边城市居民为主要市场受众，以农民为主体，以农村旅游合作社为载体的"农家乐"和"渔家乐"乡村旅游产品，以一个村、一个镇或者一个片区为基础，在充分保持"乡村性"的前提下，进行规模化、差异化、特色化开发。

发展乡村旅游要体现以农民为主体，让农民共同致富的显著特点，乡村旅游的开发权在科学规划的前提下由农村民主行使。但必须强调的是，在乡村旅游开发中，有相当一部分的乡村旅游"农家乐"虽然是农村环境，但经营的主体已经不是农民，而是大的投资集团，它们把乡村旅游资源"买断"后招聘高素质服务人员进行经营，或者是把本村的农民聘来经营，农民更多的是以打工者的角色出现。这种形式的"农家乐"相对失去了农村那种原始本真与淳朴，商业程度高也会让很多游客感受不到真正的乡村气息。这一点值得高度警惕，要尽量避免。

乡村旅游可持续发展，关键在于当地群众真正认识到自己乡村的文化价值，成为当地文化的主动传播者和保护者。社区全面参与是乡村旅游发展的内在动力、成熟发展的重要标志，是避免权力支配和利益分配不合理等现象的重要保证。政府应引导农民参与旅游产业发展，使农民成为乡村旅游发展的生力军。对村民加强教育培训，内容包括从事旅游的技能、乡村地理知识、环境保护意识。同时积极搜集和挖掘地方民风和民俗及乡村文化，鼓励乡村艺人和通晓乡村历史知识的人士对当地历史文化和民间艺术进行研究、整理，并对年青一代"传帮带"，避免乡村文化遗失及民间艺术失传。让农民参与到发展乡村旅游中去，并注意发挥农民对乡村旅游发展的积极性。要使广大农民得到实惠，将当地农民作为乡村旅游发展的开发主体、建设的主体、服务的主体，同时是利益的主体、享受发展成果的主体。对外出务工的农民和企业经营者、返乡居住的乡贤、复员转退的军人、回乡创业的大学生应调动他们的积极性，使他们成为发展乡村旅游的的生力军。吸引农民在乡村旅游企业就业，增强乡村旅游发展的才干和技能。保障农民参与乡村旅游的工作报酬，直接增加农民的收入。让农民对乡村旅游开发进行资源入股、资金入股，然后取得一定的利润分红的合法所得。社区参与可以实现乡村旅游对本地新农村建设效益的最大化，让乡村旅游的最大化效益留在社区。

在一些乡村旅游较发达的地方，乡村旅游的主体从业人员是农村支委等村干部、农村的"能工巧匠"、进城务工返乡人员、城市下乡的知识青年、本地和外来的企业投资者、"新乡贤"、城乡规划建筑师、文化人等，他们是发展现代乡村旅游的带头人。

（二）让农民学会做生意并诚信经营

一家"农家乐"就是一家微型旅游企业，现代乡村旅游最大的作用就是培育了农村的市场机制。发展乡村旅游，让农民在家门口创业就业，经营好的话比外出打工强。很多农民祖祖辈辈靠种田养家糊口，不会做生意，而发展乡村旅游，实际上是一次农业产业的重要转型、农民生产和生活方式的重要变革。在这种转型和变革过程中，传统农业向休闲农业与乡村旅游融合发展的方向转变；农民由单一靠农业致富向以发展休闲农业与乡村旅游的方式综合致富，甚至乡村旅游成为致富的主业，而农业变成了配套产业。

乡村旅游是生态经济的重要抓手，促进乡村旅游发展就是要把农产品做成旅游商品，把乡村环境做成乡村景观，把农民生活做成民宿元素。农民在家门口利用自家的房地产资源开店做生意、搞农产品加工，就地将农产品经过加工变为餐桌上的农家美食，就地包装把农产品转换为旅游商品。要让农民知道什么是好东西，帮助农民把好东西卖个好价钱，要让农产品远离农药，让农村乡野环境景观化，让农耕文化发扬光大，让农民乐在其中、富在其中。这样一来，农村的大量闲置资产被盘活，转化为能够增值的资本，普普通通的农村通过一步一步完善旅游设施配套，变为"绿富美"的乡村旅游目的地，农民接受来自都市的文化与文明，成为懂得"生意经"的旅游从业者，农村日新月异，由以农民世代熟悉的第一产业为主变为与第三产业对接，尤其是相当一批农民从事第三产业，带动了新型城镇化发展，激活了农村巨大的市场，提升了乡村文明，探索了乡村治理的新路。

这是一次"脱胎换骨"的变革。这个过程是艰辛的，也是"连做梦也没有想到的"，甜蜜的致富梦想变成了现实。农民原来根本没有做生意的概念，现在有了，就是通过"农家乐"一步一步发展起来的。政府及其各有关部门和民间组织要因势利导，积极帮助农民发展乡村旅游，送知识、送技能、送智慧，让农民学会用心做生意，学会看得长远，不搞短期行为砸自己的牌子，学会热情待人、诚信做生意。实践证明，一些经营好的"农家乐"，一般都民风正、机制好、投入少、带动强、效益高。虽然乡村旅游不断发展，朴实的农民却没有丢掉老辈留下来的淳朴善良的民风，他们把游客当亲人，并以此作为信念，化作浓浓的暖意，很好地促进了社会的和谐发展，也带来乡村经济繁荣。

（三）让农民成为乡村文化传承者、工艺美术师

现代乡村旅游最显著特点是"乡村性"，乡村旅游的吸引物，很多是祖祖辈辈留下来的珍贵生态资源和人文资源。在发展乡村旅游的过程中，必须坚持"保护第一、利用第二"的原则，决不能为了一时的发展、一时的繁荣而毁掉乡村文化。因此，必须坚持规划引导，政府主导，群众民主议事决定。

发展乡村旅游，提倡原真性，不搞大拆大建，保护好文物古迹，保护好、利用好乡土文化，并使之发扬光大。应当用景观的概念、艺术家的眼光、摄影师的镜头、美术家的意境、环保科学家的超前眼光，建设特色小镇和美丽乡村，开展可持续发展的乡村旅游。要大力发掘乡土文化资源，支持和扶持一批农民成为乡土特色文化的传承者，成为特色民居建设、特色旅游商品开发、特色节事活动、特色旅游产品的规划设计者、策划师、组织经营者和工艺美术师。

（四）建立公平的乡村旅游利益分配机制

现代乡村旅游不排斥企业主导型开发模式，企业开发具有投资大、见效快、市场化程度高等优势，能够促进落后地区乡村旅游的跨越式发展。关键是要在投资企业与出租资源的农民之间建立起公平的利益分配机制。经济越是落后的地区，地方政府招商引资的愿望就越迫切，在这种强烈的发展诉求下，政府和企业在利益和权利博弈中往往处于强势地位，而处于弱势地位的农民在缺乏主导权、没有利益代言人的情况下往往会被忽视或削弱。当资源完全被占用后，这些农民便沦为乡村旅游的"旁观者"，获得的回报只有可怜的一点点，还经常被拖欠租金。对此，政府相关部门必须充分发挥主导、协调、监督等职能，把建立公平的乡村旅游利益分配机制作为乡村旅游规划、协调和管理工作的重要内容。

（五）对乡村旅游经营业户进行常态化辅导

现代乡村旅游是现代而时尚的新经济形态，而我国农民的文化水平普遍偏低，存在市场意识差、创意能力低、管理和服务水平不高等问题，需要有常态化的培训、辅导机制，甚至是跟踪式的"手把手"辅导，帮助他们跟上市场变化，提高经营和服务水平，使他们在瞬息变化的市场中保持创新能力，实现可持续发展。这需要在政府主导下通过组织和宣传、劳动社保、旅游等部门进行培训，还可以联合高等院校、科研单位、社会服务机构等第三方力量，通过政府购买服务的形式来实现。例如，近年来，在乡村旅游发展中，有相当一批村（居）支部和村（居）委的"两委"干部成了"农家乐"、民宿乡村酒店的主人，对他们的从业培训，组织部门可以通过对村（居）基层组织负责人进行政治和业务培训、对宣传部门进行文明经营与文明旅游的培训，劳动社保部门可以对剩余劳动力就业和创业进行技能服务培训、对旅游部门进行旅游接待和旅游推广的培训。同时，对厨师等技师及"农家乐"大嫂、各岗位服务员可委托第三方单位进行培训辅导。

（六）善于调动农民的主动性、积极性和创造性

通过示范带动、政策扶持，引导鼓励农民自觉投身乡村旅游发展，使广大农民成为乡村旅游最直接、最主要的受益者，避免出现农民"失土又失业"和"出力不受益"等情况。要以旅游促进对外开放和脱贫致富为指导思想，创造出景区带动与发展乡村旅游，"企业加农户"生产旅游商品，发展全域旅游经济等多种方式，促进农民"大众创业，万众创新"，通过发展乡村旅游使农村摆脱贫困。尤其是要重点解决农民在发展乡村旅游中"不懂技术不会干、怕担风险不敢干、没有资金干不了"等突出问题。主要通过镇村组织外出学习、业务培训、示范带动、信息交流、组织观摩等形式，帮助农民解放思想、拓宽视野、学习榜样、加强指导，不断调动和激发农民发展乡村旅游的主动性、积极性和创造性。

（七）创新乡村旅游产品和业态

要全方位、全产业链地审视现代乡村旅游的产品业态布局，加快推动乡村旅游由传统的食宿、观光为主向休闲、体验、度假转变，打造乡村旅游的"农家乐"升级版，开创乡村旅游的"食宿+"新模式。要在妥善保护自然生态、原居环境和历史文化遗存的前提下，鼓励社会资本投资建设休闲农庄、乡村酒店、特色民宿、自驾露营、户外运动和养老养生等乡村休闲度假产品，探索形成多类型、各具特色的乡村旅游发展模式。特别是要注重挖掘乡村文化内涵，大力开发乡村旅游特色文化产品，使游客在旅游过程中体会和了解到不同文化带来的审美享受。要以乡村的资源环境为载体，以乡村原有的环境为基础，秉承"乡村生活"模式，为游客提供最佳乡村休闲度假、娱乐观光、体验劳作、科普教育、文化体验、养生养老、健康生活的第二活动空间，实现"吃、住、行、游、娱、购、养、育"的聚合，最后推动农村区域经济发展，带动农民增加收入致富。

（八）科学组织起来联合发展乡村旅游

很多地方发展乡村旅游，还处于一家一户、各自为政、分散经营的状态，现代旅游产业体系配套不健全。

要从加强组织化入手，引导农民用文化创意改造传统农业，采取有效措施推动产业化发展，提升乡村旅游的发展品质，扩大乡村旅游的综合效益，形成农、工、贸、游的有机结合，生产、加工和销售一体化经营。

要引导农民从分散、零星的旅游接待活动转向组织化、网络化经营，由自给自足、独立运作的接待经营户转为分工协作、配置合理的接待经营体系，在产品开发的横向扩展和产业体系的纵向拓展上下功夫。

提高乡村旅游的发展质量和效益，除了要在产品和设施上下功夫，还要大力提升乡村旅游软实力。

要着力提升乡村旅游经营户的现代化管理和精细化服务水平，培养和造就一大批理念新、会经营、懂管理、有技能的乡村旅游人才。

要引导农民用创意改造传统农业,形成创意农业。创意农业可以延伸农业产业链条,促进资源充分利用,增加农民收入,改善乡村环境,促进农业遗产保护,更好地满足消费者需求。

综上所述,想要让农民成为乡村旅游的最大受益者,关键在于引导和鼓励农民成为乡村旅游开发和经营主体,建立公平的利益分配机制,对乡村旅游经营业户进行常态化辅导,同时防止一些不良企业把开发乡村旅游作为圈地和掠夺资源的手段。众所周知,社会越是发达,城市化、工业化的程度越高,乡村旅游的吸引力就越大,乡村旅游开发越受投资商重视,这也正是当前乡村旅游正在成为旅游投资热点的重要原因。同时,为推动乡村地区的经济发展,从中央到地方各级政府也推出各种政策,支持和引导乡村旅游发展,将其作为解决"三农"问题的新途径。从乡村旅游的投资、管理、经营主体等方面看,其开发模式有多种类型,有的是政府主导,有的是企业租赁或买断经营权,有的是乡村旅游合作社统一经营管理,有的是农民自主投资经营。而企业主体有的是外来企业,有的是当地村办企业。不同的投资主体和经营模式,就会有不同的利益分配机制,受益主体就会有差异。同时,政府、投资商、农民等作为不同的利益主体,在利益和权利博弈中享有不同的话语权和主导权,从而在利益分配中处于不同的地位。所以,政府相关部门一定要把握好一个基本原则——无论乡村旅游开发采用哪种模式、谁作为开发主体,农民都必须是乡村旅游开发的受益主体,不然乡村旅游扶贫、乡村旅游致富就无从谈起。

第四章

现代乡村旅游发展规律的把握

认识和把握旅游产业发展的基本规律，对于现代乡村旅游工作管理者、旅游企业经营者及旅游学术研究者来说，始终是一个非常重要的研究课题。发展和壮大乡村旅游经济、构建旅游产业体系、促进旅游企业发展，建设优质旅游目的地、监管旅游行业，都应当遵循旅游发展规律。自觉按规律办事，就会少走弯路，从而达到事半功倍的效果。发展现代乡村旅游，要善于把握旅游产业发展的基本规律。本章力求探索旅游领域的规律性。用"规律"表述未必准确，目的只是为了引起大家自觉对旅游规律认识、探索和把握。笔者认为，在发展现代乡村旅游中，以下带有规律性的内容值得去把握、去思索、去探求。

一、把握客源地经济发展导致游客出游的规律

发展旅游目的地必须瞄准客源地、客户群，并不断研究客源市场带来的变化。就个体游客而言，一般来说游客出游的基本条件，第一要有钱，第二要有闲暇时间，第三要有旅游的愿望，第四要有交通便利条件。具备上述条件才有可能出去旅游。

就旅游群体来讲，客源地旅游群体出行往往是由客源地经济发展的富裕程度决定的。据世界旅游组织公布，当人均 GDP 达到 3000 美元时，游客就对观光旅游产生了需求；当人均 GDP 达到 5000 美元时，游客就对休闲度假旅游产生了需求；当人均 GDP 达到 15000 美元时，游客就对专项（特殊）旅游产生了需求。旅游业态发展的初级阶段是观光旅游，中级阶段是复合旅游（观光、休闲、度假、特种旅游并存），高级阶段是专项深度旅游（特殊类型旅游）。这是从 GDP 与出游业态的关联角度来讲的。

从休闲角度讲，旅游是休闲的一部分。而休闲，就是人在除去劳动时间、生活必需时间之后的自由支配时间。如果人的自由支配时间多了，手中的闲钱多了，再加上有自驾车和交通改善等便利条件，那么，必然导致客源地游客数量增多。我国进行假日制度改革，实行五天工作日，至今已经有 114 天的法定假日和两个"黄金周"，而且带薪休假制度正在深入推行，人们的休闲时间会更多，这必然会推动旅游产业显著发展。近年来，我国京津冀、珠三角、长三

角地区和一些大中城市，之所以成为周边乡村旅游地区的"短线"和国内外旅游"长线"的客源地，就是因为这些城市的富裕人群具备了"出游"的基本条件，而且很多地方成为第一客源地。因此，发展现代乡村旅游，要善于站在旅游目的地的角度去研究第一客源地、客户群体、客源市场的变化及市场细分等新情况和新特点，把握游客出游规律，以达到精准发展旅游的目的。

就把握此规律而言，发展现代乡村旅游首先应当找准哪里是本地的客源地，以及目标客户群的特点和喜好，以便有针对性地开展乡村旅游目的地旅游产品的开发和营销推广工作。

二、把握马斯洛需求层次理论推动休闲旅游产业提升的规律

需求，是人类内在心理的一种缺乏状态，人类的行为往往是为了满足各种需求而产生的。马斯洛主张人类的需求分为五个层次或阶段，即生理需求、安全需求、归属和情感需要、受尊重需求、自我实现需求。这种理论认为，人类的需求由最低层次开始，并逐步上升到最高层次；如果某种需求达到满足，那么，这种需求不能再诱发动机；低层需求得到满足后就会上升到更高一层需求。具体需求层次如下：

第一，生理需求是人类维持生命的需求，如饮食、衣服、居住等方面的需求。这些基本的生理需求得到满足之前，人们的需求基本上不会受到其他层次需求的刺激。

第二，生理需求得到一定程度满足以后，人们会产生安全的需求。安全需求是防止身体和生理需求被剥夺以及获得自由的需求的状态。

第三，归属和情感需求也叫社会需求。当生理需求和安全需求得到一定程度的满足以后，人们就会产生归属和情感需求。人类是社会化的，具有从属于某集团的欲望，例如希望与同事关系密切，希望与异性交往和结婚。

第四，受尊重需求是在归属和情感需求得到一定程度满足以后产生的，这时人们不仅希望成为某些集团的成员，还产生自尊心和从别人那里得到尊重的需求。受尊重的需求得到满足后，自信心、名誉、力量、权力等才会出现。

第五，自我实现需求是受尊重需求得到满足以后出现的，主要表现为不断地自我发展、极大地发挥潜力、寻找自我、实现自我等。

马斯洛的需求层次理论充分说明了人类的需求，奠定了基本需求理论的基础。

许多学者探讨了休闲需求的种类，包括身体需求、冒险需求、社会需求、变化需求、尊敬需求、自我实现需求等。有的学者认为，休闲的动机包括个人发展、社会交流、疗养与恢复、刺激、自由与独立、回归等。人们去旅游，往往是受到马斯洛需求层次理论支配的。旅游经济是人的活动经济。人们出游不仅是为了得到物质需求的满足，更重要的是为了得到精神方面的满足，并更多的追求有尊严、有品位、有高尚情操的旅游，追求完满人生。实质上，旅游是一种文化行为，出游就是消费文化。"世界很大，我想出去看看"就是人们这种追求较普遍、较通俗的写照。反过来，站在发展旅游产业的角度，就要根据人们需求层次的要求，开发适用对路的旅游产品去努力满足人们在旅游过程中的消费层次需求。游客各种层次需求满足得越好，说明旅游目的地对层次需求的供给越精细、越深入、越全面、越体贴、越到位，旅游目的地就越受欢迎，旅游产业发展越繁荣。因此，旅游产业要从人的需求出发，以本地居民和游客需求为本，不断检讨需求与供给细节上的差距、短板，扬长补短，旅游产业才会不断兴旺发展。

发展现代乡村旅游，要善于把握马斯洛需求层次理论推动休闲旅游提升的规律，特别是要在满足城里人对乡愁、乡情、乡音等回归心理需求的同时，努力满足其现代生活基本条件甚至是较高条件的多方面需求，这是现代乡村旅游发展追求的方向。实践证明，这方面的发展潜力巨大。

三、把握建设旅游目的地追求"引进来，留下来，多消费"的规律

发展旅游，说到底就是追求三种境界：千方百计把游客吸引来，此乃第一种境界；想方设法把游客留下来，此乃第二种境界；周到服务让留下来的游客多消费，此乃第三种境界。简单来讲就是三句话、九个字："引进来，留下

来，多消费"。发展旅游产业的总体脉络、自始至终全过程，从低到高，从少到多，从小到大，从弱到强，从国外到国内，千方百计、想方设法出奇招、整花样，实际上就是"折腾"这九个字。当然，全过程要热情、真诚、实在、周到，最终在市场上反映出来就是吸引招徕更多的游客，让来的游客停留更长时间，努力让留下来的游客乐意花更多的钱。这是旅游产业发展的一个规律性的认识。

一个地方要发展旅游、打造旅游目的地，首先应当自问"我究竟有什么资源""我想做什么""我的客源地在哪里""我的目标群体是哪些人""我凭什么让游客一定来我这里""我怎么让游客留下来""我有什么办法让游客乐意多消费"，等等。这些问题搞清楚了、弄明白了，发展旅游就具备了一定的思想基础。接下来遵循这一规律，落实在操作层面，譬如编制旅游目的地的规划，就应当做好情境设计、体验设计、时间分配设计、景观设计以及旅游配套设施设计。选择建设优质旅游目的地的科学发展模式，应该是政府主导下的"多规合一"，旅游业为导向的多个产业融合，市场为主体的资源配置和企业运作，人人都是旅游形象宣传大使的全民参与的浓厚氛围。

具体如何把游客引进来，有一种通俗的说法："造景、造势、讲故事。"魏小安2006年3月9日在淄博旅游专题讲座中讲过这样一段话："全世界旅游都是这三个目标：争取更多的人前来，争取来的人停留更长时间，争取停留的人有更多消费。"这是把游客引进来的基本思路。要尊重科学、尊重文化、尊重事实，决不能胡编乱造，不能造假，不能糟蹋旅游资源和历史特色文化。把游客引进来，如果从旅游目的地的形象宣传角度看，简而言之就是"敢宣传，会宣传，经得起宣传"。

从景区及环境对游客吸引物的营造来看，实现"引进来"的目的，就是营造好看、耐看、百看不厌的景观和旅游环境，提高旅游配套的硬件和软件服务水平，不断提高旅游承载力。景观，指地表上具有观赏价值的风景，一般包括自然景观、人文景观和社会景观。自然景观，包括山水景观、气象景观、动植物景观等；人文景观，包括人工设施景观、历史景观、加工后的自然景观、文化景观等；社会景观，包括社会习俗、风土人情、街市面貌、民族气氛等。

传统景点旅游发展模式下只是做景区，把景区作为一个吸引中心；全域旅游的发展模式的做法是既做景区又做区域环境，而且把全域旅游作为整体吸引中心，使景区吸引和区域环境配套吸引"齐头并进"，形成全区域旅游目的地，这样，对游客的吸引力、容纳力就大大增强了，旅游相关行业的资源也得以整合，区域整体旅游形象得以大力宣传推广，那么，区域旅游产业对当地经济的拉动力、对第三产业的带动力、旅游产业的支柱地位和作用也就同步增强了。因此，增加全域旅游吸引物，不仅靠景区，更要靠城乡，而且是多种旅游要素、多种产业载体在旅游产业的主导下融合发展，广泛增强旅游的综合吸引力，如此才能形成更大的区域旅游核心竞争力。景区旅游要发展，全域旅游要跟上；白天旅游要搞好，晚上旅游也要跟上；观光旅游要发展，复合旅游也要跟上；生态旅游要发展，休闲度假旅游、特种旅游等多业态旅游也要丰富；大众旅游要搞好，中高端市场也要跟上。

旅游是一种有品位的生活方式。发展现代乡村旅游，不仅是为了取悦游客，更重要的是为了提升当地广大农民的生活水平，实现主客共享的生活方式。就吸引游客方面考虑，发展现代乡村旅游，应当注重客源市场的不断细分，对目标群体的服务质量应尽力细致周到，这样的乡村旅游的吸引力才会不断增强，乡村旅游经济才会可持续发展。

如何把游客留下来，著名旅游专家魏小安先生在《中国古城古镇古村旅游发展研究》一书中给出了一些具体思路。他认为，首先要从旅游目的地的规划设计上着手，具体包括五个方面。

第一，要从旅游产业规划转型为旅游目的地规划，深度规划设计，打造真正意义上的旅游目的地，而不是打造观光地、顺访地和过境地。

第二，在旅游项目的规划上，从只注重空间设计转向重点做好情景规划和体验设计。要考虑游客五官的全面感受，包括视觉、听觉、嗅觉、味觉、触觉、运动感觉等，而不只是单一的视觉体验。要让游客有深度体验、全身心的体验，达到兴奋程度无可替代的效果。

第三，给游客规划设计时间安排。例如，一年四季看什么、玩什么，每季度每个月看什么、玩什么，一年有哪些节庆活动，什么季节最好玩，这些都要对游客说清楚；按照全域旅游的思路，游客从客源地到目的地需要多长时间，停留多长时间，相对应的旅游目的地给游客提供多长时间的旅游活动，这些也要设计好、安排好；设计游客从机场或车站到景区的路线——高速公路或干线公路到支线公路，再到乡间公路，最后到景区，最好是生态路、文化路、景观路和交通干线有机统一，让游客一路有视觉冲击力。景区牌楼离游客服务中心有一段距离，给游客一些缓冲时间。进入游客服务中心后，要给游客留下非常好的第一印象，游客服务中心旁边厕所的宽敞度、舒适度也非常重要。

第四，景区的规划设计，基本上按照"五分钟一个兴奋点，十五分钟一个高潮"。所谓"兴奋点"，就是让游客驻足、心动、拍照；所谓"高潮"，就是让游客停下来，好好待一会儿，遇到绝景，游客欢呼，排队照相，体会太深刻了。

第五，即将离开景区，也要有所规划设计，通过"景区游览总结"的形式，让游客留下难忘的印象，让游客认为这次旅游值得留恋、值得回味、令人震撼，由衷地从内心发出"长途跋涉，没有白来"的感叹。综上所述，发展特色小镇、美丽乡村旅游，在规划建设时，要在努力让游客多一些"留下来"的时间上动脑筋、下功夫。譬如发展乡村民宿，可以配套设置各式各样的酒吧、书吧、咖啡厅、茶艺馆、小酒馆、游客服务中心、村史馆、名人馆、马术俱乐部、娱乐厅、球类馆、宗教场所、特色休闲购物场所、卫生站等，还可以建小广场，开展各式各样的群众文艺活动，一到晚上小广场就成了活动中心。游客住在民宿客栈，晚上活动、消费，便不再寂寞。

如何让留下来的游客多消费？有专家测算过，旅游目的地的发展大体上有一个规律，游客停留三个小时就要吃一顿饭，停留六个小时就要住一个晚上。这里也要进行规划设计，不仅要规划设计周末游，还要注重平日游的线路安排，一日游、两日游、三日游甚至十天半个月游的线路安排工作要做足。既要设计白天游玩的项目，也要安排晚上的活动。有的地方，游客白天观风景，晚上看大戏。观景，不仅要可看，而且要看得舒服、看得感动；看戏，不仅要好看，而且要看得终身难忘；住宿，不仅要住得方便，而且要住得舒适、住出文化。临走，还要让游客买些称心如意的旅游商品。大宗旅游商品，要方便组团游客办理"快递"或"托运";自驾车游客,要方便其装满后备箱。台湾旅游接待单位很重视这些细节。国内一般游客购物消费占到整个旅游花费的25%,国外旅游先进城市的旅游购物消费占比高达40%。

总的来说,在旅程中,要把游客的吃、住、行、游、购、娱等流程和细节安排好。有的旅游目的地重视常住游客消费,例如,通过开发休闲房地产吸引城里人买房来常住,打造艺术镇吸引艺术家常住;重视长留游客,通过旅游产品组合、线路捆绑、多元优惠促销揽客以及发展休闲度假产品留住商务游客,增加消费;重视常来游客,把回头客安排好、照顾好,不断变换新的主题活动、新的花样,增加新的消费品种。有的地方每晚举办"灯光夜市",各种特色小吃应有尽有,最终让游客多花钱,花得高兴,花得值得,花得难忘。

四、把握开发旅游产品"求新、求乐、求美、求知、求精"的规律

旅游产品,一般指游客向旅游经营者购买的,在旅游活动中消费的各种物质产品和服务。旅游产品通常包括单项旅游产品、组合旅游产品和整体旅游产品等三种类型。旅游景区是旅游产品,旅行社的旅游线路是旅游产品,美食、购物、娱乐产品等都是旅游产品。旅游企业生产的主要是旅游服务产品。旅游服务是一种供人们消费的活动,只在消费过程中存在,一旦消费完毕,由旅游服务表现出来的活动也就停止了。旅游企业生产旅游产品的过程,也就是提供服务的过程。

分析旅游产品的构成,站在产品的供应方角度,又可将旅游产品分解为核心产品、形式产品和延伸产品等三个层次产品。核心产品,就是旅游供应方向旅游消费者提供的最基本、最直接的使用价值,具体说就是吃、住、行、游、购、娱等旅游要素;形式产品,是指旅游产品的品质、形态、商标、价格和类型等,它是旅游消费者接触到的实物或劳务的外观,是用以承载旅游产品的基本使用价值的种种形式;延伸产品,包括售前咨询服务、售后服务以及销售过程中的其他服务,是旅游产品附加利益的体现。旅游企业只有向游客提供更实在更完善的人性化服务产品,才能有效地满足游客的各种需求,从而在激烈竞

争中取胜。

从旅游产品的功能构成分析，又可将旅游产品划分为基础型产品、提高型产品和发展型产品等三个内部存在递进关系的层次；从旅游产品的要素分析，可将旅游产品划分为旅游吸引物、旅游设施、可进入性和旅游服务。旅游吸引物和旅游服务是旅游产品的核心。旅游产品能以混合体形式出现，主要是由它的服务性质决定的。旅游服务是一个整体概念，是由各种单项服务组合而成的一系列服务，无论缺少哪个环节，游客都不会感到满意，因为游客对旅游经历的评价主要取决于他所感受到的服务水平和服务质量。

产品本身遵循生长期、旺盛期和衰落期的发展规律，旅游产品也不例外。旅游产品只有求新、求乐、求美、求知、求精，才会保持旺盛的生命力。

（一）求新

新，就是新鲜、新颖，别人没做过，我做的是头一个；新，就是创新，推陈出新，不重复、不模仿、不抄袭别人，独此一家，是唯一的，而不是人家有什么我也做什么。旅游者，本质上追求短缺，追求新颖，追求新奇。一个旅游产品要隔一段时间就应该有新变化，这个新变化要跟着市场走。一个旅游产品，从推出到老化有一个过程，但不要等它没有吸引力的时候再去开发新的。如果游客去了一次又一次都还是老样子，那回头客肯定就不会多。旅游业内部同行之间、旅游目的地之间的竞争是很激烈的。旅游产品的研发也和其他行业的产品一样有其规律性。

旅游产品的求新变化，就是要求遵循旅游产品开发的基本规律，这里主要体现在"无中生有，有中生好，好中生优，优中生特"等几个方面。

首先是"无中生有"，表现在景区开发上就是"造景"。"无中生有"不是凭空臆造，景区开发在谋划和策划阶段是做了大量市场调查的，开发的前提是要有市场，特别是"适销对路"的分层产品对应分层的市场，这样才容易成功。

第二是"有中生好"。以景区为例，就是对现有的景区提质升级。景区"创A"、环境整治、升级改造等都属于此。

第三是"好中生优"。这主要强调的是旅游产品的做精做细,做强做大。例如,景区提倡"做精品、做绝品、做未来的遗产",并十分强调"做文化、做核心、做灵魂、做可持续"。

第四是"优中生特"。这主要强调旅游产品要找出区别同类产品的差异,进一步突出本品的特色,张扬个性,做成独特,形成品牌,实现"差异化经营,特色化竞争",以产品特色形成核心竞争力,形成可持续发展的原动力。

"无中生有"最典型的例子是深圳市四个主题公园的开发,包括世界之窗、锦绣中华、东部华侨城、欢乐谷等,都是"无中生有"的景区。深圳市原来是一个小渔村,自从划定为经济特区,因为经济聚集、人口增多,形成了强大的旅游市场需求,在市场驱动下从没有旅游景点到有了中国民俗文化村、锦绣中华、世界之窗等主题公园式景区,"无中生有"做出了旅游景点,而且做得很成功。浙江省萧山市的横店影城也属于"无中生有",为国内外提供了大型影视拍摄基地和旅游参观基地,也做得不错。

开发旅游产品,还要正确处理好老产品和新产品的关系。一般来讲,要用老产品(比较成熟的产品)去开发新的市场,用新产品去巩固老产品已经占有的市场。对于旅游发展来讲,资源是基础,但不是绝对的,不是决定性的,关键是最后能否开发出新颖的、好的、受市场欢迎的旅游产品。

(二)求乐

旅游产品求乐,就是要让游客感到有乐趣,好玩,有愉悦感,能给予全身心体验,超越日常生活,与枯燥的日常生活形成强烈反差,让游客充分地释放工作压力,能够带来欢乐、快活、轻松,对儿童来说有童趣,对年轻人来说能找到刺激感,对老年人来说能带来怀旧感和幸福感。

著名策划人王志纲说过"旅游,就是玩出来的产业"。可以说,旅游就是异地体验。旅游的过程是一个体验的过程,旅游产业就是体验经济,强调全身心甚至心灵体验。

文化是旅游的灵魂，旅游是文化的载体。没有文化的旅游是苍白无力的。开发景区提倡"有看头、有说头、有玩头、有嚼头、有想头、有盼头"。"游客花钱、花时间、花精力，买的是一个体验的过程、一种特殊的生活方式"。游客永远无法取得景区（点）、交通、住宿设施中任何一种对象物的所有权，往往只能借助旅游目的地所提供的各种单项旅游产品完成一次体验。收获成功的旅游过程，是一种身心滋润、一种品位生活、一种精神上的满足。旅游本身就是游客享受快乐的生活过程，也是旅游工作者快乐进行的工作。

著名旅游专家魏小安先生所著《中国古城古镇古村旅游发展研究》一书中有一段很精彩的话，值得分享。他说："从本质上说，游客在寻求文化，购买文化，享受文化，消费文化；旅游经营者则是生产文化，经营文化，销售文化。文化品位越高，独特性越强，多样性越丰富，发展前景就越大。研究50年来世界旅游的发展经验，可以说，特色是旅游之魂，文化是旅游之基，环境是旅游之根，质量是旅游之本。因此，旅游工作者要比文化工作者更重视对文化的挖掘，要比城建工作者更重视城市特色的营造，要比环境工作者更重视环境的绿化和美化，要比文物工作者更重视对文物的保护，加强旅游目的地的环境和文化多样性建设势必成为旅游发展的重中之重。"

大家都认同旅游是"玩出来的产业"。那么怎么玩呢？要善于从以人为本到以乐为本，就像魏小安先生所说，"适应玩的心态，研究玩的学问，建设玩的项目，营造玩的氛围，创新玩的产品，开拓玩的市场"。这些话，讲得都很有道理。

（三）求美

人类是极其爱美的，追求美好的生活、美好的未来，是人类独有的本能。旅游产品讲究的美，就是让旅游者有美的体验、美的感受、美的享受。旅游的过程就是旅游者审美的实践过程，就是全身心体验美的过程。美是旅游的动力，是引起旅游动机的主要因素。

美又分为自然美、社会美和艺术美。美，是迷人的，令人探求的。每次旅游活动，都是一项综合性的审美实践活动。也就是说，旅游是人们精神生活的一部分，集自然美、艺术美、社会美和生活美之大成，将文物、古迹、建筑、园林、绘画、书法、雕塑、篆刻、音乐、歌舞、服饰、陈设、烹饪、民情、风俗等融为一炉，旅游是一项涉及一切审美领域，综合各种形态的审美实践活动，游客在旅游中发现美、传播美、享受美、体验美。从这个意义上说，旅游产业是"眼球经济"，要求造景、造势、"讲故事"，强调旅游的吸引力、追求震撼力，提倡"可看、好看、耐看以及反复看甚至百看不厌的效果"。

不仅景区要美，大环境也要美。环境美是发展旅游的基本要求。没有美好的环境就没有旅游业的大发展，这对于全域旅游来说尤为重要。美景对人具有很好的吸引力，美的客观存在和人的主观审美欲求相结合，能引起游客的极大兴趣，促使游客热衷于旅游。导游是美的解释者和传播者，其审美水平直接影响导游的效果。游客在旅游中得到美的享受和精神愉悦，这并不是说每位游客都能获得同样的审美感受，而是因为在旅游审美过程中，有许多因素影响或制约游客审美情趣的获得及审美修养水平的提高。因此，旅游追求美，要有对美的认同，要有审美的技巧，也要追求美的高雅，总之它是旅游产品的供给者和购买者的共同愿望。

（四）求知

知，就是长知识、开眼界、有所觉悟，学到未知的知识，增长人生的阅历。旅游的求知性，就是指在旅游的过程中让游客获得知识。

旅游者消费说到底是消费文化。随着社会物质文明和精神文明的高度发展，人们回归自然的愿望极为强烈，游客特别向往那些保留大自然的原生形态之地。许多人不仅有怀旧情怀，同时也对人类历史有强烈探求的兴趣。通过旅游，可以满足游客对开阔眼界、增长见识的愿望，使旅有所获。反过来，从旅游产品的供给角度来说，旅游的经营者应当不断满足旅游者的求知需求。旅游出行强调理由充分，只有这样才能激发出行旅游的欲望和动机。

发展旅游，必须认真研究和高度重视旅游产品的差异化、特色化和同质化问题。游客喜欢唯一、第一，决不选择第二。旅游目的地强调差异化，提倡特色化、精细化、标准化、品牌化，切忌同质化；强调"真、善、美"，追求

"大自然、深生态、真生活"。一个旅游产品的文化含量越丰富、越独特,知识点越多,往往越受欢迎。

(五)求精

旅游产品的"求精",包括精选,也包括精品。往往游客的旅游时间、精力、费用都有限,游客在选择游览地点时会挑选景点,以确保在"有限"的时间里能看到最想看的景点。对于旅游目的地的旅游经营者来说,要努力为游客提供旅游精品。从这个角度来看,对于发展差异化的旅游目的地来说,"排第一"不是最重要的,最重要的是唯一性。能否做到"唯一",关键就看能否挖掘出真正独特的文化底蕴。

发展旅游产业,就是发展旅游经济。事实上,观光游客多是一次性的,一般不会做回头客;而商务旅游、度假旅游符合度假的基本要求,游客得以休闲、保养身心、过一段舒心日子,忠诚度比较高;特种旅游包括专业旅游,游客往往是回头客。商务旅游、度假旅游、特种旅游都是"含金量"较高的旅游产品。发展旅游,往往对细节问题关注得不够、解决得不够好,使游客感觉不好,这是旅游产品普遍存在的一个突出问题。作为旅游产品的规划设计者、管理者和服务者,一定要体现严谨的工作态度,细节上要一丝不苟,时时处处事事为游客着想,体现出深厚的人文关怀。细节体现水平,细节产生吸引力,细节创造生产力,细节决定成败。旅游经营者求精,就是要对旅游产品有"匠心",精耕细作、精益求精。

开发旅游,要精益求精;做好旅游,更要有激情。包括要有热情、要有事业心、要有审美眼光、要有智慧、要有使命感。大家知道,发展旅游,需要激情,需要智慧,需要有审美的眼光,更需要执着,需要有使命感。因为旅游的过程是审美的过程,发展旅游是不断推陈出新的过程,这就要求旅游工作者要有审美眼光,要有文化素养,要有善于发现和欣赏美的能力和敏锐性。旅游的过程是人的五官体验过程,这就要求旅游工作者要有率真的初心,还要有激情,要懂得"怎么玩"。旅游产业更多需要整合吃、住、行、游、购、娱,同时整合各相关产业与旅游产业融合发展,这就需要旅游工作者学习哲学等各行业知识，善于谋划、策划、规划、计划，善于用智慧去指导旅游发展。发展旅游产业，牵涉面广，需要方方面面的配合支持，这不是旅游部门单干就能干成的事，还需要各级政府各单位各部门以及全民支持，更需要区域旅游决策者和执行者善于统筹和调动社会力量，形成支持旅游发展的"旅游大军"同舟共济。这里包括规划设计队伍、景观建设队伍、实战运营队伍、营销推广队伍、舆论宣传队伍、安全管理队伍等。

从事旅游管理工作，不仅要想着怎么才能做好，还要防止工作失误造成一系列问题的出现。当今旅游成为大众时尚潮流，成为人们生活的重要组成部分，一方面人人都是游客，另一方面又人人都是旅游产业发展的评论者、"业余旅游局长"、旅游形象宣传大使。旅游产业所具有的开放性、参与性要求旅游工作者善于听取社会各界对旅游目的地发展的反馈意见，多到旅游工作的第一线去调查研究，多向基层群众学习，善于汇集社会各界的智慧，集思广益，群策群力，调动一切积极因素和力量，促进旅游产业全面发展。否则，一意孤行、闭耳不闻、懈怠拖拉、不思进取、故步自封，都会遭到社会各界议论、指责甚至被淘汰。

五、把握旅游产业"综合性、关联性、拉动性强"的规律

旅游产业，从依赖、依托，到拉动、推动，再到主导、支柱产业，有其自身成长的规律。旅游产业发展的初期，往往依托交通业、文物业、文化业、体育业、商业、农业、林业等密切关联产业，逐渐发展壮大自身的吃、住、行、游、购、娱等产业。当发展成为地方重点产业的时候，旅游产业就表现出对相关产业的拉动和推动作用逐步增强。当旅游产业成为主导产业，相关产业围绕旅游产业融合发展的时候，旅游产业在地方经济中的支柱地位便形成了。

有专家分析，在短缺经济条件下，旅游产业作为依托性很强的产业，发展旅游产业处处需要求人。因为手中没有产品，所以没有主动权。当告别短缺经济进入剩余经济或者生态经济时代，旅游产业得到相对发展，手中有了产品，就有了主动权，因而对相关产业的拉动性就增强了。进入市场经济时代，旅游

产业有了较大发展，产品体系基本形成，有了较大的市场，于是旅游产业的拉动作用便日趋显著。因为有了人气、有了庞大市场，便有了主动权和话语权。

旅游产业想要形成产业体系，就必须有系列产品，形成产业链、产业规模，进而形成产业群。旅游产业体系化产品，包括观光旅游、度假旅游、专项旅游（包括登山旅游、探险旅游、汽车拉力赛）等产品，构建比较完整的产品体系。旅游产品体系是以观光旅游产品为基础，以度假旅游产品为主导，以特种旅游或专项旅游为补充的。观光旅游产品，基本上是门票，主要针对大众旅游市场；度假旅游产品，主要针对停留时间较长、花费较高的回头客；特种旅游产品，主要是指文化性较强的专业旅游项目，这是一个由特殊"玩家"组成的客户群体。构建旅游产业体系，需要良好的运作机制，这个机制包括政府主导、部门支持、市场主体、企业运作、社会参与、利益协调等方面，使旅游产业成为休闲产业中的主导、龙头。

旅游产业综合发展的目标或者说意义是显而易见的，包括经济目标、社会目标、文化目标、教育目标、环境目标。从经济目标来看，旅游产业可以为国家创汇、为地方创收、为企业创利。发展旅游，促进招商引资，促进相关产业体现高附加值，拉动第一、第二、第三产业发展。发展旅游，促进生态产业、绿色经济、循环经济发展。社会目标，包括扩大就业、促进社会和谐、推动扶贫、促进精准扶贫，提高人民生活质量、促进"主客共享文明"，加强友好往来、促进世界和平。从文化目标来看，旅游产业弘扬传统文化，培育新型旅游文化，甚至创造新的文化遗产。从教育目标来看，旅游产业开辟第二课堂、自然课堂、亲子教育、爱国教育、红色教育等社会实践活动。从环境目标来看，旅游产业是无烟工厂、朝阳产业、低碳产业。科学发展旅游，提高资源利用率，节能环保，低碳出行，改善生态环境，保护生态环境，让后发优势变为强势优势，促进绿水青山变为金山银山，对上可承接祖业，对下可福泽子孙。

旅游产业讲求配套，讲求产业链。传统旅游的产业链是行、游、吃、住、娱、购等；现代旅游产业链已经延伸到商、养、学、闲、情、奇等，例如，要考虑到让游客出行乘什么交通工具，白天看什么，晚上玩什么，就餐吃什么，夜间住什么，闲时购什么等。吃，不仅吃得饱，还要吃得好；看，不仅好看，还要好玩；游，不仅可游，还要游得舒服、游得开心，对年轻人来说还要游得刺激。发展现代乡村旅游，要把握好规律，构筑全产业链体系，做强做大乡村旅游经济。

六、把握旅游产业善于整合、共享的规律

伍飞先生写过一本书，叫作《旅游整合世界》，这本书里有一句名言，说"旅游整合世界，人类共享文明"，讲得很好。发展旅游，要善于整合资源，形成旅游产品；旅游推广，也要善于整合分散资源，坚持整体营销推广。一个地方虽然没有名山大川，没有名胜古迹，没有一流的旅游资源，但是整合到位了，也会有奇迹发生。例如，增城绿道，就把散落在城乡的碎片化的三流、四流旅游资源整合为一流旅游资源，这是很了不起的。一般来讲，"大旅游"讲的是大资源、大产业，一切能为旅游所用，对游客产生吸引力并带来经济效益的资源都是旅游资源。发展旅游，要把有形和无形的旅游资源整合起来，如此才能构成"大旅游"发展战略。徐学书先生主编的《旅游资源保护与开发》一书指出，从产品供给方角度出发，旅游产品指由旅游开发者和旅游经营者凭借旅游资源开发生产的，用以满足游客旅游活动需求，通过市场途径提供给游客消费的一切有形实物产品（包括吃、住、行、游、购、娱）和无形服务产品（包括导游服务）的总和，包括旅游吸引对象、旅游交通、旅游服务设施、旅游商品、旅游活动、旅游服务等。从产品购买方角度出发，旅游产品是指游客花费一定时间、精力和金钱换取的对旅游过程的感受和经历。高质量的旅游产品给予游客的是对旅游经历长久的美好回忆，游客获得的是一种高度的精神满足。旅游开发强调特色，没有特色的旅游项目很容易变成对同类产品的简单模仿。旅游资源开发要考虑它的规律性，有些旅游资源值不值得开发，要衡量它是不是"很有说头，很有看头，很有玩头"，如果答案是"都有"，那就有"搞头"，会尝到"甜头"。如果答案是"不全有"，例如"很有说头，很没看头，很没玩头"，那就不要硬上，否则要吃"苦头"。这就需要重新认识旅游资源，重新整合旅游资源。一般来讲，旅游资源是指自然界和人类社会中存在

的对游客具有吸引力,可为旅游产业发展所用并产生效益的自然资源、人文资源和社会资源。旅游资源有狭义和广义之分。景点旅游模式强调的是狭义旅游资源的运用,全域旅游模式强调的是广义旅游资源的运用。广义上来讲,旅游资源包括生态资源、人文资源和社会资源。旅游资源的功能包括观光功能、休闲度假功能、娱乐功能、教育功能、社会功能、经济功能等。旅游资源的实用价值和基础性主要体现在对游客的吸引力。游客之所以从客源地到旅游目的地旅游,就是因为旅游目的地有吸引游客的对象物。这些吸引游客的对象物有一个共同特征,那就是旅游资源本身所具有的独到特色和美学特征,能为游客提供多种美感享受,满足其求美、求奇、求异的旅游动机和深层次的情感需求。一个或一片旅游资源值不值得开发,可开发到什么程度,怎么开发,需要基本判断和深入调研。魏小安先生多次讲过,要用这几个"头"来判断:一般旅游资源,是"有说头、有看头、有玩头";好的旅游资源,是"比较有说头、比较有看头、比较有玩头";一流的旅游资源,是"很有说头、很有看头、很有玩头"。实际情况往往是,"说头、看头、玩头"不一致,缺这少那,长短不一。遇到这种情况,要么补短板,要么适应短板,做好了会尝到"甜头",做不好会尝尽"苦头"。因此,开发旅游资源要深耕,做好规划,投资要精明慎重。

实践证明,旅游产业整合资源,使人类共享文明。整合资源的目的是形成旅游产品、打造旅游品牌;共享文明成果,是为了"主客共享"——当地居民和游客共享高品质生活,以及相关产业"共建共享"——相互借力,共同提升,融合发展。旅游产业强调"整合"的理念,包括整合旅游资源、旅游产品、旅游线路等。旅游产业是现代服务业,属于第三产业,但旅游产业也覆盖第一、第二产业,旅游产业的发展既依赖第一、第二产业,也拉动和提升其附加值。总体上来说,旅游产业是劳动密集型产业,酒店是资金密集,旅行社是知识密集,旅游商品和旅游景点是劳动密集。

随着国民经济产业结构的优化升级,在第三产业比重不断上升的过程中,地方旅游产业的发展必然越来越重要。随着新型工业化、城镇化的推进,旅游产业越来越重要,这是社会经济发展的必然要求。一个城市的发展到工业化后期，现代服务业必然崛起，自然要求旅游产业成为龙头产业，作为旅游行业来说，责无旁贷，当仁不让。在这种背景下，旅游产业如果没有超常规、跨越式发展，就跟不上形势发展，难以适应时代的新要求。近年来，随着世界上一些国家和地区金融危机或经济萧条，工业、农业等经济指标下滑之际，旅游产业则一枝独秀、一路飘红。这是人们日益增长的物质文化生活需求的内在规律所决定的。发展旅游产业应当主动适应世界性的发展潮流。全面建设小康社会，需要发达的旅游产业。旅游产业的产生和发展是时代发展的产物。

旅游产业是朝阳产业、开放产业，没有社会的文明开放就没有游客流动，也就没有发达的旅游产业。随着社会的文明开放和全球一体化发展，旅游产业跨越性发展是必然的。旅游产业的资源开发和产品推广，旅游产业的串线连点，旅游产业的包装、提升和配套，最主要的功能是资源整合。伍飞先生在《旅游整合世界》一书中强调"旅游整合世界，人类共享文明"，可谓是旅游整合思想的精髓。

发展"大旅游"，要整合社会各行各业的资源，使社会资源旅游化，旅游资源无限化，旅游产品创意化、市场化，旅游品牌形象化，旅游市场信息化。发展全域旅游，要整合世界上130多个行业与之配套。有资料显示，旅游收入1元钱，可带动相关产业收入5~8元钱。发展旅游，可使物质文明、精神文明、生态文明和谐发展，可使宜居、宜业、宜游同步，可使主客共享文明，可为当代和后代造福。发展旅游，带旺人气，带旺财气；发展旅游，长线投资，长期收益；发展旅游，做精品，带动大项目，富民的同时增加地方财政收入；发展旅游，让老百姓在家门口就业创业，脱贫致富过上好日子，比外出打工强。

一般来讲，做"小旅游"（即景点旅游发展模式下旅游"六要素"的综合体）不如做"大旅游"，做景点旅游不如做全域旅游。当然，要考虑经济实力，要因地制宜，量力而行。在条件允许的情况下，想要把旅游目的地做强做大，就要做"大旅游"、全域旅游。

发展旅游要牢记三点：一是要做到差异化经营，突出独特个性；二是避免同质化竞争，突出特色化优势；三是主题化发展，突出特色文化，形成产品体系、产业体系、产业集群。发展旅游,要重视从营销景区到营销线路,再到营销全区域整体形象。每一个景区(景点)的旅游设施要努力做成精品尤其是文化精品,形成高端市场,对应高端客户,吸引高端人群。为了适应大众化旅游市场的要求,旅游市场运营也要从以旅行社运营为主过渡到自驾车旅游、旅行社组团游、自助游等多种形式相结合。

魏小安先生说过一句发人深省的话:"按照后工业化的视角,挖掘前工业化的资源,形成超工业化的产品,对应变化中的市场。"笔者认为,后工业化阶段,是指第二产业高度发展之后,第三产业占主导地位的阶段,服务业在后工业化阶段占主导地位。前工业化阶段,传统农业长期占主导地位。

前工业化阶段,乡村旅游产业要分析客源地游客的需求。发展乡村旅游,就是要挖掘传统农业时代背景下的旅游资源,以满足离开农村走进城市的人们"回归"心理的需求。超工业化的产品,就是满足现代人生活习惯的现代服务旅游产品,尤其是精细化产品、品牌化产品。本质上,游客是在寻求、购买、享受、消费文化,旅游经营者是在生产、经营、销售文化。有较高文化品位、较强独特性、具备丰富多样的旅游产品往往会有较好的发展前景。文化差异形成吸引力,文化载体差异形成特色吸引物,得天独厚的旅游产品具有垄断性。发展旅游,突出文化差异性,追求产品的独特性,是旅游产业可持续发展的永恒选择。

七、把握旅游经济属于"人的经济"的规律

著名旅游专家魏小安先生在《旅游发展新论》的专题文章中明确指出,发展旅游要明确新重点:要抓住"官人、商人、客人"等三类人,抓好"人气、人文、人本、人为"等四个特点。下面展开介绍一下,供大家参考。

(一)旅游经济的特点

之所以说旅游经济属于"人的经济",主要原因有以下几点。

1. 旅游具有"人为"的特点

发展旅游,事在人为。也就是说,一切围着游客的需求转,游客需要什

么，旅游工作者就供应什么。从这个意义上说，旅游资源即游客需要的，对游客产生吸引力并产生经济效益的各种资源（前提是不违规违法）；游客欢迎的产品，就都是旅游产品或旅游商品。

2. 旅游具有"人气"的特点

抓旅游就是抓人气，人气上来了，客流量就上来了，其他诸如信息流、物流、资金流等就都上来了，人气带旺财气。

3. 旅游经济具有"人文"的特点

旅游本身是一种文化，旅游的过程就是体验文化的过程。文化是旅游的灵魂，旅游是文化的载体。游客的消费，本质上是一种文化消费。抓旅游，就是下功夫在文化上多做文章；做旅游，实质上就是做当地特色文化。

4. 旅游具有"人本"的特点

"人本"就是以人为本，既为当地老百姓服务，提高其生活品质和传统生产附加值，同时为外地游客服务，实现"主客共享"的全域旅游目标。为当地老百姓服务，就是通过旅游开发带动老百姓在当地就业、创业，促进农特产转化为旅游商品和特色美食，提高农业附加值，达到旅游扶贫、脱贫的目的，为老百姓开发可持续致富的旅游项目、微型旅游企业，打通致富门路。为游客服务，就是通过旅游配套，挖掘特色文化，让游客来到这里觉得舒服、觉得好玩，觉得这个地方有吸引力。这些工作做得越好、越精细、越有人情味、越到位，旅游发展得就越快、越好。

（二）旅游经济的四种推力

发展旅游经济，往往靠以下四种推力。

1. 领导推动

发展旅游经济，要争取各级政府各部门各单位领导支持，争取各方面的政策扶持。旅游产业是综合产业，综合产业需要综合抓。要想旅游产业抓到位，少走弯路，早见成效，做强做大，做优做实，做细做精，必须是地方"一把手"抓"一把手"。以一个县为例，必须是县委书记亲自抓，县委决策分工抓，四套班子齐心抓，各级各部门"一把手"共同抓。还要有一批"工匠"级的技术专家"精耕细作"。这符合旅游产业"综合产业综合抓"的规律。

2. 商人投资

发展旅游经济要靠大项目带动，要引进和培育高端旅游品牌企业。大项目需要大投资，大投资促进大开发，大开发带动大发展，大发展带动服务品质大提高。发展旅游经济要紧随城市化、工业化进程，发展商务旅游、文化旅游、体育旅游、休闲度假旅游等高端旅游产业态。值得一提的是商务旅游，它是高端旅游的一种，特点是商务游客反复来，停留时间长，花费高，但同时要求也高。

3. 百姓支持

发展旅游经济一定要得到当地老百姓的参与和支持。一方面，发展旅游的出发点是要通过旅游产业带动老百姓脱贫致富；另一方面，要引导和支持老百姓积极主动地参与到发展旅游的就业和创业中来，在家门口做生意、当老板，增收致富。要支持乡贤到农村带领群众致富，号召农民工回乡发展休闲农业和乡村旅游，发展民宿、亲子旅游，办创客基地等。发展乡村旅游，要特别重视对乡镇、街道和村级干部的旅游专业培训，加强社区旅游工作，指导一线旅游工作发展。

4. 游客体验

游客是客人，是买家，特别是自驾车游客、自由行游客，靠口碑营销的旅游更是如此。发展旅游经济，要研究目标客户群是什么，客源地在哪里，游客在哪里，客源市场如何细分，不同时期发生了什么变化，等等。要及时跟踪反馈信息。传统的旅游经济和旅游营销更要关注这些。对于游客体验，要注意游客的五官等全身心体验，而不仅仅满足于观光。要让游客不仅感到好看，还要感到好玩，喜欢在这里拍照，还要好吃、好住、好购买、好回味。要规划设计好游客服务中心，给游客留下良好的第一印象。要规划设计好游玩线路和游步道上游客的"兴奋点"和"高潮"，以及旅程最后一站的"回味点"，使游客留下难忘的回忆。想要让游客动心、奋起，就需要创意，特别是要先让我们自己心动，再让游客动心。

八、把握旅游产业敏感性强的规律

旅游产业相比其他产业来说更敏感。哪里有新的有影响的事件出现，游客就会敏感地被其吸引。例如，哪里举办奥运会、哪里开发了好玩的景区，游客就前往那里；哪里发生了涉及游客人身安全的负面事件，游客就会敏感地对那里产生排斥。旅游经济靠流动的游客拉动，而人身安全是游客流动的底线，安全是旅游的生命线，没有安全就没有旅游。一旦出现影响游客人身安全的事件，游客就会敏感地受到强烈影响，这往往会影响游客流量。影响游客人身安全的事件包括：战争、安全事故、地震、台风、洪涝、旱灾、疫情、骚乱、歧视、价格欺诈、黄赌毒、治安恶化、环境恶化、负面舆论影响等。一旦危及游客人身安全，旅游目的地经济就会受到严重影响。旅游是敏感产业，经不起安全事故的打击。饮水、厨房、卫生环境、旅游厕所、社会治安、消防安全、应急预案，这些不是小事。发展旅游目的地的旅游经济，一定要注意防范不利于旅游经济发展的负面影响。旅游企业要担负起经营主体的责任，旅游部门和相关部门要负起监管责任。如果负面影响的事件发生了，较好的办法是积极主动地应对，而不是推诿、扯皮，尤其是要敢于面对媒体，讲实话、说真相，正面及时公开信息，坚决反对捂着、盖着、躲着，更不能谎报、瞒报、迟报，早化解、早主动。旅游经济的发展后劲很强，应对负面冲击的能力很强，恢复期很短。

现代旅游条件下，凭借互联网平台，强调"互联网＋旅游"与"旅游＋互联网"的互动，特别是移动互联网等新媒体的运用。在旅游业态发展方面，观光旅游逐步向"观光旅游＋度假旅游"迈进，条件成熟后再向"观光旅游＋度假旅游＋专项旅游"的复合型旅游业态迈进；在旅游发展模式上，在保证旅游景点服务等级标准不变的前提下，由景点旅游发展模式逐步向全域旅游发展模式迈进。旅游经济也必须遵循国家提出的"创新、协调、绿色、开放、共享"的新理念要求发展。

综上所述，旅游经济是经济行为，必须遵循经济规律；旅游经济是体验经济，也要遵循体验经济的规律；旅游行为是文化行为，必须遵守文化发展规律；旅游是一种审美的过程，必须遵循美学规律；旅游是人的活动行为，要符合人性关怀。除此之外，各种专项旅游包括观光旅游、休闲度假旅游、生态旅游、乡村旅游、特种旅游、自驾车旅游、亲子旅游、组团旅游、美食购物旅游等，还要遵循各种特殊的规律。

现代乡村旅游是以农村为阵地，以农业为依托，以农民为经营主体，以都市居民为服务对象，以乡村田园风光、乡村生活和乡村文化为旅游吸引物，以农业和农村特色资源为基础开发旅游产品的一种休闲旅游方式。一般来讲，乡村旅游产品是地方产品，是区域性产品，是投资少见效快的产品。乡村山水田园资源丰富，人文资源禀赋深厚，这些不仅是发展现代乡村旅游应有的基础，更是发展全域旅游、"大旅游"应有的基础。想要把一个地方的乡村旅游做强做大，就必须遵循其特有的发展规律，进行整体谋划，搞好"顶层设计"，同时气魄要大、信心要足、步子要快、整合力度要强、对旅游品牌企业招商引资的整体效果要好，如此方可奏效。

北京第二外国语学院旅游管理学院的教授邹统钎先生在他的论文《乡村旅游推动新农村建设的经验、机制与政府对策》中指出："乡村旅游推动农村建设的几条规律：总结国内外乡村旅游发展的实践，我们发现：（1）推动最容易见效的地区是城市周边和景区周边的乡村；（2）最有效的推动方式是产业化推动，餐饮推动面最大、旅游商品放大效应最高；（3）最受益的人群是妇女与老人；（4）最持续的发展方向是'分'（特色与差异化）和'家'（乡村旅游目的地被游客视为第二个家）；（5）保障大多数农民受益最关键环节是乡村民主管理；（6）政府在示范、基础设施、公共卫生与安全等的推动效率最高。"笔者认为，以上这几条很实用，很受启发。总之，本章重点讨论以上涉及旅游发展共有的类似规律性的东西，可供大家拓宽眼界、梳理思路、统筹规划时参考。

第五章

现代乡村旅游的客源地分析

发展现代乡村旅游，要不断加强对客源地旅游市场的分析，掌握新特点，把握新规律，制定新对策，应对新市场，促进可持续发展。

一、城市化使乡村生态休闲度假资源成为稀缺资源

"发展现代乡村旅游，有人来吗？"这往往是乡村旅游目的地的建设者和经营者最为担心的问题。笔者认为，对这个问题完全不用太担心。目前，我国总体上已经进入工业化发展的中后期，一些沿海发达地区和大中城市甚至已经进入后工业化时期，这些地方在向后工业化的发展过程中，周边乡村旅游也焕发生机，满足城市居民追求时尚、休闲和健康生活的深度需求。

从人们生活的一般消费规律来看，人们最初在追求温饱生活时，首先需要解决的是吃、穿、用的问题；到了小康生活阶段，主要解决住、行、游的问题，同时对吃、穿、用等产生多样化需求；到了经济中等发达阶段，在对吃、穿、用等产生了多样化需求的基础上，人们更多追求的是文、体、美等精神消费；到了经济发达时期，人们更多追求的是多、新、奇等个性化消费。现阶段我国经济的特点是融各个阶段于一体。例如，一些贫困地区正在从温饱迈向小康阶段，而珠江三角洲、长江三角洲和京津冀的富裕地区，正从小康阶段迈向中等发达阶段甚至发达阶段。就大城市而言，人们生活所处的消费阶段不同，对旅游消费市场的需求也有侧重点。其中，自驾车旅游成为乡村旅游的主流。有数据表明，中国36亿游客中有62%选择自驾车旅游，在珠江三角洲和长江三角洲地区近郊乡村旅游中，自驾车游客已经达到80%；其次是家庭亲子组团游，也日趋火爆。亲子游中"80后""90后"成为消费主力；再者是散客游。

在我国，假日制度决定了旅游出行的高峰消费、高价消费和交通高峰拥堵现象。一般情况下，乡村旅游的假日经济、周末经济已经做起来了，接下来面临如何解决平日和淡季旅游市场难以兴旺的问题，如果能够完善养生、养老、度假、娱乐等配套服务设施和提升服务水平，相信平日消费、淡季消费也会旺起来，做到淡季不淡、旺季更旺。游客日渐成熟，追求性价比，贵不怕，但要

求物有所值。以前，人们旅游多是组团去到一个景点消费，自驾游兴起后形成了交通沿线的旅游消费，后来形成了片区休闲旅游消费，再后来形成区域旅游消费，最后形成个性化、体验式的"境界旅游"消费。所谓的"境界旅游"，重在分享体验过程，追求一种境界，形成深入体验，给游客提供体验场景，达到精神消费的境界。

研究客源地市场的变化，及时把握游客的不同人群特点、旅游出行需求和出行规律，对于乡村旅游有针对性地开发旅游产品和组织精准营销是非常重要的。从近年广东来自全国各地游客来看，乡村旅游形成以国内游客为主，海外游客为辅；短线游客为主，长线游客为辅；以有过上山下乡经历的中年游客和对农村充满好奇心的青少年游客为主，以老年游客为辅；以自驾车、散客为主，组团游客为辅的目标市场格局。

随着城市化发展进程，当城市进入后工业化时期，城市里出现"三有"一族：有钱、有车、有闲暇时间尤其是周末和黄金周。这些游客中，有自驾车家庭游，也有三五好友结伴游。带薪休假普遍盛行，平日休闲度假人数也很多。这就构成巨大的旅游消费客流。

后工业化进程催生了城市化进程。本来城市化会使人们更幸福，因为配套服务设施更完善，交通更便利，公共服务更加多元化，幸福指数自然就更高。但是，多年来随着一些大城市的掠夺性开发、无休止的"造城运动"和过度追求经济发展以及私家车拥有量膨胀，城市"生病了"，出现了"水泥森林""拥堵城市""雾霾天下"的现象，人们感觉不那么幸福了，严重者，人们感觉身处危城，不再宜居。

一般而言，大城市突出表现五种"病"：一是急躁。社会期望值高，摊子铺得大，"高大上"地过度奢侈消费，致使不断强化经济增长率，追求高速发展，社会心态急躁。二是拥堵。城区面积铺得过大，人口过密且过度集中，建筑过高且古怪，产业布局不合理，公共交通发展严重滞后且家庭小轿车数量发展过快，停车难、行车难等问题突显，特别是高峰期城市交通接近瘫痪。三是繁忙。城市上班族的快节奏，道路上的车流滚滚，公共场所的人山人海，繁忙的气氛让人喘不过气来。四是空气污染严重。高碳发展，空气污浊，雾霾几近常态化，人们"望霾兴叹"。五是"吃"的危机。食品安全事故屡屡曝光，"毒大米"、问题奶粉、转基因食品，造成民众心理恐慌。这些"城市病"导致城市有车一族、"有闲一族"随时都有一种逃离城市的紧迫感和危机感，同时也蕴含了乡村旅游大军的巨大潜流。

从旅游需求动机来看，城市人口普遍出现"五缺"，即缺生态、缺健康、缺人文、缺快乐、缺幸福。论城市的实际生活水平，跟多年前比不知提高了多少倍，但人们的幸福指数并没有增长多少，快乐的感觉也没有增加，人们仍然觉得幸福指数不高。这正是城市人们逃离"水泥森林"城市的真正动机。城市中的人们在休短假时会到城市周边的乡村旅游，休长假时则会到更远的地方休闲度假旅游。城市中的人们去乡村追求与城里形成强烈反差的绿色生态、健康养生环境、人文景观视觉享受和快乐幸福的体验。可以说，乡村旅游就是城市后工业化的市场需求，对接前工业化的稀缺乡村资源。但是旅游市场不能一概而论，必须分层、分时、分地、分项，要细分市场，瞄准城里的目标群体，有针对性地开发和组合乡村旅游精品，这是现代乡村旅游兴旺的关键。

发展乡村旅游，城市与乡村交换的实质是稀缺产品。城市人缺少生态、健康、人文、快乐和幸福，而乡村旅游工作者就是要千方百计满足城市人来乡村旅游的这些渴望和需求。两者对接服务得越好，乡村旅游就越兴旺，城市人"回头"来乡村旅游的可能性也就越高。这种对接是按市场要求进行的，城市和乡村的交往也是平等的，乡村旅游是一个平等交换的过程。乡村有"乡村性"的稀有资源，城市有巨大需求的旅游市场，平等交换，各取所需。如果乡村毁了、稀缺资源没有了，那么对不起，就是请城里人来，城里人也不会来，市场就是这么残酷。因此，发展乡村旅游时，要对地方独有的"乡村性"资源格外珍惜、保护、节约、友好地加以利用。

据报道，世界上有一种流行的旅游方式叫作交换旅游，即乡村人家有一户城里朋友，城里人家有一户乡村朋友，双方来往几次，就"定点"了，城里朋友每年都来乡村朋友家旅游，时间长了有感情了，变成"交换"的旅游。交换旅游基于城里和乡村人家感情、信任、文化的认同，做得好的话，双方便都有了寄托、牵挂，为可持续发展创造了条件。从事民宿、"农家乐"的业主可以尝试一下这种方式。

现代乡村旅游是一个追求快乐幸福的过程，是一个分享快乐幸福的过程，是一个满足快乐幸福的过程。发展现代乡村旅游，说到底就是营造"山水画、田园诗、民俗风、文化歌、生活曲、梦幻情"的意境和氛围。这是城里人梦寐以求的幸福追求和向往。这里有城里人的"诗与远方"。而乡村旅游工作者所提供给城里人的，应该是魏小安先生反复强调"不能走样"的"自然自然大自然""生态生态深生态""文化文化活文化""生活生活真生活"的原真性旅游产品。用这里的关键词"大、深、活、真"来对应城市的"小自然""浅生态"、博物馆文化和城市不够自由的生活，乡村旅游才更有吸引力、更具竞争力，这就需要"从同质中追求异质，在平淡中创造神奇，于乡村中感受生活，在精品中走向未来"。"大、深、活、真"，是后工业化乡村旅游客源地市场追求的核心价值所在，同时是广大乡村旅游工作者组织适销对路旅游产品时应该永远保持的精髓所在。

总之，客源地游客——城里人的需求就是近郊乡村旅游的市场需求。客源地的市场需求，就是对乡村旅游目的地的供给要求。市场需要什么，就及时、优质、全面、准确地供给什么。需求与供给的双方对接好了，乡村旅游市场就旺了，生意就"火"了。现代乡村旅游客源地的游客普遍缺生态、健康、人文、快乐和幸福，乡村旅游的决策者、组织者和执行者（经营者）就要在优良供应、优质服务上下功夫，努力使供应的乡村旅游产品保留原汁原味的"核"，以此为前提增强特色文化内涵、增加文化创意，植入生产生活体验。不仅满足游客一般的物质需求，更重要的是满足游客对新、奇、美等个性化消费需求和精神境界方面的需要。想要乡村旅游经营得好，就要研究客源地游客的不同年龄阶段、不同文化层次、不同职业要求等客户群细分市场的需求，在做深、做细、做精上多花心思、多使劲。

二、重点分析乡村旅游四种客源市场

(一) 亲子游市场

所谓亲子游,简单来说就是家长和孩子一起进行的旅游。亲子教育旅游作为一种新兴的旅游形式,是现代社会倡导的一种积极的生活方式和家庭教育的有效途径,通过旅游的形式教育孩子能让他们在途中感受自然、体验新知、培养探索与发现能力,有利于更好地实施素质教育,为科技创新人才的培养做好铺垫。

亲子教育的核心内容是父母与子女相互尊重、共同教育、一起成长,通过对父母的培训和提升,对亲子关系进行调适,从而更好地促进儿童身心健康,亲子关系和谐地发展。亲子如果在自然环境中游玩,很好地进行日光浴,适宜的空气温度、湿度和流动速度能提高人体组织代谢的速度和内脏器官功能,减少呼吸道疾病,还可以使皮肤合成维生素,促进钙的吸收,对肌肉、骨骼、呼吸等人体系统的发育都有良好的作用,从而提高儿童对外界环境的适应能力。父母对孩子的影响巨大,特别孩子的生活习惯、个性特征、个性情感取向,都是在幼儿时期与父母的互动中形成的。亲子游不是简单地带孩子出门旅游。如果在旅游中让孩子过早地享受到奢华的生活,反而不利于培养孩子良好的生活习惯,不利于孩子建立正确的价值观,亲子游的重点,应该放在"亲子"互动上而非"游"。

儿童的健康发展,关系到国家的未来强盛,儿童成长问题受到全社会越来越多的关注,在这方面国家一直给予高度重视和政策支持,这就给儿童消费市场注入了持久的兴奋剂。"望子成龙,望女成凤",孩子成才是普天下父母的愿望,也是推动教育消费的主要动力,舍得在孩子身上花钱的观念就是亲子游市场欣欣向荣的重要原因。据报道,驴妈妈旅行网发布《2015国庆黄金周旅游人气盘点报告》中称"亲子游呈爆发式增长",与2014年相比,选择亲子游度假产品的游客数量增长了5.5倍,国庆七天假期的销售额甚至超过了某些月份一个月的总量。

亲子农业是发展亲子教育较好的方式之一。亲子教育与农业结合，是发展亲子旅游潜力巨大的市场。根据上述市场调查分析判断，中国的亲子教育市场虽处于初级发展阶段，市场潜力很大，但是由于未能逃脱城市的局限，同质化严重，竞争激烈，很快进入"微利时代"。而国家现在大力扶持农业，发展农业经济，两者结合将会撞出巨大的火花。亲子农业在国外发展比较成熟，国内却很少，寥寥无几，市场几乎空白。而亲子农业让家长和孩子回归大自然，原生态的环境、非城市化的设施和玩具让孩子欢乐、让家长放心，深受他们喜爱。且亲子农业拥有低成本的盈利模式和高消费的目标客户群，发展潜力巨大。

（二）自驾游市场

近年来，随着客源地有车、有钱、有闲一族数量的剧增，交通设施的大力改善，国家法定假日增多和实施带薪休假制度，加之倡导消费拉动经济政策出台，自驾车旅游已经形成规模巨大、"车流滚滚"的局面，尤其在我国珠三角、长三角、京津冀等发达地区，及在大中城市周末、"黄金周"假期时。这说明我国也将成为一个"在汽车轮子上奔驰"的国家，随着全国范围内小康社会和大众休闲时代的来临，自驾车旅游市场总体趋势是畅旺的。这样的市场发展态势，为乡村旅游带来了巨大的"轮子上的"旅游商机。

自驾车旅游是观光、休闲、度假的结合体，一部分专业"选手级玩家"已经达到旅游转型的境界。自驾车旅游具有追求自由行、活动范围大、行动速度快、综合消费广的特点。自驾车旅游的方式，一般是独立式的家庭组合，200公里内的短途旅游居多，一般只追求大体目标，旅游动机呈随机性，走走停停，很多事情没有计划，自由活动度较高。另一种方式是召集式自驾车旅游，多是亲朋好友结伴，范围为500公里内，相对具有计划性。还有一种是组织式的自驾车旅游，一般经过一定时间准备，具有相同偏好的人组织到一起，"换人不换车"地长途跋涉，范围在1000公里左右，沿途有好的景点就停下来参观游览，累了就住下来休息，来回需要十天、半个月或更长时间。采用这种方式自驾游，计划较为周密，活动相对集中。

自驾车旅游是传统组团旅游的一个分支并逐渐成为主流，有的自驾旅游发达的地方，自驾车游客已经达到八成。自驾车旅游潜力巨大，如同涌来的"潮水"，激发旅游市场做强做大。自驾车旅游促进对旅游目的地的深度旅游，同时促成景区的延伸。自驾车的机动性，促使对旅游目的地游览由点到线再到面的扩展。如果旅游目的地的自驾车旅游服务到位了，那么自驾车游客的回头率就会提高。

近年来，自驾车旅游产业通过车主俱乐部或车友会，采取网站组织、临时组织、自我组织以及旅行社组织，以多种营利方式来应对自驾车旅游市场。为了服务自驾车旅游这个庞大的市场，旅游目的地应当重视自驾车旅游服务链的营造，包括道路交通、安全、餐饮、住宿、游览、购物、金融及综合服务等。特别是加强汽车服务体系（包括交通指引、加油加气、充电桩、停车场、自驾车营地、维修、救援、租赁、代驾、汽车旅馆等）建设；发展民宿、"农家乐"和乡村酒店、综合购物点、观光点、休息区；加强公共服务，包括品牌、交通、旅游、气象、应急等信息服务，加强社会治安、交通安全、食品安全和事故应急处理等，提高公共服务水平，主动创造条件，改善服务环境，注重细节和人文关怀，促进自驾车旅游市场的健康发展。

（三）休闲度假旅游市场

随着城市化进程的加快，很大一部分人在感受城市化到来的方便和新奇之外，也承受了较大的工作和生活压力，休闲作为缓解压力和调节放松心情的一种生活方式，正在进入城市人的生活。有闲暇时间、有闲钱和有愿意休闲的心情，使人们对休闲消费成为可能。随着物质生活水平的提高、消费者的成熟和社会观念的变化，人们休闲的需求不断快速提高。休闲不仅仅是玩、放松、享受，其介于发展资料和享受资料之间，还是对个体本身的"充电"。休闲消费涉及各种休闲生活，是一种全面消费行为，拉动的休闲产业涵盖各行各业。休闲需求体现出人们不同层次的消费需求，包括很多快速消费品和重复性消费活动，有利于拉动经济持续增长。

休闲产业是一个完整的系统，休闲旅游产业、休闲体育产业、休闲文化产业构成休闲消费主体，也成为休闲产业的基础。随着全域旅游发展模式的建立，农业、林业、渔业、商业、房地产业、工业、信息业、中介业等也加入休闲产业，甚至三个产业层次组合，形成完整的休闲产业体系。

休闲产业是一个很大的新兴产业，旅游是实现休闲活动的重要途径和表现形式，休闲是旅游活动的根本目的和归宿。休闲旅游包括游客在休闲旅游目的地进行的吃、住、行、游、购、娱等活动；休闲文化包括游客在休闲旅游目的地参加的各种休闲演出、展览、大型文化娱乐活动、网吧游戏、书吧阅读、收藏鉴赏等；休闲体育包括体育表演、群众体育、健身养生、绿道骑行等，具体活动有高尔夫、滑雪、漂流、攀登、自行车运动、极限运动、钓鱼、登山、骑马、冲浪、跳舞、蹦极、野外拓展、汽车摩托车运动等；休闲农业包括乡村休闲旅游的"农家乐"、到高科技农业园的观光体验、农耕文化体验、民俗文化体验等；休闲商业包括商业游憩区、步行街、特色消费店等；休闲房地产，引入生态资源、旅游元素、体育资源、教育资源等，进行"混搭"后组成高尔夫房地产、景观房地产和第二居所房地产等；休闲信息业包括为人们提供休闲信息的移动互联网媒体、广播电视媒体、平面媒体、咨询、科研和教育等；休闲中介业包括旅行社，以及联络共同兴趣和追求群体的汽车、读者、健身、登山、摄影、名人等俱乐部，这些构成巨大潜力和市场的休闲产业活动行为。休闲需求较快拉动了休闲工业链、供应服务链、经营链等休闲产业链的发展。可以预见，我国休闲产业随着人们物质和文化生活水平不断提高而快速发展，将拥有巨大的市场。在这个市场发育和发展中，现代乡村旅游产业蕴含巨大商机。

一般来讲，休闲包括："小闲"，即日常休闲；"中闲"，即双休日休闲；"大闲"，即"黄金周"和带薪假日休闲。人们不满足于观光一日游，条件具备时常常想去度假。我国的休闲度假旅游市场，在一些富裕地区、富裕人群中渐渐产生较多需求。目前休闲度假旅游类型包括海滨游（享受海水、沙滩、阳光等）、森林游（享受森林浴等）、温泉游（享受温泉浴等）、山地游（享受自然、健身、怀乡、解脱等）、乡村度假游等。休闲度假旅游设施包括度假区、度假酒店、度假村、度假屋等。

在乡村旅游中，精品民宿是一个巨大的乡村休闲度假市场。休闲度假旅游的重要特点是回头客很多、忠诚度很高。做好乡村休闲度假旅游市场，抢抓休闲度假旅游机遇，产品不仅要多样化、细分化、层次化和国际化，还要深化营销，从旅游目的地到客源地进行精准营销，既要加强品牌信息传递，又要解决怎么去的问题，提高游客的忠诚度，争取到回头客，不断便利、深化精准信息服务，要让游客留恋、期盼、牵挂。

（四）特殊旅游（专业旅游）市场

一般说来，凡是投身特殊旅游的人，都有特殊偏好，而且这种偏好往往集中在若干兴奋点上。特殊旅游又叫专业旅游，其定义是为满足特殊偏好而形成的旅游活动。特殊旅游的典型产品包括登山、探险、狩猎（或打飞碟）、观察（观鸟、观动物、观鱼、观萤火虫、看企鹅、观微生物、观天象等）、垂钓（海钓、野钓等）、考古、拉力赛（或丛林赛）、越野赛、野营、自驾车体验游（如路虎汽车体验游）、摩托车运动、自行车运动、骑马、攀岩、滑翔飞行、水上运动等。特殊旅游有需求偏好突出、兴奋点集中、娱乐性要求高、参与性强、专业性强、圈子化、有消费定式、消费程度高等特点。特殊旅游市场基本上是少数专业人士或者叫"专业玩家"偏好的市场，市场面相对稳定，市场相对集中，复游率较高，竞争性较强，市场开发难度较大。有资料显示，旅游产品大致分为观光旅游、休闲度假旅游、商务旅游和特殊旅游四类，而观光旅游基本上占一半，商务旅游和休闲度假旅游各占约20%，特殊旅游只占10%左右。

应该说，特殊旅游是旅游的高级形态。特殊旅游产品对区位、垄断性、新奇性、安全性、保障性、和谐性、特殊性等有较高要求。特殊旅游产品的开发面很广，其产品也是一种准公共性产品，应完善政府主导、部门支持、市场主体、企业运作、社会参与、利益协调、和谐发展的运行机制。发展现代乡村旅游，应对特殊旅游市场，面临较多的发展机遇。在优势比较突出的乡村，可能特殊旅游是当地旅游产业的主流业态。

总之，有需求一定会有供给，供给与需求就会形成市场，而市场又受到市场经济基本规律（价值规律）的支配。现代乡村旅游是一种以传统农业和乡村资源为基础，以城市居民为巨大潜在市场，以满足都市人享受田园风光，回归淳朴民俗欲望为目的的旅游产品。乡村旅游是在城里人向往回归自然、渴望返璞归真的需求下兴起和发展起来的。它强调的是"乡土味""自然味""原始味"，契合了城市人追求回归自然、自我参与旅游活动、渴望与大自然融为一体、体验"天人合一"的高雅享受需要。现代乡村旅游符合新世纪绿色旅游、生态旅游的大趋势，具有不可抵御的独特魅力。

城里人作为乡村游客，不仅有回归自然和怀旧情结的主观需要，而且工业化、城市化、"城市病"加剧了城里人回归自然、放松身心、回避紧张生活和工业污染的迫切愿望。人们的环境保护意识增强，越来越注重环境质量。一部分受到良好教育、经济条件较好、追求返璞归真、以精神享受为目标的城市人群，开始向往乡村清新的田园风光和古朴的乡村文化，寻找曾经失落的洁净空间和仅存的淳厚传统文化氛围，有的干脆归隐田园当"新农夫"。几千年的乡村古朴农耕文化和情调，也让游客的怀旧情绪得到释放。与此同时，求新求知的文化教育旅游形成新的需求。城市居民出游乡村，在享受自然田园风光的时候，还可以近距离感受和学习乡村的风土人情、乡土文化，接受农事教育，在旅游中拓宽视野，增长见识，怡情益智，追古思今，现代乡村旅游要满足游客求新求知、体验参与旅游产品的需要，要令游客感到乡村"很好玩"。探新求异的需求，引起人们休闲度假观念极大改变。游客不再满足于传统的大众化的旅游产品，而是追求更深层次的参与体验的乐趣，例如，亲自参与种植、农耕、果蔬采摘，烹饪乡土菜肴，学习手工艺，参加垂钓、划船和当地民俗节庆活动。游客约束自己行为，热爱大自然、尊重大自然，注重环境保护，尊重当地居民和文化。在享受大自然的同时，尽一份爱护大自然、保护大自然的责任心和爱心，体验"天人合一"的高雅享受。

第六章

现代乡村旅游目的地建设

何谓旅游目的地？世界旅游组织（UNWTO）2004年将旅游目的地定义为：一个游客至少停留一个晚上的物理空间，它包括旅游产品如支持性服务和吸引物；它具有地理和行政界线，并以此来决定其影响市场竞争力的管理活动、形象及其感知。当地目的地包括众多的利益相关者，并且通常包括一个东道主社区。这是一个较为全面的、宽泛的定义。

综合国内外专家和学者研究成果，笔者认为旅游目的地可以界定为：具有一定旅游吸引力和旅游接待能力，能提供给游客旅游体验，涉及众多利益相关者的特定区域。旅游目的地具有整体形象一致性与整体利益一致性的特点。

旅游目的地实际上既是一个特定的物理区域，又是一个参与到旅游产业市场竞争的旅游产品。一般来讲，形成一个特定的旅游目的地，应当具备四个条件：

一是要拥有一定数量的、能够满足游客需求的特定旅游资源，即能够吸引一定数量游客前来的旅游产品；

二是要拥有各种能够与旅游资源相配套的旅游接待设施，如酒店、旅行社、餐馆等旅游接待设施，以及医院、公共服务机构等公共设施；

三是旅游目的地要有可进入性，包括拥有机场、车站、港口、公路等交通设施，游客可以借助各种交通设施顺利到达旅游目的地；

四是要有与旅游目的地相关的旅游组织，包括当地的旅游管理部门、旅游行业协会等，保证游客在旅游目的地的旅游活动能够顺利完成。

现代乡村旅游目的地建设，遵循旅游目的地的发展规律，主要目的是千方百计挖掘前工业化时代的乡村资源，用来对接城市后工业化的旅游市场的需求。从乡村旅游的需求动机来看，后工业化时代城市居民普遍出现缺少现代健康生活、幸福指数不高等问题，就如有的专家总结的那样，"缺生态、缺健康、缺人文、缺快乐、缺幸福"。这里的"五缺"刚性需求由谁来提供、由谁来弥补？可以说，现代乡村旅游目的地建设的目的，就是要下功夫使城里人在乡村旅游消费中有品质地满足这"五缺"。

从实质上看，现代乡村旅游目的地建设，就是在乡村旅游中，通过为城里人提供展现"大自然""深生态""活文化""真生活"等乡村旅游精品，应对城市的"小自然""浅生态""博物馆文化""城市虚幻"等，从而在视觉上、实质上对从城市来的游客造成强烈的城乡反差，以增强现代乡村旅游目的地的吸引力和竞争力。这既是城里人在乡村梦寐以求的幸福追求和无限向往，也是现代乡村旅游目的地的核心魅力所在。建设现代乡村旅游目的地，就要努力做精品，只有做精品，才能可持续发展，才能走得远、效益好。做精品，不仅要对宏观进行把握，打造美好环境，还要对产品细节"精雕细刻"，真正实现"同质中追求异质，平淡中创造神奇，于乡村中感受生活，在精品中走向未来"，真正达到可欣赏、可品味、可持续发展的效果。

现代乡村旅游目的地建设，宏观上应当发展全域乡村旅游。通过全域旅游的发展思路和措施，建设总体规划好、生态保护好、文化弘扬好、科学利用好的乡村旅游目的地，充分体现"山水、田园、生态、森林、文化、休闲、智慧、幸福"的鲜明特点。本章就现代乡村旅游目的地建设，重点强调以下三个方面。

一、宏观要求

现代乡村旅游目的地建设的宏观要求，应当注重把握好以下几个原则。

（一）保护生态自然的原真性

保护乡村生态自然的原真性，弘扬特有的"乡村性"，让农村更像农村，增强现代乡村旅游的魅力和核心竞争力。

乡村生态资源是乡村旅游可持续发展最珍贵的价值所在。从现阶段乡村旅游的发展情况来看，良好的生态环境既是发展乡村旅游的相对优势，也是其保持乡村旅游核心竞争力的重要保障。建设优质的现代乡村旅游目的地，必须牢固树立"既要绿水青山，也要金山银山。宁要绿水青山，不要金山银山，而且绿水青山就是金山银山"的发展理念，坚持政府主导，保护第一、利用第二的原则，划定生态保护线，坚持不懈、最大限度地把生态保护好、营造好。这既是宜居、宜业的需要，也是进一步"宜游"的需要，是提高乡村旅游核心竞争力的真谛。保护和营造生态环境，强调的是自然美和原真性。坚决关闭一切污染源，克服一切对自然界原真性的干扰和破坏，最大限度保护和恢复自然生态，保护植被、江河、湖泊、溪流、湿地、滩涂、空气、水源、动物、植物、微生物等，保持大自然的多样性，为发展丰富多彩的乡村旅游产品奠定雄厚基础。

（二）营造清洁卫生环境

很明显，与城市相比，乡村最大的优势就是优质的乡村环境，这是乡村旅游发展的重要基础。但现实情况是，很多农村的道路交通设施落后，环境卫生脏、乱、差，有的甚至不堪入目。青山绿水、田园风光虽好，但是村边、路边、水边及城乡结合部的脏、乱、差现象很严重。实践证明，要搞好乡村卫生、保洁、环境优化，可不是一个小问题，它是一个中国几千年来一些地区从未解决的大问题。

乡村旅游目的地营造清洁卫生的环境至关重要。要加强"顶层设计"，在农村，从高等级公路到乡间小路，从城镇到自然村，从工业园、校园、家园、果园、田园到乡村公共活动空间，从村边、路边到水边，从乡村旅游景点、游客服务中心到农家乐食宿区，都要划分责任区，配备固定和流动的清洁队伍，建立健全长效的保洁机制，使干净整洁的乡村环境成为常态化，最起码做到市民和游客在路过和活动的区域明眼看不到垃圾。多年来，乡村旅游的厕所（卫生间）问题仍然是最突出问题，应当按照"厕所革命"的要求和相关国家标准治理好、完善好。一些地方的乡村旅游，最大的差距就在环境上，就是环境卫生差。乱七八糟的乡村、肮脏的乡村、崭新但非常没有乡村味道的乡村（包括乡村人居建筑），都会给游客留下非常不好的第一印象。要改造饮水环境、公厕环境、厨房环境，禽畜要圈养，要适度超前健全污水处理管网和消防设施铺装等基础配套设施和环保达标检测的长效机制，使之达到国家相关标准。乡村旅游的经营主体要变"被动改"到"主动行"，变劣势为优势，努力使饮用水、厕所（卫生间）、厨房的卫生环境成为提高现代乡村旅游竞争力的新亮点。实践证明，哪个地方卫生越清洁，哪个地方厕所（卫生间）越干净、舒适、无异味，那个地方的乡村旅游给游客留下的印象就越好，"回头客"就越多。

（三）重视营造具有"乡村性"的空间

乡村旅游目的地应该给游客提供具有浓郁地方文化特色、文化创意、舒适温馨和乡村感很强的公共空间或私密空间，包括村际空间、村落空间、院落空间、室内空间。这一点很重要，往往会在视觉上给游客留下良好的第一印象。

在乡村旅游目的地建设上，要警惕乡村的城市化倾向，避免城市建筑在乡村的"复制"或"翻版"，防止具有传统特色的乡村文化元素在所谓的"新农村建设"中消失。乡村旅游目的地建设应尽量避免大拆大建，少搞一些实体再建设。尽量少一些人工雕琢的东西、虚假的东西，尽量避免商业味过浓的现象，在民居建筑风格上要保持传统文化的延续性。应当用景观的审美观念看待农村、欣赏农村，不能为了一时的利益便对乡村的传统建筑"一扫光"，同时应当使农民成为文化传承者、工艺美术师，护卫、营造、继承好祖先留下的乡村宝贵遗产。对待传统民居、古村落及自然要心存敬畏，对文化心存敬重，对祖宗心存敬仰。能不能做到这一点，是乡村旅游目的地建设最根本性的考验。

必须清楚，城市居民来乡村旅游，对原生的乡土建筑、自然的生态景观感兴趣。他们对村前清溪潺潺、枝头鸟语花香的田园风光感兴趣；对与城市生活具有较强反差的农耕文化、民俗文化、特色美食、特产感兴趣；对百年古村、古树、古街道、古驿站、古栈道和古老的传说感兴趣；对乡村长寿老人投以佩服、欣赏和尊敬的目光。这些，都是乡村旅游的重要吸引物。乡村旅游目的地建设的管理者和村民应该形成这样一种观念：自然的生态环境和人文环境是乡村地区的宝贵资源和财富，是乡村旅游资源可持续发展的坚实基础，乡村旅游的开发重点是设施组合和景点优化，提倡并推广游客与村民共同生活，以家庭旅馆为主要接待方式。

目前，在部分乡村地区大兴土木，城市化、商业化、人工化痕迹明显，正在逐渐丧失对城市居民的吸引力，这种做法不可取。应当铭记，中华民族乡愁、乡情、乡音文化之根在乡村，灵魂在乡村。农村的房子怎么盖？答案是应当有浓郁的地方特色，保留和提升农村古民居建筑传统元素，有地方文化特色，这样才有乡村味道。农村要更像农村，与城市形成强烈反差，农村才对城里人有吸引力。如果农村的房子盖得像城市的高楼大厦，那么，传统乡村就毁掉了，城里人的故乡就没有了，也就没有乡村旅游了。没有乡愁、乡情，这对于中国乡村来说无疑是悲哀的，会造成重大损失。

江西婺源的"中国最美乡村"品牌形象，是全国乡村旅游目的地建设的典范，我们应当认真学习和实践。然而，在城市化进程中，农村也受到影响，盖洋楼、贴白瓷片、一排排房子像"军营"，这些都是对传统农村的摧残、糟蹋，让人不堪入目。随着乡村旅游的深入发展，这些白瓷片会被扒掉，恢复传统民居建筑的元素，如同徽派建筑"白墙黛瓦"那样。到那时，农民知道城里人不喜欢贴了白瓷砖的房子，就会慢慢恢复成有地方特色的民居建筑，如此乡村旅游目的地才会有竞争力。

乡村道路、桥梁，应该怎么修？如果发展乡村旅游，应该坚持"一路一桥一景观"的原则，修建有当地文化特色的景观路桥、文化路桥、生态路桥、交通路桥，我们将其称为"四合一"目标，把旅游功能放在第一位，把交通功能放在第二位。如今各地发展全域乡村旅游，应当在乡村的方方面面增强旅游吸引力，进而提高乡村旅游的综合竞争力。这方面的实际工作，往往难度是很大的，这就需要坚定的信念和坚韧的毅力。

（四）提供原生态、有特色的农产品

想要向游客提供原生态、有特色的农产品，就必须解决旺季供应不足的问题。城市游客来乡村旅游，吃得放心、吃得开心很重要。要严格执行食品安全法，做到吃得安全，不能用假冒伪劣农产品替代原生态农产品，不要砸自己的牌子。要建立乡村旅游的食材定点采购基地，建立"土"字牌的特色农产品专业生产和加工基地，确保旅游旺季原生态特色农产品供应充足。要切实解决好农产品的农药残留检测和降解问题，确保食材安全可靠。要防止动植物喂养违禁激素催生动植物反科学生长。要鼓励和培育品牌生态农场，定点定时直接供应农产品到厨房。总之，乡村旅游经目的地提供的原生态特色农产品的安全性越有保障,乡村旅游目的地就有越高竞争力和可持续发展能力。

(五)打破同质化恶性竞争的困局

乡村旅游是发生在乡村和自然环境中的旅游活动,是以乡野农村的风光和活动为吸引物,以都市居民为目标市场,以满足游客娱乐、求知、回归自然等需求为目的的一种旅游方式。乡村旅游与农业旅游、森林旅游、探险旅游、民俗旅游等概念有密切联系,其最大的特点是农村文化的展现。乡村旅游目的地建设要打造自身特色,避免雷同,亮出差异化的"卖点"。通过地域文化特色化竞争,差异化经营乡村旅游产品,进一步促进乡村旅游产业体系化发展。

特色化竞争,就是在乡村旅游开发中,立足于自身的生态农业和地域文化特色,设计出具有自身特点的独特产品。要从实际出发,因地制宜,该种果树的种果树,该搞养殖业的搞养殖,适合发展渔业的发展渔业,有需要保持以菜园、牛栏、水车、纺车、石磨等为特征的传统型村落形象的给予保留,不必相互模仿。总之,依据自身的地域环境,寻找自身独特的、专业化的发展方向,并且尽可能地形成规模、气候、景观效应。同时,农村民俗文化展示也应是本土悠久传统民俗文化的再现和提炼,而不应刻意追求和模仿,这才是城市居民所渴望的乡村纯朴图景。差异化经营,就是在策划旅游产品、线路编排、活动安排上,与同行之间有所差别,避免雷同,不恶性竞争。还是那几句话:"人无我有,人有我优,人优我特,人特我新。"使自己立于不败之地。

促进体系化发展,就是围绕需求进行资源整合;瞄准市场,进行产品开发;根据产品开发,合理进行分工;通过合理分工,促进产业发展。一个产业的分工体系是否完善,是衡量这个产业成熟与否的标志。乡村旅游产业的发展也是如此。首先要有一个消费链,按照魏小安多次强调的,围绕消费链形成服务链,然后形成产业链,中间夹杂着一个利益链,利益链各个环节要均衡、流畅,避免冲突,保证市场秩序稳定。目前,国内乡村旅游的项目单一,偏重食宿,而自然教育、娱乐和体验项目偏少,相应造成了游客停留时间短、农民旅游收入少等问题。因此,要研究如何丰富乡村旅游产品,进一步形成和完善乡村旅游产业链。例如,开发乡村旅游项目,包括观赏项目、品尝项目、科普项目、体验项目、购物项目、务农项目、娱乐项目、疗养项目、度假项目、摄影项目、创作项目、狩猎项目、扶贫项目,乡村地区可以根据自身的现实条件,选择若干项目进行开发,形成观光与参与相结合、动与静相结合、知识性与趣味性相结合的产品组合,组成乡村旅游产业链,这样就可以达到延长游客停留时间、增加农民收入、提高农产品附加值、加深游客体验的效果。

2016年第四季度有一段时间,广州市增城区增江街大埔围的花圃特色小镇,白天吸引游客观花海和亲子游,夜晚举办梦幻灯光节,人气很旺,游客反应很好。

(六)重视现代乡村旅游目的地市场营销工作

随着开展乡村旅游目的地建设的地区逐渐增多,乡村旅游市场逐渐由卖方市场转变为买方市场。开展乡村旅游目的地建设的地区由于具有一定的替代性,相互之间也存在竞争,"酒香不怕巷子深"的时代已经一去不复返了。目前,开展乡村旅游目的地建设的地区普遍存在市场营销不力的情况,或者说还停留在市场营销的初级阶段,必须加强对市场营销的重视。

开展现代乡村旅游市场营销的方式有很多,如优势互补,地域相近的景点(区)可以联合促销,策划重大旅游事件,招聘专业营销人才或送出培训,同旅行社建立业务关系,等等。通过良好的营销活动保持稳定的客流量,如此才能保证乡村旅游的健康发展。

特别强调是,要善于借助互联网优势,通过"互联网+"和"+互联网",利用新媒体例如微信,由政府部门主导,促进搭建、整合和民间微信平台,加强旅游目的地的整体营销和旅游企业的精准营销,形成旅游资源、产品、人才、技术、营销等市场资源要素的大联盟,把"朋友圈"做大做优,以系统化、网络化的优势做强品牌,如千变万化的"魔方"达到不断整合、不断优化的营销效果。在对乡村旅游产品的营销上,要敢宣传、会宣传、经得住宣传。乡村旅游的经营业主也要积极参加各种"高大上"的旅游博览会,在大平台上营销推广,旅游部门应当给他们创造机会和条件。在这方面,日本、韩国、我国台湾地区以及广州市增城区旅游部门都有很好的经验。

（七）加强管理，引进和培育专业人才

随着乡村旅游产业的深度发展，乡村旅游行业的综合管理任务会越来越重，尤其是乡村旅游目的地相关配套措施要及时跟上，最好适度超前。特别是重视以下几点：

一是要依法办证，做到守法经营。引导和组织乡村旅游目的地企业完善经营证照，相关部门改善服务，现场办公，强化监督和服务。

二是加强安全监管，做到平安经营。重视食品卫生安全、消防和治安安全，时刻做到安全第一。高度重视饮用水、厨房、厕所的升级改造，超前或同步设置消防栓，安装顾客入住的身份验证设备，做到各环节都安全有保障。

三是污水达标排放，环保监督到位。特别是要保证污水达标处理设施配套安装和正常运行，环保监督设施要到位。

四是加强星级评定和协会管理工作，加强行业自律。

在发展乡村旅游目的地建设过程中，乡村旅游人才短缺成为突出问题。乡村旅游目的地的旅游部门应积极会同当地劳动部门，对旅游从业人员加强专业培训，提高其业务水平。同时，乡村旅游目的地的旅游部门要注重培养乡村旅游的骨干力量，积极支持和培育经营主体做强做大。充分发挥乡村旅游专家的智囊团作用，指导乡村旅游人才的成长。发挥市场配置人才资源的作用，大力引进和培育乡村旅游人才，解决人才短缺问题，促进乡村旅游产业快速发展。

二、微观设计

分析乡村旅游目的地市场，游客是"买家"，乡村旅游目的地产品的经营者是"卖家"，双方应当在公开、公平、公正的前提下，愉悦地完成交易。各级政府要从营造诚信环境、公共服务设施配套等方面做好乡村旅游规划、监管和服务工作。乡村旅游目的地想要打造成一流的、"宽泛"的、具体的，就应当搞好微观设计，把握好以下几个关键细节。

（一）旅游交通的发达，要方便游客进入

对于乡村旅游目的地来说，做到"可进入"是对当地旅游交通基础设施的最基本要求。从客源地到目的地的路途越明确、越方便、越快捷、越顺利、越省时，旅游活动的组织者和游客就越满意。乡村旅游目的地建设要检查和反思以下几点：

一是区域外的"大交通"是否方便进入。例如，机场、轨道交通、高速公路、国道、省道是否通畅，路线走向、路牌指引是否健全和清晰。

二是区域内的"小交通"是否方便进出。特别注意出了机场，下了高速公路，进入区域内的国道、省道或县道甚至旅游目的地的小道，检查路况、路牌、旅游交通指示牌等是否完好、清晰。

三是旅游目的地景区（点）的停车场是否足够、是否方便、是否便捷。

四是旅游直通车、客运班车、旅游公交车、出租车、汽车代驾等是否便捷。

五是查询客源地和旅游目的地的旅游资讯、旅游目的地咨询服务点的旅游交通信息是否便捷。

六是在旅游目的地政府网站、旅游官网、微信公众号以及旅游目的地 APP 等搜索查询交通信息是否便捷、信息量是否足够，无线信号是否覆盖等。

七是 GPS 上的旅游目的地相关交通信息是否清晰，搜索是否便捷等。

尤其要注重交通路况、走向、指示牌等硬件建设，乡村旅游目的地各级交通和旅游管理部门应当按照全域旅游和"大旅游"格局的要求，由各级政府统一规划布局，按照"旅游交通一盘棋"的要求，从上到下实施全面、立体、具体的旅游交通"可进入"系统工程，定期或不定期推出更新改善的举措，彻底解决乡村旅游目的地的难进入问题。

（二）讲好旅游吸引物的故事，要有足够理由使游客停留

对于乡村旅游目的地来说，认真回答游客提出的"我为什么要在这里停留"这个问题时应当注意以下几点。一是理由要包括有好看的、好玩的、好

吃的、好住的、好购的、好停车。一般来讲，有好看的、唯一的、精品观光景点，值得游客停留；有值得让游客体验的旅游产品，值得游客停留；有特色的美食，让游客大饱口福，值得游客停留；住得有特色、性价比也高，又满足方便的需求，即便距离客源地很近也值得游客停留；特色旅游商品物美价廉，方便购买，值得游客停留。总之，作为旅游目的地，要给游客一个值得停留的说法。当然，游客停留时间的长短也有讲究，停留时间越长，人均消费越高，旅游目的地的经济效益越好。有专家推算过，一般来讲，游客在旅游目的地停留三个小时，就有吃一顿饭的需求；停留六个小时，就有住下的需求。想要让游客停留，就要给足停留的理由，设法做好相关旅游产品以延长游客停留的时间。

（三）满足游客对景观和环境的审美需求，让游客赏心悦目

想要让游客赏心悦目，不仅要求旅游目的地的自然景观和人文景观"可欣赏"，也要求旅游目的地的环境优美。要特别注重游客服务中心建设，就自然景观和人文景观"可欣赏"的程度来讲，不仅要求"好看"，而且要求"很好看"，要让游客大饱眼福，赏心悦目，震撼游客的心灵，这才是旅游精品。例如广东顺德长鹿农庄的"小猪跳水"项目，就能令游客捧腹大笑，让游客感到很滑稽、很震撼。

旅游目的地的环境好，也会收到意想不到的效果。修建旅游景观大道，铺设沥青道路，标识线清晰，沿途看不到垃圾；一年四季满眼是绿，鲜花盛开，一路一景观，一桥一景观；处处像花园，处处有景观，放眼乡村特色民居如同一幅美丽的生态乡村巨幅油画。种种景象令游客赏心悦目。旅游的过程就是游客审美的过程。通过视觉及心灵的体验，让游客感到美的享受，这是建设一流乡村旅游目的地所追求的目标。

（四）建设沿途景观配套设施，让游客感到旅游就是享受

建设成功的乡村旅游目的地，要让游客享受美，享受愉悦的心情，享受幸福感，享受美食，享受体验的乐趣，享受人生旅途的快乐时光，享受人性化的

无微不至的关怀，拓宽视野、增长知识、提升境界。让游客不仅感到满足，还要满意；不仅吃饱，还要吃好；不仅要可游、可观，还要游得舒心、观得开心。特别注意细节的人性化设计，细微之处的人本关怀。尤其是在游客服务中心、洗手间、餐房、客房、旅游交通、停车场等环节，要细微之处见真情。

（五）旅游结束后，要让游客回味无穷

完善、提升旅游目的地的关键节点和最后的印象区，让游客结束旅游后回想起来印象甚佳，时常拿出照片和购买的纪念品来回味，乐于与亲朋好友分享。达到这一步，乡村旅游就升华到新的境界了。有的优质景区给游客留下终生难忘的印象甚至心灵上的"洗礼"。

建设一流的现代乡村旅游目的地，要努力收到以下"五个效应"：一是旅游及相关产品之间的联动效应；二是旅游产业对相关产业的拉动效应；三是旅游经济对社会、经济、文化、环境等方面的推动效应；四是旅游产品的特色创新效应；五是旅游产业的可持续发展效应。

现代乡村旅游目的地最终要建设一个以旅游景区点为核心，以休闲旅游设施为辅助的完整的旅游吸引系统。建设一个以"吃、住、行、游、购、娱"这六要素纵横服务体系，配套的交叉服务系统；建设一个立体化、智能化、顺畅、便捷、观光功能完备的交通系统；建设一个标准、清晰、图文并茂的旅游交通标识系统；建设一个类别齐全、覆盖面广的旅游质量系统；建设一个各行各业对旅游目的地一条龙配套的支持系统；建设一个有应急预案，旅游设施及游客安全有保障，以及不分游客种族肤色语言的友好和善的旅游安全保障系统，有力地促进旅游目的地可持续发展。

三、解决现代乡村旅游目的地建设中常见的几个问题

（一）解决缺乏"多规合一"问题

目前，我国乡村旅游项目多是农民自发地、盲目地发展起来的，由于缺乏科学规划和市场调查，导致许多旅游项目缺乏特色，重复建设严重，造成资源

的严重浪费和环境的严重破坏。乡村旅游目的地的建设应在统一规划的基础之上进行,而且应在旅游产业主导下实现"多规合一",使产业和基础设施紧密配套。县一级政府应对乡村旅游重点项目(包括"农家乐"项目)进行前期评估和规划评审。

(二)解决可持续发展问题

游客增多,如果相应管理跟不上,可能会对乡村环境造成污染和破坏;不良示范效应可能激发当地居民之间的矛盾,干扰社区正常生活;盲目开发可能造成资源破坏,等等。这些问题不同程度困扰着乡村旅游目的地建设。想要健康稳步地建设乡村旅游目的地,就必须进行周密规划和设计,努力走可持续发展道路。

(三)解决配套设施落后问题

实践经验证明,发展乡村旅游是引导农民在家门口创业就业的好途径,比外出打工强,但是,发展乡村旅游必须正确处理经济发展与环境保护的关系。因此,发展乡村旅游必要的基础设施建设必须先行,否则,发展一段时间,污染环境、消防安全等问题就出来了,使得乡村旅游发展不下去。这时必须清醒认识到,不是乡村旅游不好,而是旅游设施不配套或者是严重滞后,这是一个普遍存在的大问题。

对此,各级政府要高度重视:

一是要完善农村基础设施,包括村内外铺设道路、水电管线落地,使用清洁能源,配备污水垃圾处理系统、公共厕所、停车场、游客服务中心、景区景点指示牌建设等,解决水电、交通、通信、给排水、消防、治安等设施严重落后问题。

二是开通农村宽带网、有线电视,配备卫生服务站、治安派出所、移动信号全覆盖等。

三是农村景观生态化,保护原生态植被,按照景观标准改造农房外观等。

四是交通便利化,例如采取政府补贴、企业运营的方式开通大中城市直达乡村旅游景区点的公交线路。

五是适度解决城乡规划衔接与旅游用地保障等问题。

（四）解决宣传促销不到位问题

现代乡村旅游目的地建设应当遵循旅游竞争规律，进而解决旅游宣传促销不到位的问题。从世界旅游发展的经验看，旅游业的竞争大体经过两个阶段，起初的竞争是在旅游目的地内部旅游企业之间展开的，主要体现在同行之间对客源的争夺，这时同行之间应当避免产品的同质化，努力做到差异化竞争、特色化经营；当旅游目的地发展到一定程度，便会出现在周边地区的旅游目的地之间的竞争，主要体现在对旅游者吸引到旅游目的地来的焦点上，这时旅游目的地之间的发展也应当突出主打的旅游特色品牌，实现良性竞争。现代乡村旅游目的地建设也应当遵循如此旅游竞争的基本规律。在此基础上，现代乡村旅游目的地应当下力量进行在旅游目的地和客源地加强整体形象的宣传推广和深度体验。其基本路径是：政府主导，整体推广，企业抱团，瞄准客户，市场细分，精准营销，吸引关注，诱发向往，路途管家式引导服务，最终达到游客宾至如归、消费满意的效果。

第七章

现代乡村旅游特色村建设

在特色产业小镇和"美丽乡村"建设中，一个行政村如何成功地发展为现代乡村旅游特色村？笔者认为，这应当具备以下几个条件。

一是生态旅游资源、人文旅游资源及社会旅游资源相对丰富；

二是村党支部的战斗堡垒作用要强，"两委"班子紧密合作，村民团结一致，发展乡村旅游具有敢为人先的开拓精神；

三是县镇两级政府高度重视，加强领导和引导，能够将"美丽乡村"或特色小镇或旅游文化村的建设计划列入议程并得到多个建设平台的支持；

四是全力做好以环境建设改造为重点的基础设施建设；

五是能够引进或培育一个有实力的休闲农业与乡村旅游融合发展的"龙头"企业或旅游品牌企业参与建设；

六是得到当地旅游部门的大力支持和具体指导，重视宣传推介和品牌打造；

七是发动村民进行民主管理、广泛参与，保证公平，全民受益；八是乡村旅游环境长期做到"干净、整洁、平安、有序"。

下面，谈谈现代乡村旅游特色村的一些"制度设计"。

一、建设现代乡村旅游特色村的五种模式

从"全域乡村旅游"发展模式出发，本章重点介绍特色旅游村发展的基本模式，目的是推动建设以产业为主导、以旅游为基础的特色文化旅游村，实现旅游扶贫、旅游惠民工程的可持续发展。

现代乡村旅游特色村的建设，是推进现代乡村旅游发展的重要载体。要在规划引导的前提下，及时指导镇街以"美丽乡村"（或有条件的村社）为基础，结合村庄文化特色，进行精准主题定位，整体连片开发乡村旅游，推进乡村旅游适度规模化、标准化、精细化和品牌化管理，努力建设现代乡村旅游特色村。

总体要求是，在避免大拆大建，保护和利用科学结合，尽量原生态规划设计的前提下，按照"一个村就是一座服务规范的乡村酒店，一个村就是一个

喜闻乐见的乡村文化体育旅游游聚集区，一个村就是一座文化创意主题庄园，一个村就是一个手工作坊聚集地和'野奢'度假休闲综合社区，一个村就是一个地域特色浓郁的民宿特色村，一个村就是一座没有围墙的乡村田园植物花卉博物馆，一个村就是一个国家A级旅游区"的发展理念，把有条件的生态村打造为环境优美、产业发展、文明向上、充满活力的"富而美"的乡村旅游特色村。要在重视乡村历史文化遗产保护、传承和科学利用前提下，加强村庄的整体规划设计，进行必要的改造，增强整体的协调性、艺术性和美誉度；要加强旅游主题文化村的公共基础设施建设，解决污水处理、消防配备、旅游厕所、公共景观、卫生救护和治安保障及环境保洁等设施缺位和滞后的问题；要重视村庄的公共空间、旅游经营户的院落空间和民宿室内休闲空间氛围的营造，为现代乡村旅游发展创造良好条件。

建设现代乡村旅游特色村，一般以一个行政村或几个自然村为范围，按照自然资源和人文资源禀赋，结合当地特色文化的传承，因地制宜，科学规划，一般有以下五种模式。

（一）乡村酒店模式

将一个村打造成一座乡村酒店，并以现代化经营理念推动乡村旅游的规范化和标准化，依托成熟的旅游景区或旅游热点线路，主要面向到访的游客，承担食宿（或食宿分开）这两大基础服务。这种模式的要点，一是村落农户物质条件高度均质，易于实现标准统一，特别是适于统一规划建设、基础设施条件较好的安居新村；二是一般按照酒店的模式对村落进行统一规划或改造，明确大堂接待区（村落的接待服务中心）、公共活动区、食宿接待区；三是通过成立乡村旅游合作社、乡村旅游协会或"农家乐"协会等组织，实行乡村旅游接待户的统一管理、统一服务标准、统一分配客源、统一价格、统一结算；四是强化与周边景区、主要道路及资源的联系整合、组合产品，注重口碑营造。

国家旅游重点镇——广州市增城区派潭镇的上九陂村北山合作社，毗邻著名的白水寨风景名胜区，该村有范、曾、李等三个姓氏的村民，他们原来住的是客家民居泥砖平房，后来被翻新成样式统一的两层半（有的三层半）乡村别墅式农民新村，很多村民依托白水寨风景名胜区（景区内有瀑布、温泉、漂流等旅游项目）开旅馆向游客提供住宿，还有的既提供住宿又提供餐饮，按市场需求进行分工，整个村形成了乡村酒店群，并为景区配套设置特产购物、绿道骑行、亲子游等产品，成立了乡村旅游协会，全村通过乡村酒店模式实现了脱贫致富；广州市增城区正果镇蒙花布村的26户村民利用自家闲置住房开办民宿（当地叫万家旅舍），为游客提供130多间客房，另有几户村民为住宿的游客提供特色餐饮，合理分工，村委统筹管理，住宿价格在大体统一的基础上按质论价，周末或法定假日的住宿价格比平日提高一些，每日自驾车来访量有时达到500辆，村民的人均收入翻几番。

（二）乡土文化博物馆模式

采取乡土文化博物馆模式的一般是古城、古镇、古村，例如山西平遥，江苏周庄，浙江乌镇，安徽宏村、西递村，都是采用乡土文化博物馆模式建设而成的。古城、古镇、古村甚至一座古民居改造成的民宿，就像讲述一个个历史故事。

采用这种模式建设现代乡村旅游特色村，即按照建设博物馆的模式，将一个村打造成为一座乡土文化博物馆，其核心是开发有历史的古村，建成有文化的民宿、古村落景区。

采用这种建设模式需要具备以下几个条件：

一是古村历史厚重，文化特色突出；

二是村域内有较丰富的历史遗存，如古街古巷、名宅大院、寺庙宗祠、名人故居、古桥牌坊等；

三是村落传统肌理尚存，并保存一定数量具有历史感的传统民居院落。

采用这种建设模式需要注意以下几点：

一是对古村内的文化遗存进行系统的普查，确定保护红线与可利用等级；

二是筛选古村的主题文化元素，并与古村的公共景观、体验活动、建筑风貌结合，营造浓厚的文化氛围；

三是设计个性化的文化民宿，并形成创意文化休闲业态，如开办文化集市、博物馆、民俗餐厅；

四是对部分历史价值较高的院落，请艺术家、文艺青年等时尚精英群体来经营，打造具有带动性和示范性的民宿。

（三）乡村度假综合体模式

采用乡村度假综合体模式建设的现代乡村旅游特色村，一个村就是一个度假综合体，体现为闲置农宅的整体改造和古村落的精品度假酒店化利用。适用乡村度假综合体模式的村子需要满足以下几个特征：

一是村子生态优良，环境幽静，拥有天然的度假条件；

二是"空心村"或村民已搬迁至新村的废弃旧村，房屋空置率较高；

三是村内民居建筑多为传统老院落，风貌特色突出，改造价值较高。

采用这种模式建设现代乡村旅游特色村，需要注意以下几点：

一是由镇或村集体统一租赁回收村内的空置民宅，通过引入外来企业资本，也可以自筹资金，对这些民居进行整体度假化改造，并塑造独家品牌；

二是改造民居讲求文化性、"乡土性"与品牌感兼顾，追求外旧内新、外质朴内奢华的效果；

三是通过探索村民房产、土地入股等方式，实现社区居民持续参与；

四是返聘当地村民为度假村（区）的员工，推动村民就地就业。

广州市增城区派潭镇高滩村依托天然的"浴疗"温泉资源，打造健康小镇，在3平方公里左右的范围内先后建起了1家挂牌五星级、2家三星级温泉旅游饭店和3家高端温泉度假酒店，形成了温泉度假酒店群，以及集农家客栈、"农家乐"餐饮、生态农庄采摘、亲子旅游体验为一体的综合性度假社区，就地安置了大批农村剩余劳动力就业，综合拉动了生态产业，并促使绿色经济崛起。

（四）乡土游乐场模式

采用乡土游乐场模式建设现代乡村旅游特色村，核心理念是，一个村就是一座有趣的乡土游乐场。适用乡土游乐场模式的村子需要满足以下几个特征：

一是位于热点旅游线上，交通方便，可达性较高；

二是可利用的休闲资源丰富，这些资源包括河流、湿地、果林、山地等；

三是具备一定的可建设用地条件，便于引进游乐设施和项目；

四是村集体发展旅游的积极性较高，并具有超前的发展思路。

采用这种模式建设现代乡村旅游特色村，需要注意以下几点：

一是由镇或村集体牵头，对乡村休闲资源进行系统整理，构建乡村休闲产品体系；

二是建设休闲健身绿道、四季花园，策划水果采摘、"春耕节"、亲子课堂、"丰收狂欢节"等丰富多彩的活动，为乡村旅游创造持久的吸引力；

三是通过成立乡村旅游合作社或乡村旅游协会，组织村民开展旅游接待，为到访的游客提供食宿及休闲娱乐健身活动；

四是招商引进大型游乐娱乐食宿项目，或采用集体企业的模式吸引部分资金，用于投资开发规模较大但盈利较高的游乐项目。

广州市增城区荔城街莲塘村、陈桥头村和庆东村的局部组成的莲塘春色乡村景区，就是按照一个村就是一座有趣的乡土游乐场模式规划建设而成的，景区内有十几公里长的特色绿道、莲花池、樱花园、儿童沙滩乐园、篮球场、乒乓球台、烧烤场、采摘园、农家乐餐饮住宿街区，家家"农家乐"门前都停有休闲自行车，该村以"吃住农家乐，免费踩单车骑游绿道"的模式经营，游客成群结对，骑上各式自行车在"乡村大公园"里骑游观光，时而快乐地骑车，时而驻足拍照，累了就在河边走走，在绿道边品尝豆腐花，游客既锻炼了身体，又感到了快乐。

（五）主题庄园模式

采用主题庄园模式建设的现代乡村旅游特色村，一个村就是一座产业化的主题庄园，为游客提供高品质的田园生活方式。适用主题庄园模式的村子需要满足以下几个特征：

一是现代化农业基础较好，已经形成了一定规模的特色农业品牌；

二是有建设大型庄园的场地条件；

三是交通方便，可达性较高，能够吸引大型农业企业或休闲农业投资主体进驻。

采用主题庄园模式建设现代乡村旅游特色村，需要注意以下几点：

一是以现代农业产业为基础，发展庄园经济，形成产业庄园双驱动；

二是不以民俗接待户发展为重点，而是以庄园品牌塑造、庄园综合功能扩展和庄园产业模式设计为主；

三是庄园作为游客集中到访区，提供观光、休闲、度假等多种产品，并提供独特的庄园生活体验；

四是农民相对集中安置，农民受雇于庄园或园区，或借助于庄园品牌发展外围互补型产业或提供配套服务。

综上所述，现代乡村旅游特色村可以采取以上五种模式，组建由镇、村和投资企业组成的管理责任主体，按照国家A级旅游景区质量等级标准进行规范建设，完善相关旅游配套设施，条件成熟的还可进行旅游景区质量等级评定。成功的现代乡村旅游特色村，从观赏角度可概括为"五看"，即要让游客"想看、可看、好看、耐看、反复看"。要注重第一印象区，即游客服务中心的建设，给游客形成视觉文化冲击力；还要注重完善最后印象区，给游客留下强烈的文化回味。

建设现代乡村旅游特色村，须注意整体配套建设旅游基础设施，包括排污设施（排污管网、自建污水处理设施）、消防设施（消防栓、微消防站、备用水、灭火器材）、给水设施（饮用水井、自来水管网）、治安设施（入住登记、治安亭、监控设施）、交通设施（路网、车站、客运站、停车场、加油、充电桩、旅游交通标识牌等）、旅游厕所、改造厨房、购物超市、卫生站、游客服务中心。

二、建设现代乡村旅游特色村应坚持"四个一"

(一) 明确一个工作目标

明确建设现代乡村旅游特色村的工作目标,具体以城镇为总揽,大胆探索,勇于创新,明确现代乡村旅游特色村的发展定位,按照规划引领,生态优先、突出特色、分步推进的原则,创新运营组织模式,推进农业观光体验与乡村休闲度假旅游并举,以旅促农,以旅富农,实现农业增效、农民增收、农村发展,力争在3~5年内初步推出一批特色鲜明、主题突出、科学规划管理的现代乡村旅游特色村,塑造特色乡村旅游品牌,努力把现代乡村旅游特色村打造成为可复制、可推广的新型乡村生态旅游和"美丽乡村"建设示范点,逐步成为"环大城市"——城市近郊的旅游片区重要节点,吸纳主要城市群的乡村观光、休闲、度假旅游目的地。

(二) 提出一个工作任务

现代乡村旅游特色村的发展工作任务包括:认真研究分析乡村旅游特色村的发展条件和现状,集中力量做好发展旅游产业的基础性工作,有效整合旅游要素,科学规划旅游产业发展的方向和目标,逐步打造旅游核心吸引物,大力完善旅游服务设施,不断延伸和丰富旅游产业链,努力实现产业"造血"、旅游"活血",促进可持续发展。具体工作包括以下几点。

1. 科学编制发展规划,引领乡村旅游特色村项目建设

(1) 开展乡村旅游特色村的建设资源调查。组织专家实地考察乡村旅游特色村建设资源,重点对民俗风情、传统农业、古村遗迹、土特产品、红色旅游等元素进行充分挖掘、搜集和整理,摸清底数。

(2) 编制村庄的深化发展规划,进行旅游专项策划和规划。在对乡村旅游特色村深化规划的基础上,围绕发展定位进行旅游专项策划,明确提出现代乡村旅游发展的格局、重点培育的项目、形成的旅游特色、开拓的旅游市场等,保证策划项目的合理性、整体性和可持续发展性,并与村庄规划有机地融合，做到因地制宜、发挥优势、突出重点、有序推进。这里的规划层面，要特别注重做好村落景观、田园景观、文化景观和生态环境的保护；充分挖掘乡村历史文化、民间传说和革命斗争故事题材，在乡村旅游发展中讲好乡村故事；加强乡村房屋建筑景观、农家院落景观、农家室内景观的设计和农耕文化体验及民俗文化符号的传承。

2. 依托生态资源优势，加快培育特色观光休闲度假产品

（1）加强培育现代乡村旅游新业态。借鉴国内外先进的发展模式和发展经验，加大对知名品牌旅游企业的招商引资力度，引进有实力、有经验的休闲农业与乡村旅游龙头企业，利用农业景观资源和农业生产条件，建设体验式休闲农庄、园艺作物标准园等新型观光农业项目，打造旅游核心吸引物。依据村庄规划，依托现有民居，配套建设生态型酒店、品牌化民宿旅舍和民俗文化展示馆，策划改造古村成为特色酒店，吸引游客体验乡情和乡愁。

（2）优化现代乡村旅游景观体系建设。优先扶持观光型农业和林业发展，科学选择种植品种，形成农林产品丰富、林相观赏性强、集中连片的规模化种植基地；按照优化乡村发展和人居环境的要求，通过公共绿地景观、村道绿化、水系绿化、古村名木、闲置地绿化及乡村绿道等形成村庄整体绿化环境，形成具有一定规模、布局合理、植物多样、特色突出的乡村旅游景点。

（3）发展一批特色乡村观光休闲度假旅游项目。按照科学设计、一户一案的原则，指导进行房屋外观改造，突出乡土原味气息，保持建筑风貌协调一致，通过维修、加固、整饬及空间功能格局调整达到旅游接待要求。指导成立村集体经济合作社，统筹组织村民或社会力量利用空闲房舍经营农家客栈、民宿旅舍、餐馆、酒吧、茶馆等业态，开发特色美食品牌，形成基本旅游接待服务能力。结合当地人文、生态、环境及农村农事生产活动，以特色文化为载体，挖掘当地民俗、民风，开发成节庆、婚嫁风俗、山歌表演等民俗旅游产品，生动再现村民的生态方式，反映其文化内涵和地方特色。

（4）打造一批特色旅游土特产和手工艺品。培育打造特色农家产品生产基地，利用龙头企业规模经营的优势，帮助着力打造特色有机农副产品品牌，做到标准化、品牌化、可追溯化，提高产品附加值；依托交通便利优势，规划

建设特色旅游商品购物场所，由村经济合作组织统一管理，鼓励村民承包参与经营，大力发展网络营销和线上旅游，大力开发旅游节庆活动，支持企业和农民利用电子商务手段销售土特产、吸引游客，为村绿色生态农副产品、乡村特色手工艺品拓展销路。

3. 加强旅游配套服务体系建设，优化提升乡村的旅游品质

（1）加快现代乡村旅游交通设施建设。规划村交通建设，充分考虑和优先解决交通干道、重点旅游景区到村的道路及村道的拓宽问题，并在相关道路上为村设置标准化旅游交通标识系统。开通市区、周边重点旅游景区到旅游特色村的班车线路。选择配备廊道景观资源和通达性地点，投资建设自驾车（含房车）露营地等服务设施。

（2）完善乡村基础设施，优化旅游特色村的建设和发展环境。结合"美丽乡村"建设，实施"七化"——设施标准化、服务规范化、产品差异化、发展低碳化、营销品牌化、管理组织化、规划品质化，以及"五个一"工程，做好村道路及河涌整治、市政设施完善（包括新建污水处理池、垃圾收集点、无公害厕所，扩容自来水站）、农村危旧房改选等规划项目，推进村内道路硬化，游步道生态化、绿化和美化工作，按照当地《农村供水工程管理手册》要求落实供水设施管养机制，全面推进旅游型乡村建设。将村纳入通信设施建设规划之中，实现手机信号全覆盖，加快推进有线电视和互联网宽带进村。

（3）加大旅游服务配套体系建设力度。做好现有公共建筑设施和特色民居改造利用工作，将闲置的村小学提升改造为游客服务中心和"农家乐"餐馆。根据乡村旅游景区的生态承载能力，合理安排旅游线路和游客，完善旅游标识系统（包括全景图、导览图、指示牌、介绍牌）的规范设置，建设旅游厕所、停车场等基础设施。

（4）加强现代乡村旅游专业人才培训。根据乡村旅游发展规划，按照全员培训、突出重点、强化特色、注重实效的原则，重点提高乡村旅游从业者在经营服务、食品卫生、旅游文化、旅游安全、接待礼仪、餐饮和客房服务等方面的素质和服务技能，加强村民的文化教育和文明素质的提高，切实增强文明意识和开放意识，培养文明的生活方式、行为方式，促进乡村精神文明建设，营造文明、和谐、有序的乡村旅游环境。

4. 促进区域旅游融合发展，积极拓展周边旅游市场

（1）大力实施现代乡村旅游营销战略。策划乡村旅游和节庆营销活动，实施精准的旅游目的地营销，引导游客的休闲度假需求与乡村片区旅游产品之间的有效对接，突出乡村旅游品牌的宣传效应，构建辐射周边地区的旅游目的地系统。

（2）策划乡村旅游精品线路。发挥大型旅游企业的渠道优势，以特色村为中心，以文化体验、美食养生、主题摄影为特色和主题，针对修学游、"银发游"等细分市场策划1~2天行程的若干旅游线路。组织有实力的旅行社先试先行，根据市场反应适时调整优化产品。

（3）积极宣传开拓乡村旅游市场。采取征集评选优秀乡村旅游广告词、电视风光片和乡村旅游画册等方式，利用各大旅游官方网站、公众微信号、旅舍微信平台等，开设乡村旅游专版、专栏，开展全方位、多角度、多层次的宣传促销，指导旅游村网站建设，提升乡村旅游品牌的知名度。

（三）制定一个保障措施

制定现代乡村旅游特色村的发展保障措施，具体工作包括以下几点。

1. 成立领导机构

成立乡村旅游特色村建设工作领导小组，由镇街党委（工委）主要领导挂帅，相关职能部门领导、镇村干部、企业为成员，统筹有序推进乡村旅游特色村建设工作；建立村乡村旅游发展联席会议制度，各相关部门和企业根据职能对口支持特色村工作。

2. 建立科学的现代乡村旅游村运营管理体系

（1）着力探索新型经营模式。形成市场化程度高、旅游产业规模化效应大、利益分配合理、农民获益明显的乡村旅游新型经营模式，为特色村乡村旅游持续发展、农民收入持续增长提供有力支撑。特色村成立旅游公司统一协调村民在旅游经营中的利益诉求，通过"公司+农户（旅游点）"的形式，发挥企业化运作优势，规范管理全村旅游产业，整合分散的旅游点，连线成片发展，提高专业化、集约化、规模化水平。

（2）统筹资金保障。统筹利用好各级扶持资金和专项资金。整合"美丽乡村"建设资金，以及农业、水务、交通等相关职能部门的专项发展资金，合理分配国家、省、市扶贫发展资金，集中投入"农家乐"建设，保障各项任务落实；充分发挥财政资金引导支持作用，带动金融和社会资金更多投入到特色村建设中，制定优惠政策，扩大招商引资，鼓励社会企业融资开发生态旅游项目；争取金融机构的支持，运用小额信贷政策，帮助村民和村旅游服务公司解决资金投入困难等问题。

（3）依法保障发展现代乡村旅游建设用地。积极贯彻中央《关于农村土地征收、集体经营性建设用地入市、宅基地制度改革试点工作的意见》等相关文件精神，在符合规划和用地管制的前提下，允许合法的农村集体建设用地以出让、出租和入股的方式进行旅游开发项目建设，实行与国有土地同等入市，同价同权。对旅游项目用地中符合设施农用地认定标准的，根据相关规定办理设施农用地审批手续，不需要办理农用地转用手续。利用功能片区土地总体规划编制契机，落实特色村旅游发展项目所需建设用地规模。

（4）推动规范化、标准化经营。以《旅游景区质量等级划分与评定》《旅游厕所等级划分与评定》等国家标准，以及省一级的《农家乐旅游服务规范》《农家乐等级划分与评定》《家庭旅馆经营服务规范》《乡村旅游服务规范》等地方标准为依据，引导和指导当地按照标准配置和建设旅游服务设施，规范经营管理，提高服务质量，做到亮证经营、管理到位、服务优良、诚信经营、安全可靠。在村旅游服务公司的统一管理下，按照民宿和"农家乐"餐饮经营服务档次设置实际差异化的价格，出台相关优惠奖励政策，如免费为农户经营者进行相关培训，对符合条件的民宿给予奖励，免费进行营销推广。

（四）确定一个实施步骤

确定现代乡村旅游特色村建设的实施步骤，深入调研，制定方案，编制乡村规划（含旅游专项策划）并通过规范程序正式确定，规划项目建设主体，明确职责。具体工作包括以下两点。

1. 建设实施阶段

按照规划要求，结合休闲绿道、公园广场、民宿、旅游厕所改造升级等举措，全面推进现代乡村特色村的基础设施、公共设施、景观景点建设和"农家乐"包装改造工作，项目资金到位，使村容村貌得到较大改观，村旅游服务公司成立，一批民宿和"农家乐"旅游产品具备基本接待能力。通过政府支持和企业参与结合方式，加大招商引资力度，引导做好民宿、旅游接待服务中心、绿道观光带、观光农业区等旅游项目和配套设施建设。

2. 完善提升阶段

相关职能部门和当地政府密切配合，进一步落实相关规划，培育旅游市场，打造现代乡村旅游体验区、绿道游览区、村社历史源头溯源区、科普及农事体验区、红色旅游区和生态农业观光区，带动现代乡村旅游休闲度假生态产业发展，促进实施农民收入倍增计划，做好旅游扶贫和惠农工作，催生绿色经济并推动其崛起。

综上所述，现代乡村旅游特色村建设实现"四个一"，应当在政府主导的前提下，引进或培育有实力、有情怀的旅游品牌企业进村实施品牌化发展。政府与企业成立投融资平台公司，整合资源，采用科学建设模式，由一个旅游品牌企业领衔统一策划、规划、建设和运营，这样就能够走出一条旅游精品发展之路。

第八章

现代乡村旅游中的"古人居遗产"游

发展现代乡村旅游，不能不说说古城镇、古村落、古民居等旅游资源的开发和利用。为了论述方便，本书将古城镇、古村落、古民居统称为"古人居遗产"，这样概括不一定准确，但可以大体说明意思。

根据我国专家学者研究的资料显示，历史保留下来的成片古代建筑群，体现出了传统建筑艺术、生活方式、自然环境以及浓郁的文化内涵、风格、古韵氛围，组成综合景观体，按范围和历史上的行政建制层级，可以分为古城镇、古村落、古民居。据专家估计，全国保留完整的古城约二十个，古镇百余个，古村落上千个，古民居上万个。有的保存完整，有的残缺不全，有的夹在新建筑中间，有的新建筑围着旧建筑成了"盆景"。我国古村落数量多，分布地域广，历史文化价值高，古朴的民俗民风与美丽如画的乡村田园风光交织在一起，表现出独特的旅游观赏价值。

下面详细介绍现代乡村旅游中的"古人居遗产"游。主要通过分析、分享国内相关典型案例，为现代乡村旅游目的地开发和保护"古人居遗产"提供参考。

一、古城镇旅游

古城，典型的例子有云南丽江、山西平遥、辽宁兴城，而古镇旅游，是指以民国以前建立的古镇为旅游目的地的一种旅游行为，其目的主要是探古访幽。古镇，典型的例子有江苏周庄、甪直、同里，浙江乌镇、西塘、南浔，被称为"江南六大古镇"。近年来，古城镇旅游随着乡村旅游的兴起而逐渐兴起，成为旅游市场中的一朵奇葩。

（一）重视古城镇的旅游开发价值

从旅游开发的角度来看，古城镇的旅游开发价值主要体现在以下几个方面：

1. 重要的历史价值

古城镇是一种历史文化资源，代表人类生活的一个历史阶段、一种类型，是历史文化信息的物质载体。集中体现我国古代建城镇的思想、宗法制度和族权观念，是我国古代封建社会的缩影和人类社会发展过程的历史见证。它一般都较完整地保留了某一时代或几个时期的历史风貌，是历史发展进程中不同文化时期人类对自然环境改造的记录，具有重要的历史文化价值。这种历史价值的主要表现形式，一是观光，二是体验。江南古城镇主要体现在水，是江南水乡。

2. 独特的建筑风貌

古城镇是一种特殊的乡村文化景观，是当时的历史条件和生产关系下的产物，在空间形态和构景方面独具风格，与现代村落景观有巨大的差异。它们大多选址独特，因地制宜，青山绿水，组景合理，建筑风格古朴典雅，富有地方特色。古城镇建筑群在建筑外观、内部建筑结构和艺术装饰上与现代城镇建筑群有很大的差别。古城镇的传统建筑较之于极重礼制的历代官式建筑，在适应地理环境和当地风土人情习俗、满足人们生存需要等诸多方面显示出无比的机巧、智慧，极富灵气。这些都是游客感兴趣的。

3. 特有的古韵氛围

古城镇的文化景观、自然环境、人类活动等组成特有的古文化氛围，这种古韵是古城镇旅游产品中十分独特和宝贵的组成部分，是古村落旅游的重要依托。由于文化的差异及自然环境的不同，现存的中国古城镇有着千姿百态的景观，有着自己独特的景观意象和文化表征。

4. 深厚的文化积淀

古城镇的价值不仅仅是古老建筑本身，更是其中的文化内涵，尤其是那些不表现在外的，由思想、态度、价值观和民风民情等构成的"隐形文化"。如凝结于古城镇生态景观中的核心内容是古代"天人合一"的建筑理念和"风水"观念，古人对居住地的选择十分讲究人与环境的协调共荣，所选地址自然环境都十分优美。

5. 明显的不可再生性

古城镇作为旅游资源来开发利用，表现出明显的脆弱性，即它的不可再生性。古城镇一旦被破坏，便不复存在。虽然可以仿造，但不能再造，而且仿古、做旧出来的古建筑永远与历史保留下来的古迹本身存在着客观上的巨大差距。所以在古城镇旅游的开发过程中，要以科学理性的态度为指导，确保古城镇旅游的可持续发展。

（二）古城镇旅游开发与发展的原则

古城镇旅游开发与发展，要正确处理"五个关系"。

1. 正确处理保护与发展的关系

最好的效果是：既不可不开发，又不可过度商业化开发。这个度要把握好，保护第一，但不是唯一。有的古城镇不仅是文物，也是世界文化遗产。保护文化遗产，不仅要保护文化遗产的整体物质元素，还要保护其赖以生存的环境和生活在其中的人及他们的生活。

保护古城镇重在保护其灵魂，复兴古城镇的居住、工作、游憩和交通等四个方面的基本功能，协调人们的生活、工作、娱乐、休闲等各种活动，从而使古城镇变得更加适宜居住并保持平衡，可持续发展。要保护历史街区、名人故居，强调维护社区现有的生存状态，保留和延续街区所独有的风格。要恢复古城镇的活力与古城镇交通的关系，古城镇内的道路不得拓宽，但可在古城镇的外围修环路、截留外来交通，只有居住在古城镇的人才可以开车进来。要少开发，多利用；少花钱，多办事；禁止大拆大建，提倡修旧如旧；宁要真品，不要赝品。

从全国古城镇旅游开发的成功经验来看，要注意引进有实力的品牌旅游企业进驻开发，坚持正确的开发方向：

一是强化旅游的复合功能。由单一的观光功能转化为复合功能，做到"古色古香"。

二是突出特色主题文化。注意挖掘自己独特的文化主题，形成鲜明的个性特色，避免同类产品的同质化，从而提升自己的核心竞争力，促进可持续发展。

三是追求有别于其他的异质。差异就是旅游的核心竞争力，就是旅游的品牌。据著名旅游专家魏小安先生分析评价，现在已经成名的"江南六大古镇"初步显示其差异化性质。他指出，江苏三大古镇，可以说是"商气周庄、文脉甪直、智慧同里"；浙江三大古镇，可以说是"悠远乌镇，生活西塘，财富南浔"。

四是着眼于开发的长期效应。要追求精品开发，不搞短期行为，禁得起时间和历史的考验，使古城镇旅游开发长线投资、长期回报。有人说，开发古城镇旅游，要有"剑胆琴心"。"剑胆"就是要求投资者有投资的敏锐眼光、胆识和魄力；"琴心"就是要求投资者有文化的细心、历史的耐心、精品的恒心，要让文化精品甚至未来的世界遗产赢得真正的、永久的市场价值。

五是构建综合产业。整合古城镇资源，要在综合性投资中形成产品的产业链、产业面、产业群的集聚。不仅要形成产品链，还要形成为之配套的服务链；不仅满足于有观光产品，而且还要向休闲度假、特种旅游、会议等多方面延伸。

2. 正确处理古城镇保护与新城发展的关系

最好的效果是：就地保护古城镇，异地发展新城镇。保护古城镇较好的方式是新老分离，让古城镇就地得到保护，在距离古城镇较远的地方（例如距离5公里）另建一个新城镇，使新城镇、古城镇分开，并建设绿化、水系隔离带，新城镇的建筑高度及建筑风格与古城镇协调，特色文化和古城镇元素得以继承，让古城镇得到永久保护。分离式古城镇保护模式，可以让古城镇保持原始风貌，甚至让古城镇旅游的从业人员倚历史情景而存在。新旧城镇之间既分隔又有联系，和谐共生。事实上，在一些城市里，古城镇建筑与新城镇建设混在一起，甚至新城市的高楼包围古城镇形成"盆景"，这种胡乱建设的行为使古城镇处于很尴尬的状态，极不协调，破坏了古城镇的风景、风貌，也破坏了古城镇的肌理，造成的损失难以挽回。

3. 正确处理同类古城镇旅游开发的竞争关系

最好的效果是：同质化与差异化并存，突出特色，适度分工，强化品牌。同类古城镇旅游开发应按照特色适当分工，形成差异化的互补产品，最终"串线连片"形成古城镇旅游产业体系，这样有利于古城镇旅游开发的可持续发展。但是，就目前古城镇旅游开发情况来看，很多地方同质化现象还是比较突出的，这对古城镇旅游的可持续发展是不利的，游客有一种"看来看去，古城镇都是一个样"的感觉。

4. 正确处理发展模式继承传统与创新发展的关系

最好的效果是：在普遍采取乡土文化博物馆模式的基础上，多元化发展。据专家分析，我国的"古人居遗产"旅游开发，基本都是采取乡土文化博物馆模式，这是我们乡村旅游常见的形式，也是最简单的形式，就是把当时历史上的一些东西复原，然后展示出来。传统资源最简单的转化方式就是展示。这种初级产品只能应对初级市场，即大众市场。此外，古建筑往往被用作政府机关和一些研究机构的办公场所。

乡土文化博物馆模式门槛低、进入较容易，山西平遥古城就是采取这种模式，延伸出山西大院文化。采取乡土文化博物馆模式的具体工作，就是把古城镇修整一番，展览一些古家具及老物件，再增加一些解说牌和导览图，形成单一主题、单一市场、单一门票、单一经营。显然，这种静态、呆板的模式，没有被活化，没有动态化，也没有模拟真人场景化，应当尝试创新。例如，可以开发深层次的文化体验产品，对传统资源进行现代解读，即利用传统资源开发现代产品，应对现代市场，古为今用，赢得中高端客户。具体工作包括：用现代语言解读古代的故事；懂行的专家解读老古董；用现代三维影像技术、卡通解读传统资源；用哲学思想解读旅游文化。我们要努力在实践中，以市场为导向探索最佳发展模式。据资料介绍，我国基本形成了比较完整的古城镇旅游运作机制，即政府主导、部门支持、市场主体、企业运作、社会参与，采用利益协调的机制，把古城镇旅游的投资、开发、建设、经营、管理等一系列工作统一起来。

5. 正确处理古城镇的原居民生活与旅游发展的关系

最好的效果是：不过多干扰原居民的生活方式，使其永久成为古城镇旅游的人文景观，更不能让原居民迁移出去。

古城镇周边的环境应得到保护，在古城镇周边新建的建筑物，要使得整体外观特色与古城镇风格协调，增加古城镇的审美价值。在古城镇周围应尽量减少建造公共设施如电线杆、旗杆和产生噪声的工厂等。避免因建设高塔，搭电线、电话线、电视天线，或放置大型广告牌而对古城镇外观造成损坏。对已经存在的这些公共设施，应适当予以拆除，管线应埋入地下。放置霓虹灯、大型广告牌、商业招牌等应精心规划并加以控制，使它们与古城镇外观整体协调。在修缮古城镇时，应避免摧毁原有建筑重建的情况发生。

古城镇要科学规划交通。在交通拥堵的地方应开辟步行街，禁止小汽车及机动车辆通行。科学规划布局停车场，避免车辆在街区乱停乱放。在可能的情况下，应避免干线公路穿行古城镇街区，缓解古城镇交通拥堵现象，同时不影响城市新的有机发展。积极鼓励原居民参与古城镇的保护工作，这是古城镇保护成功的关键。要从学龄儿童做起，加强对当地居民的古城镇保护教育。

（三）古城镇旅游发展的模式

古城镇旅游是乡村旅游的重要业态之一。尤其是在江苏、浙江、北京、天津、山西、福建、广东、陕西等地，几乎成为主要的旅游业态，打造了许多知名古城镇旅游景区。

对古城镇保护和利用，发展古城镇旅游，主要表现为分离式和融合式两种基本模式。

1. 分离式

分离式模式，是指让古城镇保持原貌，在古城镇外建设新城。前面我们提到过，这也是一种较好的保护古城镇的方式，古城镇的保护与新城镇的发展和谐共生。保护古镇原貌，使之成为对游客的旅游吸引物和凝聚点；另外建设新城，使之成为新的经济增长点。这样做到"新旧分开""新旧分明"。过去有一种说法"修旧如旧"，是指用传统的材料和传统的工艺技术，对古建筑进行修整，达到原有的效果。20世纪80年代以来，国际上流行"废墟文化"，提倡保护"废墟"，让其更有历史沧桑感。

2. 融合式

这种模式，是指新旧混合，在保持古城镇特色、延续古城镇传统风格的同时，允许现代生活的介入、现代城市元素的叠加和穿插。但在新旧之间要达到平衡,在实际操作上还是具有相当大的难度。前面我们提到过,尽管在古城镇周边有建筑限高等措施,但总体上看,效果多数并不理想。现在有些古城镇普遍存在的问题是不新不古、不伦不类。有的高层建筑对古城镇的视觉景观造成破坏,有的干脆使古城镇变成了新城紧紧包围下的低矮城区"盆景",甚至有的对古城镇大拆大建造成巨大破坏。

对比以上两种模式,我们可以看出,较好的模式是分离式,做到"新老分离""新老分明"。实在不能采取分离模式而只能采取融合模式的,也要在古城镇周边适当建设隔离带,以确保古城镇的环境和景观不被破坏。在建新城时,要禁止对古城镇大拆大建,应有更多对古城镇采取修复性保护的措施。中国的古城镇建筑多是土木结构,要不断维修,重要的是要住人,这样才能"活着"保存下来。如果完全变成了博物馆,只供展览和馆藏用,没有人居住,没有人打扫,没有人在那里生活,这样的古城镇是没有"生气"的、是"死的"。让古城镇"活下来",最重要的是增加人气和文化气氛。因此,古城镇旅游开发与发展,应在乡土文化博物馆模式基础上,探索休闲度假、培训、研学、论坛、文化交流等多种模式。

(四)古城镇旅游成功案例分享

1. 丽江古城

丽江位于云南省西北部,距离昆明市约500公里。丽江是一座民族文化古城,保存比较完整,其优势在于三个构成要素,即大研古城、玉龙雪山和东巴文化。丽江古城位于云南省丽江市,海拔2400米,是一座风景秀丽、历史悠久、文化灿烂的名城,已列入《世界遗产名录》。

丽江是中国历史文化名城中唯一没有城墙的古城。据说是因为丽江世袭统治者姓木,筑城墙如同"木"字外加一个框而成为"困"字。丽江古城始建于宋元时期,盛于明清时期。丽江古城曾是明朝丽江军民府和清朝丽江府的府衙署所在地,明朝称大研厢,清朝称大研里,中华民国以后改称大研镇。

丽江古城集中体现了纳西族文化精华,并完整地保留了元代以来的历史风貌。道路多为五花石铺成,常年人行马踏甚是光亮。古城各式各样的桥是一道道风景,多是用石头和木头建造而成的。丽江古城中有东大街、新义街和新华街这三条大街。东大街显得一般,新义街以餐饮为主,新华街古老陈旧,乡愁浓郁。丽江古城的民居多为明清所建,瓦屋楼房平面布局为"三房一照壁""四合五天井"及"走马转角楼",为土木结构。城内的名人院落木府,是古时候丽江当地行政长官木姓土司居住和办公的地方。古城里的用水风俗别具特色,有很多眼三眼开敞式井。井依水由高到低圈成三个围栏,第一栏井用于饮水,第二栏井用于洗菜,第三栏井用于洗衣服,约定俗成,居民共同遵守。古城的民居多改为客栈,房价高低不等。

2. 凤凰古城

湖南凤凰古城因其西南方有山如凤形而得名。自古这里就有土家族和苗族的先民繁衍生息,至今有3000多年历史。清康熙年间凤凰成为政治和军事的边疆重镇。凤凰古城又有"南长城"之誉,可以说是一座边城。古城的结构,基本上是一半新城一半古城,中间隔着沱江。1.8平方公里的核心区有人口2.5万,其中有2万多旅游从业人员,几乎家家户户都经营旅游。旅游产业还使凤凰古城的许多文化遗产,如有戏剧"活化石"之称的傩戏、流传数百年的苗族蜡染、织法独特的土家族织锦以及扎染艺术等"软文物"重放异彩。

凤凰古城旅游开发的成功经验有:成立古城保护委员会、古城保护整治领导小组和古城保护管理处,制定和完善有关保护规定,利用著名作家沈从文和著名画家黄永玉这两位名人宣传推广。2001年引进黄龙洞旅游股份有限公司以8.33亿元转让了凤凰古城8个主要景点50年的经营权,打造了"梦回故里,凤凰古城"的形象,引起很大反响。凤凰古城成名有两个基本因素,一个是名人、文人的因素,具影响力的有沈从文和黄永玉,其中沈从文写了《边城》一书,把凤凰古城介绍给了世界。另一个因素是得益于两部电视剧,即《乌龙山剿匪记》和《湘西剿匪记》,在人们心目中湘西蒙上了一层神秘的面纱。

3. 歙县古城

歙县位于杭州、千岛湖、黄山、九华山旅游线的中心点,距离黄山市27公里,值得游览的景点有徽园、渔梁坝、棠樾牌坊群、太平桥、太白楼、新安碑园、许国石坊陶行知博物馆、樵楼、斗山街等。

山环水绕的歙县，是一座历史悠久的古城，始建于秦，隋称歙州，北宋改称徽州，元、明、清沿用此名。隋以后1300多年，均为州郡府治。明清以后，徽商崛起，一度成为一个全国重要经济文化中心。歙县是一座徽文化古城，是独树一帜的徽文化发祥地，被誉为"东南邹鲁、文化之邦"。境内文化古迹众多，列为全省和全国文物保护单位的约占全省文化古迹的1/5，有"安徽文物之海"的美誉。

歙县保留了古建筑遗址，前几年再造了一个新的古城。歙县有"牌坊之乡"美称，全县570处地面文物，遍布全县城乡的古牌坊、古祠堂、古民居等"古建三绝"，以及古桥、古寺、古塔等文物灿烂，构成了古典建筑艺术博物馆。尤其是明清时期的古民居、石坊、祠堂等数量众多，构筑精巧，倍加珍贵。文房四宝中，徽墨和歙砚这"两宝"均出自歙县。

4. 阆中古城

阆中是一座历史文化名城，位于四川北部，嘉陵江中游。战国时为巴子国都，秦时置县，至今已有2300多年历史。我国古代神话传说中，阆中是人类始祖伏羲的故乡；三国蜀将张飞曾镇守阆中，后卒于且葬于此地；历代文人墨客如杜甫、司马光、苏轼父子、陆游，在阆中留下大量墨宝和诗篇。

阆中自古就有"阆苑仙境"之美誉，其中锦屏春晓、嘉陵秋水、云台仙风、玉台积翠、梁山戴雪等十大景观堪称鬼斧神工。阆中的名胜古迹有滕王阁、张宪祠、少陵祠、放翁祠、观星楼、万卷楼、汉桓侯祠、张飞庙、巴巴寺等。古城"三面江光抱城郭，四围山势锁烟霞"，确实很美。阆中的核心资源是古城。阆中华光楼被称为"阆苑第一楼"。登楼鸟瞰，只见古城四周青山如黛，三面碧水依依，一幅融山、水、城于一体的天然图画映入眼帘。由于地理环境的封闭性，阆中古城保存完好，古街巷命名渗透着浓浓的文化元素，常常引发人们思古之幽情。一些古院落保存得也不错，阆中还有一座保存完好的规模很大的贡院。阆中官宅、民居的共同特点是临街的小木屋都有外柱廊，出檐数尺，供行人遮阳、避雨，建筑布局大部分为四合院。窄窄的的古街道纵横交错，古城区古色古香。

5. 平遥古城

山西平遥距离太原市 90 公里，是一座在西周宣王时期驻军筑城抵御外敌基础上逐步发展起来的县城，至今已有 2700 多年历史。县城内有火车站和汽车站，交通便利。公元前 221 年中国实行郡县制以来，平遥一直作为县治所在地，沿用至今。平遥是国内保存最为完整的一座明清建筑风格县城，是当时中国汉民族地区县城建筑体系的典型代表，城墙、街巷、店铺、庙宇、民居保存得相当完整。

16 世纪以来平遥一直是中国北方商业重镇，19 世纪中期达到极盛，一度成为中国近代金融业的控制中心。平遥县衙是国内存量极少的几处完整的古县衙之一。平遥民居是古城特色之一，其平面布局均为四合院式。平遥清代商人、文人等名人故居很多。

山西平遥古城有三个非常突出的优势，一是有区位优势，晋中地区距离北京很近，拥有特大型市场；二是有保存完整的优势，城门、城楼、城墙及古城内的古建筑保存很完整；三是古城与新城分离，在古城 5 公里之外规划建设了一个新城，处处分离，保护得好。市场形成了，产业体系便形成了。

6. 兴城古城

辽宁兴城是一座军事古城，历史上曾经是非常有名的军事要塞。兴城之名源于辽代圣宗统和八年（990 年），置严州设兴城县。明代设宁远卫城，清代设宁远州，1914 年复用兴城之名至今。明末，宁远城是明政府在辽东的军事指挥中心，是遏制清军入关的重要屏障。明代政治家、军事家袁崇焕驻守此城，重创清军，取得了"宁远大捷"和"宁锦大捷"，拖延了明朝灭亡的时间。清太祖努尔哈赤在此地受创，悒悒成病逝去，清太宗皇太极为报父仇也在此城惨败避走。兴城古城的明清史迹彰显其历史地位和作用，历史文化遗产是兴城旅游发展的重要基础和资源。

兴城也是辽宁省历史文化名城，兴城古城是这座历史文化名城的核心部分，是我国仅存的有完整城墙的四座古城之一。兴城城墙是全国重点文物保护单位。现存的兴城古城为明清时期的宁远古城。古城面积约 2 平方公里，老城拆光了，现在老城是按照古代建筑风格重新修建的。整座古城呈正方形，城内有四条街、八条胡同、五十二条巷道，是我国保存完整的明代古城之一。城墙周长3274米，底宽6.5米，顶宽5米，高10米。城的四面有四座城门，城门之上皆设城楼，四角都有角台。城内东西南北街十字相交，中心耸立着气势宏伟的鼓楼，登楼四望，古城风光尽收眼底。

兴城的旅游资源十分丰富，以境内的奇特自然风光及独特的人文景观著称于世，古城、温泉、首山、海滨和菊花岛五大景区融为一体，构成兴城海滨风景名胜区，1988年被国务院公布为全国重点风景名胜区，首山景区为国家级森林公园。兴城文物古迹繁多，全市有市级以上重点文物保护单位50多处，其中兴城城墙祖氏石坊、鼓楼为国家级重点文物保护单位。玩过兴城的城、泉、山、海、岛，还可以租车去笔架山、青岩寺、葫芦岛、龙回头等附近景点游玩。

7. 江南"六大古镇"

六座江南水乡古镇，共同特点是水乡风情、文化深厚，在此基础上各有特色。六座古镇的保护机制是"官、产、学、群"四位一体。

（1）周庄古镇。周庄集聚了中国水乡之美，号称"江南第一水乡"。春秋战国时期叫摇城，后又称贞丰里，北宋改名为周庄。周庄四面环水，犹如水面上的一朵睡莲，北有宽阔的急水港、白蚬湖，南有南湖与淀山湖相连。南北市河、后巷河、东漾河、中市河，形成"井"字，沿河两侧顺延8条长街，粉墙黛瓦、花窗排门的房屋傍水而筑。有河有街必有桥，河是水路，桥是路的延伸，小桥、流水、人家。以河成街，桥街相连，依河筑屋，水镇一体，古色古香。全镇一半以上建筑是江南特色的明清式民居，0.4平方公里的区域里就有近百座古典宅院和60座瓦砖门头，其中知名度最高的是双桥。画家陈逸飞的油画《双桥》经美国"石油大王"阿曼德·哈默转送给中国领导人邓小平，一举使周庄名扬海内外。元末明初巨贾沈万三后裔沈本仁所建沈厅，明初中山王徐达后裔所建的张厅，都是明清住宅的典范。周庄是全国开发利用最早的一座古镇，前期整体统筹不够，商业气息相对较重，生活化的气息不够足。

（2）甪直古镇。甪直位于江苏省苏州市内，古镇占地1平方公里，保护区面积4平方公里。北靠吴淞江，南临澄湖，东临昆山，与上海市相距50公里。原名甫里,后因镇东有直港通向六处,水流形如"甪"字,故改名为甪直。甪直素有"五湖之厅""六泽之冲"之称。"五湖之厅"是指它南临澄湖、万千湖,西靠独墅湖、金鸡湖,北望阳澄湖;"六泽之冲"是说它有吴淞江、清小港、界浦、张陵港、东塘和大直港六条流道。除了水多,甪直另一个特点是桥多,有些桥建于宋代、明代,被冠为"桥都",也被称为"桥梁博物馆"。这里河网交错,碧水环绕,桥桥相望,景色优美。著名教育家、文学家叶圣陶先生的名作《多收了三五斗》让甪直名扬海内外。

(3) 同里古镇。同里位于江苏吴江东北,旧称富土,唐初改称铜里,宋代改名为同里。同里古镇风景优美,镇外四面环水,古镇镶嵌于同里、庞山、叶泽、南星、九里这五湖之中,被"川"字形的15条小河分隔为7个小岛,而49座古桥又将小岛串为整体。同里水乡风貌独特,古镇上的宅院住户大都傍水而居,以河为骨架,依水成街。河内通舟,河沿走人,小桥流水,沿河垂柳,绿枝拂水,白墙花窗,屋瓦连绵,巷内深邃,幽静宜人,素有"东方小威尼斯"之誉。同里清代所建宅园、寺观祠宇、士绅府第众多,又被称为"清代建筑博物馆"。给人印象最深、最有分量的景观,是清代安徽岳备道任兰生退职还乡后所建的私家花园"退思园"。

(4) 乌镇。隶属浙江省嘉兴市桐乡,地处江浙沪"金三角"之地,是我国现代作家茅盾的故里,有小桥流水人家的场景,风格古朴的明清街。乌镇的旅游开发汲取了江苏古城镇的经验和教训。乌镇一期工程组建了一个旅游开发总公司,进行统一连片、全面开发,而不是让当地老百姓自己做。采取这种商业模式投资,将古村资源转化为旅游产品,产品转化为商品,商品转化为资金,资金再转化为资本,最后形成乌镇旅游品牌。这样,商业气氛保住了,又避免了过度商业化,留给人的印象是"乌镇是精品"。乌镇二期工程,采取现代开发模式,给后人留下未来的文化遗产。

乌镇模式的经验主要有四条:一是整体规划,整体开发,而不是零打碎敲、分散开发;二是综合利用,建筑、文化、历史、商业等特色文化发挥作用;三是经营模式,以大众观光的门票经济为主体收入辅助商业性开发;四是挖掘文化特色,探索可持续发展的多种途径。

(5)西塘古镇。西塘位于浙江省嘉善县境内，距离嘉善县城10公里，距离上海市80公里，距离杭州110公里。早在春秋战国时期，这里就是吴越相争必夺之地，有"吴根越角"之称。相传春秋时期，伍子胥曾在此出兵，开凿河塘兴修水利，故称伍子塘，也称胥塘，"胥"与"西"读音相近，后遂称西塘。元代这里水系四通八达，成为集市，明清时期更显兴盛。

西塘地势平坦，河流纵横，自然环境幽静。古镇内有保存完整的明清古村落，最亮丽的风景线是造型古朴的店铺廊棚，廊棚和古弄堪称"双绝"，别有一番风韵。西塘以桥多、弄（小巷）多、廊棚多而闻名于世，到处碧波荡漾，各家临水入影。原汁原味的明清古民居，瓦当造型丰富，古镇古风犹存。

(6)南浔古镇。南浔地处太湖之南，归属浙江湖州，与苏州紧邻，东距上海123公里，西离湖州33公里，北到苏州51公里，南达杭州125公里。南浔建镇有700多年历史，南宋时曾名为南林、浔溪，后取两个名字的首字，合成南浔。明朝万历年间和清代中叶为南浔古镇昌盛时期。近代，南浔是一个罕见的巨富之镇，当时有"耕桑之富，甲于浙右"的说法。镇上百余家丝商巨富被称为"四象八牛七十条金黄狗"。如今南浔的古民居和小莲庄很有特色，古风俨然，水乡特色浓郁，景点主要是明清时期的富商留下的豪宅、私家花园、私家藏书楼等，最著名的藏书楼是嘉业堂。

（五）古城镇旅游的三种业态

1. 文化观光型古城镇旅游

文化观光型古城镇旅游，一般是第一代古城镇旅游产品。这种产品，游客来古城镇进行文化观光，同时起到供传播古城镇传统文化的重要作用，且这种作用随着古城镇保护将会长期存在下去。文化观光型古城镇旅游，以中国最早开发旅游的"江南六大古镇"，以及安徽西递、宏村，贵州朗德上寨等为代表。

随着人们对文化观光旅游需求的不断提高，古城镇文化观光旅游也表现出了"四个矛盾"：

一是文化观赏价值高与文化可消费性不足的矛盾。即过度强调文化本身的观赏价值，但文化可消费性不足，具体表现为观光景点单一，商品展销及餐饮简单。

二是静态文化元素多与动态展现少的矛盾。将古城镇旅游发展定位为地方民俗文化大观园，只是展现古城镇环境的"壳"，以古城镇的原始建筑景观和人文风貌为核心吸引物，通过建筑景观、博物馆、名人故居及遗址组成主要产品，使得古城镇文化元素呈静态，显呆板，一般仅能满足游客最基础的观光需求，而场景再现式动态展现活动明显不多。

三是景点封闭式门票经济与全域旅游的开放经济发展的矛盾。古城镇多以景区形式出现，"门票经济"突出，收入模式单一。门票经济已经越来越难适应休闲旅游经济的发展，在一定程度上影响了全域旅游整体经济的全面发展。例如凤凰古城的"门票风波"就属于这种矛盾的突出表现。

四是"一日游"与"多日游"的矛盾。游客的旅游消费单一，停留时间短，基本不过夜，处于"一日游"观光旅游状态。对此，当地人深感遗憾，常常感叹"旺丁不旺财"，期望把游客留住，增加消费拉动，把"一日游"变为"多日游"。例如乌镇东栅，是第一代旅游发展模式的典型代表。乌镇东栅依托江南地方民俗文化和江南水乡古镇风貌，以茅盾故居、民俗风情博物馆等构成景区核心产品，是一个典型的文化观光型古镇旅游景区。至2006年，乌镇东栅景区游客年接待量超过200万人次，但游客消费以门票为主，过夜游客比例微乎其微。

2. 休闲度假型古城镇旅游

休闲度假型古城镇旅游，以2000年后异军突起的乌镇西栅、丽江大研古镇、四川洛带古镇、黄龙溪古镇、贵州西江千户苗寨、厦门山重村等为代表。这一代古城镇旅游将文化与商业主动结合，引入休闲商业属性的餐饮、住宿、娱乐等业态，结合古城镇环境的"壳"，营造独特的文化休闲消费氛围，既满足游客对现代物质消费的需求，又兼顾对环境氛围的精神消费需求。

休闲度假型古城镇旅游受到当前游客的欢迎和追捧，采取休闲度假旅游的古城镇成为重要的休闲度假目的地。但是，商业的注入虽然为古城镇输入新活力，也带来两个明显的问题：第一，国内文化商业创意滞后，业态类似，缺乏个性，导致古城镇同质化问题突出；第二，古城镇高度商业化使得大量异地商品、文化、趋利生意人侵略式进入，驱逐当地原住民搬离，造成当地文化空心化和虚假化，古城镇原真文化的魅力逐渐消失，进而影响古城镇的可持续化发展。丽江大研古镇是典型例子。丽江大研古镇每年接待来自全国各地的上千万名游客，游客单次停留时间3～7天，是休闲度假型古城镇旅游发展模式的典范。但是，由于近些年过度商业化开发，本地居民逐步搬离古镇，附近居民也不愿意进入古镇，大研古镇正在失去原真的文化魅力。据调查，大研古镇存在大量同质化业态和大路货商品，高转让率、转手价格虚高等现象突出，2/3 的商铺经营不善，导致越来越多游客放弃来此地旅游。

3. 生活体验型古城镇旅游

生活体验型古城镇旅游，全球范围内以匈牙利霍洛克民俗村、奥地利哈尔斯塔特小镇、日本越后妻有、印尼巴厘岛乌布等为代表。这一代古城镇旅游关注文化与旅游的有机融合、协调发展，既重视文化旅游的发展，以此作为古城镇可持续发展的重要产业载体，同时对引入古城镇的新业态、新要素、新产品和新人口进行筛选，控制在古城镇的空间承载力和精神承受力范围之内，同时促进当地文化传承与发展。

生活体验型古城镇旅游的特点主要有以下三点：

第一，重视当地传统文化的传承，同时有选择性地引入外来文化、创意或艺术，增加文化传承发展的生命力；

第二，现代生活要素和时尚旅游元素低调注入，既满足现代人的物质和精神消费需求，同时不破坏当地的人文脉络和生活习惯；

第三，强调人与自然的和谐共生，保留传统生活方式和自然居住形态。古城镇旅游的开发和发展，不能为迎合外来游客而改变自身气质，而是要凭借和发挥自身独特的气质，保留传统生活方式，吸引文化型企业、文艺工作者进驻和参与，吸引文化游客和文艺爱好者到访甚至长期居住，共同参与古城镇的保护与发展。

印尼巴厘岛乌布，是巴厘岛著名的旅游胜地，也是蜚声世界的艺术村落。

乌布随处可见的工艺作坊、博物馆以及过半数原住民艺术工作者，见证着传统文化的传承发展，乌布还成为数十年来西方艺术家的艺术灵感摇篮。本地人传承发展传统文化艺术，"新乌布人"带来现代创意，引入了人与自然精神互动的禅修产品，开发了人与自然和谐共生的稻田度假村，在保存乌布古朴风貌的同时，低调融入时尚度假元素，为乌布注入时代活力，同时延续了文化及艺术的持续生命力。

（六）古城镇旅游开发存在的问题

古城镇独特的景观价值、文化价值及其环境布局理念，注定了它"是金子总会发光的"。随着社会经济的发展，人民生活水平的提高，古城镇旅游这项新兴的怀旧产业得到迅速发展，古城镇旅游成为现代都市人青睐的旅游方式之一，一时间各地争相开发利用各类古城镇旅游资源。仅在我国南方各省相继开发或正在开发的古城镇就不胜枚举，但是，在热热闹闹的古城镇旅游发展过程中也存在着不少问题。

总的来说，近年来，古城镇旅游产品存在的问题主要体现在三个方面：

一是产品同质化。基本上以古建筑为主体，以仿古生活为形式，以商品销售为兴奋点，文化观光旅游成为全国古城镇旅游开发的基本模式。

二是经营单一化。单一主题、单一观光、单一门票商业模式。

三是文化低俗化。表演依据少、展览模仿多、个别恶俗化。

随着城市化进程的加快，古城镇的数量越来越少，资源的稀缺性日益突显，如果这些问题不解决，将对古城镇造成各种不可逆转的破坏，古城镇旅游最终将涸泽而渔，尤其是下面几种破坏令人忧虑。

自然性破坏。主要指风雨侵蚀和洪水、泥石流、地震、台风等自然力的破坏。古城镇建筑多为土木结构，抗风雨侵袭及抗灾能力差，众多已无人居住的名宅、祠堂面临着倒塌的威胁；原有的里巷、民宅、地貌、水系、植被缺乏必要的保护，其历史特征和传统文化风貌将很快消失殆尽。

开发性破坏。古城镇的孑遗性和不可再生性既是极富吸引力的一面，也是脆弱的一面。古城镇经历了几百年乃至上千年的风风雨雨，许多建筑已十分陈旧、残破，而游客的大量涌入也加速其损耗以至破坏。个别古城镇为了追求短期经济回报，用"经济"的眼光指挥一切。为了接纳更多的游客，迎合一部分人的低级趣味，把古村落变成度假村，不适宜地在古村落内外修建宽阔的柏油马路乃至水泥路、宏大的停车场、富丽堂皇的宾馆饭店及现代化娱乐设施，昔日宁静美丽古朴的城镇如今变成了喧闹而杂乱的建筑工地。有的古建筑修复或仿制得极为粗糙，形似神不似，甚至不伦不类，与原有建筑风格极不协调，破坏了原有古城镇的意境和纯朴。

生活性破坏。由于社会的进步，居民的生活观念与生活方式发生改变，原有的基础设施、居室格局与居住环境已不能满足日益增长的现代生活需要，也不适应现代产业经济发展的需要。古城镇里的居民，尤其是年轻的一代，他们向往现代化的城市生活方式，有了点积蓄之后便买车盖房。殊不知现代交通工具的使用给古城镇原生道路和桥梁带来了极大的压力，而古城镇居民自发建筑整修所使用的新建筑材料也割断了传统风貌的延续。随着旅游产业的发展、游客的涌入，以及异质文化、思想、生活习俗的引入，古城镇传统的民族文化、风情民俗逐渐被同化、冲淡或消失。

（七）古城镇旅游可持续发展的模式

目前，我国古城镇旅游发展方兴未艾，实践远远走在了理论的前面。想要实现古城镇旅游可持续发展，就要处理好发展和保护两者之间的关系。如何在进行旅游开发的同时保护古城镇这一日益重要的旅游资源，使之能够可持续地被开发利用，是摆在人们面前的一个重要课题。具体办法有以下几点。

1. 政府主导，规划先行，避免盲目化

古城镇旅游起步晚，各地发展不平衡，因此各级政府要坚持"多予少取放活"的方针，加大政府导向性投入。古城镇旅游是一个系统工程，规划必须先行。为避免陷入新一轮"保护性破坏"的旋涡中，政府必须发挥其主导作用，组织专家为古城镇旅游把脉，对古城镇旅游景点实行区域化布局和差异化规划设计。同时，任何一种资源的开发都会对原先的状态造成变化或破坏。

变是绝对的，不变是相对的，关键是在发展中保护当地独特的自然环境与文化遗产，这是古城镇旅游可持续发展的核心问题。在规划中，必须遵循整体保护原则，坚持有机更新，保持古城镇的历史可读性。如果没有科学的规划和管理，只是盲目地开发，就会加速古城镇生命力的消亡。

2. 突出特色，保护原真，避免城镇化

如今消费者对旅游的需求趋于个性化和多样化。发展古城镇旅游就是要保留本地特色，保护古城镇历史文化的原真性，不能盲目跟风。要拆除一些不协调的新建筑，恢复古城镇的原生环境，保持历史可读性以及"原汁原味"的历史沧桑感，保留古城镇的原始风貌以及当地居民的传统社会风尚、淳朴厚道的自然秉性，真正体现"人住农家院，享受田园乐"，这才是成功的古城镇旅游。

3. 规范管理，塑造品牌，避免程式化

以古城镇为资源凭借开发的旅游产品如今存在着一个共同的问题，即娱乐性不足、参与性不强。为了弥补这方面的缺陷，各地纷纷开发了"农家乐"旅游项目，虽说该项目对游客有些吸引力，但毕竟是"小儿科"的东西，且产品的专营性不强，各地竞相效仿，产品泛滥，失去了吸引力。如何进行产品创新，走内涵式可持续发展道路，是古城镇旅游开发面临的一个重要问题。在开发策略上，各地应根据所处的地理区位，依托各自的资源优势，确立不同的开发思路，通过采取切实有效的举措来规范管理、打造精品、塑造品牌，走可持续发展的道路，古城镇旅游才不会昙花一现。

4. 注重和谐、传承文化，避免过度现代化

古城镇旅游开发应遵循景观美学原则，注重人文与自然和谐融合，传承传统民族民俗文化，严格控制开发建设。为了保持古城镇的景观价值和文化价值，在古城镇内不应建设新的旅游设施，哪怕是完全与原有建筑保持一致，也应当尽量避免。这是因为古城镇属于历史文化遗产，失去了原汁原味，就大大损毁了它的特色和文化价值。古城镇周边影响景观和谐的服务设施也越少越好，对游览道路系统和少量必不可少的服务设施要做好规划。

5. 协调冲突，加大参与，提高古城镇居民的生活质量

现在许多古城镇的旅游开发往往把居住在古城镇内的居民看作是过去时代的图画，一种纯洁、原始、静止不变的文化，认为"过去"就意味着传统、真实，于是与古城镇居民要求提高生活质量的要求发生冲突，大批原居民搬离古城镇。其实，居民是当地文化的传承者。离开了古城镇中居民的活动，古城镇的特色和生命力也就无所依附了，古城镇里没有了人与人、人与景的融会贯通，古城镇的"古意"也荡然无存。所以，对古城镇进行旅游开发，要把改善古城镇居民的生活条件、提高古城镇居民的社会经济效益放在第一位。尊重当地居民的意愿，保护他们的利益，调动村民、居民参与保护性开发的积极性，修复古城镇建筑。总之，可持续发展很大程度上是由各个利益主体的意愿决定的，只有在各个利益主体紧密合作的条件下才能实现目标。

6. 保持传统氛围，控制游客密度，平衡古城镇环境承载力

环境承载力或称环境容量、环境忍耐力，本是一个生态学概念，引用到旅游管理中，是指一个旅游景区的环境在一定时间内维持一定水准给游客使用，而不会破坏环境或影响游客游憩体验的能力。古城镇人文旅游资源丰富，当其成为著名景点时，对游客数量进行控制显得尤为重要。很明显，若古城镇的小巷里挤满了游客，小巷的幽静就荡然无存了，而且，游客太多对文物的破坏也很明显，因而应适当控制游客数量，降低游客密度，否则古城镇的旅游潜力将受到极大破坏，那时再谈保护就比较困难了，对游客的吸引力也大为减弱，古城镇的可持续开发利用也就失去了根基。古城镇环境容量的特殊性还在于，对一般风景区而言，可以通过增加投资多建一些宾馆饭店容纳更多的游客，也可以通过多开辟登山道或扩大空间利用率来提高环境容量，一般不会影响游客的体验，但古城镇大大不同，即使建一些与原有建筑风格协调的新建筑也会破坏其古意。

总之，对古城镇进行旅游开发，在挖掘古城镇景观价值和文化价值的同时保持可持续发展，任重道远，机遇与挑战并存，危机和生机同在，需要多方面的合作。这不仅是古城镇旅游开发负责人应关心的事，更需要全社会的共同努力。作为一种新的旅游方式，古城镇旅游在中国得到了迅速发展，虽然也曾出

现这样那样的问题，但是笔者坚信，古城镇旅游在未来有更加广阔的发展空间。

二、古村落旅游

从旅游开发的角度来看，古村落无疑是一种不可多得的、内涵丰富的、能较好满足都市人景观需求的人文旅游资源。发展古村落旅游，对于发展现代乡村旅游有着重要的意义。

挖掘和利用古村落的价值，发展古村落旅游，这是一件大事，是值得旅游界认真研究的重大课题。笔者认为，首先要充分认识古村落的旅游价值；其次要研究对古村落旅游价值的科学利用；再次要把古村落做成景点或景区；最后由古村落延伸到区域旅游化、产业化，在保护古村落的同时给当地百姓带来更多的福利。我国旅游开发得较好的古村落有"桃源洞里的"西递村和被称为"中国画里的乡村"宏村——两者已经列入《世界文化遗产名录》。

（一）古村落的旅游开发价值

1. 选址布局上的地理价值

传统农业社会，一个地方落户立村，特别讲究选址布局。深入认识古村的旅游价值，首先要搞清楚古村落的选址布局文化遗存，这是重要的古村旅游吸引物、宝贵的资源。

现实中许多古村落以乡土文化博物馆模式展现、复原当年场景，发展观光旅游，无论是在旅游团对古村落景点解说时间的安排上，还是在线路编排上，都使游客对古村的感知非常有限，可以说是"走马观花"或者"水过地皮湿"，只给游客留下表层印象，旅游的效果往往不是很理想。古村落仅发展观光旅游是不够的，可以深挖古村落的历史文化价值如选址布局文化价值，开发古村的深度旅游、体验旅游、度假旅游等产品。我国布局较出名的古村落有："牛形"布局的宏村，山水环抱的西递村和瞻淇村，形局理想的新叶村，"文房四宝"布局的苍坡村，"井"字布局的城村，"巨龙戏珠"的张谷英村，"七星八斗"布局的芙蓉村，八卦阵图布局的诸葛村，太极星象布局的俞源村，"宰相摇篮"裴柏村，耕读之风遗存的留坑村，小有名气的咸阳市袁家村，等等。

安徽省黄山市黟县宏村，位于黄山西南麓，是古黟县人赴京通商的必经之地。始建于南宋绍兴年间，距今已有800年历史。宏村以汪氏家族聚居为主，建村时，汪氏先祖根据祖辈遗训，结合中国古代选址文化理论指导宏村整体布局。经过数百年规划建设，"引滩溪以凿圳绕村屋，引水至天然窟处建池塘"，形成了"山为牛头树为角，屋为牛身桥为脚"的"牛形"布局村落，故又被称为"牛村"。全村以高昂挺拔的雷岗山为"牛头"，满山青翠苍郁的古树为"头角"，村内鳞次栉比的建筑群为"牛身"，碧波荡漾的半月形塘湖为"牛胃"和"牛肚"，穿堂绕屋、九曲十八弯的人工水圳是"牛肠"，村边的四座木桥是"牛腿"。从高处鸟瞰，宏村就像一头大青牛悠然斜卧在青山环绕、稻田连绵、山前溪边之中。

安徽省黄山市黟县西递村，开村选址时也非常重视山、水和方位，强调"山环水抱，负阴抱阳，背山面水"的理想选址模式。西递村以阳尖山为背依之山，罗峰为朝拱之山，北面石狮山盘绕，南面天马山横亘，三条大小不等的溪水缓缓穿行其中，村西两山夹峙处是锁关的水口，村落就建在中间宽阔之处，是一处山环水抱之福地。

浙江省兰溪市诸葛村，自然环境好，村后高山，村前平原，可耕可樵，可渔可猎。故人传说，诸葛村的地形如同葡萄状，后世子孙繁衍如同葡萄，硕果累累，多子多孙。也有传说把该村比作"美女献花"，村落形状如同伸展仰卧的女子，非常有利于子孙繁衍生息。更有意思的是，本村的诸葛氏奉诸葛亮的父亲诸葛圭为始祖，以"九宫八卦图"为指导思想，用"八卦阵图"为村落规划布局。诸葛村位于8座小山的怀抱之中，小山似连非连，形成八卦方位的"外八卦"；以村里的钟池为中心，房屋呈放射状分布，向外延伸的8条弄堂，将全村分为8块，从而形成了"内八卦"，村内弄堂似通非通，曲折玄妙。村内的钟池呈八卦式布局，一半干地一半水，似太极阴阳图，池水给诸葛村增添了神秘的色彩和活泼的灵气。诸葛村的明清古建筑被誉为中华文化史上的奇观，被列为国家重点文物保护单位。

浙江省温州市永嘉县苍坡村，以笔、墨、纸、砚——"文房四宝"规划布局，充分彰显"读可荣身，耕以致富"的中国古代耕读思想。湖南省岳阳县张谷英镇张谷英村，以明洪武年间居于此的张氏始祖张谷英的名字命名，以"巨龙戏珠"规划布局，至今仍兴盛。浙江省楠溪江畔的芙蓉村，以"七星八斗"规划布局，借天上星斗，营造人才辈出的"才高八斗"氛围。

2. 建筑风格上的文化价值

古村落大部分是明清建筑，要开发利用古村落的建筑文化价值，吸引游客欣赏古建筑风格、品味古建筑艺术、体悟古建筑文化内涵。

（1）"小桥、流水、人家"的特色构图。中国古代山水画大多以此彰显至真至美的生活境界，以江南水乡的古建筑最为突出。

徽州古村落建筑，寄命于商的徽州人尤其重视进村口"锁财"，利用山溪、湖坡与山林，因地制宜，广植高大乔木与花草，点缀凉亭水榭，将自然山水、田园、村舍融为一体，形成了独具特色的徽州村落水口园林景观。这儿既是村民游憩休闲的理想之处，又是村民送往迎来的标志性处所，勾起人们多少年来一幕幕"乡愁情思"。

（2）独特的建筑结构和外观特征。代表性的有徽派古建筑的"粉墙黛瓦"和"马头墙"。

江西婺源，在油菜花盛开的季节，雨雾缭绕中，远远望去，整整齐齐的徽派古村落建筑群就像一幅幅水墨山水画，江西婺源因此被誉为"中国最美的乡村"。而宏村的山水媚秀、云蒸霞蔚，古村落建筑点缀其间，如巨画长廊，融自然与人文景观为一体，被艺术家称为"中国画里的乡村"。广东古村落的镬耳墙，有别于"马头墙"，独具特色。此外，西藏的碉房、"侨乡"广东开平中西合璧的碉楼、云南西双版纳的傣族竹楼、黄土高坡上的窑洞、北京四合院、江南"四水归堂"、福建永定的土楼、岭南民居的客家围龙屋、广东的骑楼等，都很值得欣赏。

（3）精美的建筑装饰装修。古村落建筑中最使人叫绝的是"三雕"艺术，指的是木雕、砖雕、石雕，雕刻刀法如同北方剪纸一样，在大与小、疏与密、粗与细的处理上精细、流畅，独具匠心。例如宏村古村落建筑是徽州传统地域文化、建筑艺术、景观设计的杰出代表，具有极高的历史、艺术、科学价值。水、建筑、环境是构成宏村明清古村落建筑群的三大要素。

3. 耕读人家的家风价值

中国自古以来就是一个"以农为本"的农业社会，在众多的古村落文化元素上无不体现出"耕田不忘圣贤书"的传统思想，也体现了中华民族生生不息、奋勇向上的良好家风。耕读生活在早期结合得较好的是士人和隐士。古代科举制度使普通百姓特别是农家子弟通过勤奋耕读，有望科举入仕、光耀门第。在传统古村落，牛角挂书、柳枝为笔、沙地练字、田头秀才成为世代美谈。

安徽黟县关麓村汪氏后代的八家古建筑，以清代著名书画家汪曙故居"武厅山居"领首，其中有六处的宅名与读书有关，如安雅书屋、临溪书屋、问渠书屋、双桂书屋、学堂厅、小书斋。浙江永嘉岩头村是位于楠溪江流域，山水俊秀的世外桃源，它孕育了中国历史上第一位山水诗人谢灵运。楠溪江畔久负盛名的乡村园林，就是一些善诗词歌赋的乡村学人着力创造的便于"耕读"的理想环境。边耕边读的耕读文化，在浙江永嘉"文房四宝"布局的苍坡村，世世代代激励着村人发奋读书、天天向上。江西乐安县流坑村是一个典型的耕读乡村。据村宗谱记载，从北宋真宗到明宪宗这400多年间，全村涌现32名进士，其中包括"一门五进士""六子联科""七子联科"等盛况，还有2名状元。在广东古村落建筑的门楼上，经常可以看到写着"耕读人家"的石牌匾，可见古代社会耕读风气之盛行。

4. 中国传统"家"的氛围

村落的本义是指人类集中居住和落脚的场所。人类聚居地的早期形态是村落，村落的早期形态是以氏族为单位的部落。《史记·五帝本纪》中说"一年而所居形成聚"，即不同的氏族聚居地形成一个又一个的"聚"。

马莹主编的《旅游美学》分析了山西灵石县王家大院，指出其建筑理念充分展示了民族传统的继承性和封建等级的规范性，高家崖、红门堡两大建筑群足以证明这一点。总体看来，王家大院的建筑格局依山就势，随形生变，层楼叠院，错落有致，大气磅礴地雄踞在黄土高坡上。实际上，仔细品味后我们可以看出，它充分展现了封建社会一个"大家族"聚落而居的浓厚氛围。其布局严格遵从明清以来盛行的宗法礼制秩序，讲究尊祖敬宗、长幼有序、男女有别、尊卑有等、内外有异，就连长辈、子女、管家、仆人、家丁、客人都各行其道，不可逾越。走进院内，令人感到，一种循规蹈矩的封建文化理念深深藏匿其中。品味古村落建筑，仿佛在翻读一部沉重的封建宗法礼制秩序的百科全书。

（二）古村落保护与旅游开发

1. "活化"利用古村落

古村落不仅可以用来旅游观光，我们从古村落中汲取先人的智慧，还可以举办古建筑文化培训班、古建筑技艺培训实践班、绘画影视基地；举办耕读文化讲堂、儒家文化及国学讲堂、科普论坛等培训实践活动；举办旨在恢复和再现当年场景的小品、歌舞、戏曲演出活动，例如恢复社戏、庙会等丰富多彩的民俗活动；以体验形式再现古城、古镇、古村、古院落昌盛时期的场景；开发丰富多彩的旅游商品，丰富旅游购物市场；配套旅游服务设施，开发景区景点，发展古村旅游产业，带动农业及相关产业增值；经过研究和试点，在古村落开设精品酒店、乡村客栈、大院民宿，等等。采取多种形式利用古村落，丰富旅游文化和文化旅游活动，造福百姓，带动村民致富。

2. 传承古村落建筑风格，改造新建筑

在许多古村落，古老的乡村建筑很有品位，很吸引眼球，但一些新的建筑与古建筑风格很不协调，虽然较实用，但建筑外观与古建筑风格不统一，大煞风景，有的甚至被称为"建筑垃圾"。这与发展乡村旅游的总体要求相违背，应当统一规划，为其"穿衣戴帽""涂脂抹粉"，逐步将其改造成融入"中国画里的乡村"。

怎样统一规划古村落建筑，建设成"可观看、可欣赏、可品味、可拍摄"的，能吸引游客眼球的靓丽风景，转化为可持续发展的生产力，这是县镇（乡）各级领导以及广大村民应当重视并认真解决的问题。发展古村落旅游，古村落中的古建筑对游客有吸引力，这件事很重要。要达到让游客远远望见古村落建筑群就兴奋，进门更兴奋，进到院里无比兴奋，进到屋里兴奋极了的效果。想要达到这样的效果，需要做的一项重要工作就是发动群众，把给外观难看的新建筑"穿衣戴帽""涂脂抹粉""化妆打扮"这个道理对大家讲清楚。通过政府主导，统一组织，把当地的特色文化元素符号点缀上去，将屋顶、门窗、墙体改一改，目的只有一个，就是要打动游客，让游客心动，给予视觉美的享受。古村落建筑好看了，游客喜欢了，游客爱来了，村民自豪了，生意也旺了，这是一件提升古村落旅游效益的事情。

通过分析古村落的建筑文化、民俗文化、历史文化等，我们会发现，拿乡村里的近现代建筑与先辈们创造的古建筑群、古院落相比，我们感到很惭愧，近现代建筑实用性强，但文化内涵不够、视觉美不足，特别是布局缺乏传统思想指导、配套设施单一、建筑品位低、园林建筑小品欠缺、"小桥、流水、人家"的意境融合不够等。发展乡村旅游，在土地规划、乡村管理、"乡贤"政策制度上，都应当从古村落汲取智慧。

3. 修复、"活化"古村落街区

可以通过招商引资、修缮、合理布局古村落街区，使其恢复原貌，恢复旧日的繁荣景象。有些历史沉淀厚重的古村落街区得到了很好的修复，成功开发为旅游产品，例如台湾新北市的九份老街，增城派潭的民国老街等。实践证明，发展古村落旅游市场大，前景好，大有可为。

成都春熙路就是在武侯祠旁边打造的"锦里"一条街，全部采用明清四川古建筑风格，青瓦错落有致，宅邸、民居、客栈、商铺、酒肆、戏台、过街楼、牌坊等坐落其中，店铺名字也很讲究，打造了三国时期蜀地浓郁的民俗文化氛围。咸阳的袁家村农家一条街，也古色古香。在一些特色街区中，特色店铺也值得挖掘、保护和利用。这些特色店铺，往往是历史悠久、招牌显赫、名扬天下的老字号，或是特色突出、具有销售优势的店铺。

三、古民居旅游

古民居旅游，在现代乡村旅游中占有重要位置。古民居是中国传统建筑中的一件瑰宝，分布在全国各地，由于各民族的历史传统、生活习俗、审美爱好以及各地自然条件、地理环境的不同，使得各地古民居的平面布局、结构方式、造型装饰等各不相同，展现出淳朴自然且浓郁的特色，极具旅游价值。中国古民居应当在重点保护的同时，科学地发挥其旅游价值。

综合分析有关资料，中国传统民居大致分为六种：北方院落式民居、南方院落式民居、南方天井式民居、岭南客家集团式民居、西北窑洞式民居和南方自由式民居。以建筑类型划分，有木构架庭院式、"四水归堂"式、"一颗印"式、大土楼、窑洞式、干栏式、碉房、蒙古包等。开展古村落旅游，游客可以参观和体验古民居的方方面面——建筑文化、民俗文化、历史文化等，可以进行观光旅游、体验旅游（如古民居一日体验游、手工作坊经营体验游）、度假旅游（如将古建筑改造为民宿或乡村酒店）等。

（一）六种有代表性的明清古民居

1. 四合院

四合院是中国传统古民居的主要形式。"四合"是木构架庭院式的一个通俗说法，实际上有的是三合院，还有的是超过"四合"的多进式院落，而四合院最具代表性。完整的四合院由门、影壁、房、厅、廊、庭院组成。门，四合院一般坐北朝南，整座院的大门都开在东南角（左前方），而不开在正中。这样设计据说是符合"八卦"方位，图个吉利。影壁，设在大门内、外，正对大门处，起视线对景及空间限定的作用。门外的影壁设在胡同的另一侧墙壁处，门内的影壁设在东厢房山墙处。房，就是东南西北四面建房，合围出一个院子。院子的外墙除大门外，没有窗户和通道与胡同相连，关上大门就是一个宁静、封闭的小天地。院内坐北朝南的房子，叫正房，东西两边为厢房，坐南朝北的房子称倒座。正房左右两侧做成较为矮小的北房称耳房。正房之后临街的坐北朝南的临街房，称后罩房。各房使用情况，视宅居人口多少而定。四合院"北屋为尊，两厢次之，倒座为宾，杂屋为附"。一般厨房居东侧，厕所居西南角，妇女住在远离大门的耳房或罩房。门都是朝向院子，对外一般不开窗（若开，也是开在很高处）。庭院是由房、廊、墙等合围而成，可视为室外的起居室，有交通、晾衣、休息、游戏、种花、养鸟等多种功能，婚丧大事还可搭棚宴客。庭院中植树以种海棠花最正规，取和睦之意，盆栽多种石榴，大瓦缸养金鱼、莲花。院内，四面房子都向院落方向开门，一家人住在里面亲睦和谐。

　　四合院多为单院或二进，也有三四进的。大型住宅由多进式院落组成，受胡同间距限制，一般不超过五进院。更大的宅院由数组多进院落并列而成。多进院设有厅堂，供会客用。一般小型四合院不设厅堂，会客一般在正房的门厅内。大型宅第，还建有宅园，叠石造景成假山，风格介乎于江南园林和皇家园林之间。

　　北京的胡同和四合院具有独特魅力。胡同，是北京特有的古老的城市街巷，以水井为中心分布居民区。幽深的胡同由两旁相连的院墙组成，墙里就是北京传统四合院。北京四合院装修风格以朴素淡雅为主，木构部分一般仅施油漆，不用彩画。一些重点部位，如影壁心、墀头、抱鼓石、门簪、垂花门及室内槅扇、花罩等，常常用砖石或木制雕刻纹饰装点。

　　由于主人的经济条件、文化素养、身份等级、承建工匠技艺水平等高低不同，四合院规模有大有小、装饰装修也有繁有简。天津杨柳青石家大院（现为杨柳青博物馆）、保定王占元故居、山西平遥古城古民居、祁县渠家大院和乔家大院、襄汾丁村民居、太古曹家大院等，都是多进式四合院。北京市延庆县柳沟村建有四合院农家民宿群落，成为乡村旅游的新特色。

流行于中国西南部云南省的"一颗印"式古民居（湖南人叫"印子房"），布局原则与四合院大致相同，只是房屋的转角处互相连接，组成一颗印章的形状。"一颗印"式古民居为木构架，土坯墙，多绘有彩绘。

江南水乡温湿气候，多有"四水归堂"式古民居，适应水乡河网密布、市镇繁荣拥挤的特点，街巷常常随河道走势延伸，一般遵循"小河—房屋—街道—房屋"的建筑格局，大都贴水而筑、临水而建，前门通巷，后门临水，每户有码头，供洗涤、汲水和上下船之用。"四水归堂"式古民居的平面布局同四合院大体一致，只是院子较小，称为天井，作排水和采光之用。"四水归堂"为当地俗称，意思是各屋面内侧坡的雨水都流入天井，意为"财不外流"。"四水归堂"式古民居的第一进院正房通常为大厅，院子略微开阔，厅多敞口，与天井内外连通。后面几进院的房子多为楼房，天井更深且偏小。屋顶铺设小青瓦。室内多以石板铺底，适应江南温暖湿润的气候。江南水乡的明清"四水归堂"式古民居，一般五进至七进，弄堂是江南水乡的一大特色，是市镇及古民居建筑的一部分。"桥多、弄多、廊棚多"，是西塘古民居旅游特色。"杏花春雨江南，小桥流水人家"，是周庄、乌镇的古民居特色。

徽式宅邸也是"四水归堂"式古民居，一般为多进院落集合，以中轴线对称分列，面阔三间，两侧为厢房，厅堂前方为天井。其中代表性的有宏村、西递村、南屏村、棠樾村、渔梁、婺源等地的明清时期多进式古民居。

2. 客家围龙屋

客家围龙屋最早建于唐宋，盛行于明清，其建筑特点是：以南北子午线为中轴，东西对称，前低后高，主次分明，布局规整，一般是田、塘、坪、屋、后龙山。进入大门后是宗氏祠堂，一般为三进、四进，稀有七进、九进，本姓氏居民分开两侧而居，既体现了客家人团结互助、坚忍不拔、开拓进取、爱国爱乡、团结互助、崇文重教等精神，也体现了客家文化的特征，是一部永远也读不完的百科全书。广州市增城区中新镇坳头村的光布围龙屋就属于客家围龙屋式古民居。广东梅州市大埔县客家围龙屋式古民居很多，且特色突出。

客家围龙屋有整体聚居式，也有分开的围龙屋群落。福建西部客家人聚族而居围成环形楼房的大土楼，也属于客家围龙屋式古民居，具代表性的有永定县湖坑乡洪坑村的振成楼、高陂乡上洋村的遗经楼。客家土楼有方形、圆形、八角形和椭圆形等形状。院内中心是祖堂，祖堂是祭祀和婚丧喜庆活动的场所，自成一个独立的四合院，呈环状、圈层、楼状而居，外墙全部为夯土墙，白灰抹面，极具个性特色。除此之外，赣南客家围屋也属于客家围龙屋式古民居。

3. 干栏

干栏，是指用竹、木等架构而成的独栋楼，底层架空，用来饲养牲畜或存放东西，上层住人。这种民居建筑隔潮，并防虫、蛇、野兽侵扰。干栏主要分布在我国西南部的云南、贵州、广东、广西等地区，为傣族、景颇族、壮族等民族的主要古民居形式。贵州省黔东南苗族侗族自治州黎平县肇兴侗寨，是全国最大的一座侗族自然村寨，也是中国著名的鼓楼之乡。这里的侗族古民居为木结构干栏式楼房，房屋多用"五柱七瓦"的形式，小青瓦歇山屋顶。干栏根据地形分布，鳞次栉比，疏密有致。大型的侗寨内还有戏楼、歌坪、禾晾、谷仓等。贵州省黔东南苗族侗族自治州雷山县朗德上寨，是苗族聚居的村寨，寨内建有青瓦屋面吊脚木楼，宽敞适用，也属于干栏式古民居。

4. 窑洞

窑洞，是黄土高原上特有的古民居形式。窑洞主要分布在我国中西部的河南、山西、陕西、甘肃、青海等黄土层较厚的地区。人们利用黄土直立性强、壁立不倒的特性，水平挖出拱形窑洞。窑洞有土窑洞、石窑洞、砖窑洞等多种。窑洞一般修在山腰或山脚下的向阳处。土窑洞一般深7~8米，高3米多，宽3米左右，最深的可达20米。窗户分两种，一种是面积1平方米左右的小方窗，另一种是面积3~4平方米的圆窗。窑洞不破坏地貌，不占用耕地，向地下争得居住的空间，冬暖夏凉。冬天，窑洞里的气温比室外高13摄氏度左右；夏天，窑洞里的气温比室外低10摄氏度左右。窑洞里很幽静，听不到喧闹声。陕西延安就分布着大量的窑洞式古民居。更高级一些的，如米脂县刘家峁庄园，就是以窑洞为主的古民居建筑群。

5. 碉房

碉房是我国西南部的青藏高原和内蒙古部分地区常见的古民居形式。用土或石砌筑，形似碉堡，当地人并无专名，外地人称为碉房。碉房一般为2~3层，底层养牲畜，楼上住人。四川省丹巴县素有"千碉之国"的美誉，全县各地分布着多座碉房，或三五成群，或独立山头，相对集中的地方，一眼望去，几十座碉房此起彼伏、连绵不断，蔚为壮观。丹巴马尔康的卓克基土司官寨为国家重点文物保护单位。广东开平的碉楼，一般3~6层，高的有7~9层，是近代侨乡中西结合的古民居。

6. 蒙古包

蒙古包，指蒙古族居住的毡帐，主要分布在中国西北部，是适应游牧民生活方式，装配式的可移住宅，是内蒙古自治区典型的传统民居之一。蒙古包平面呈圆形，直径一般为4米左右，面积12~16平方米，边高1.4米，高2.2米左右，空间较小，节约能源，适合用牛粪、羊砖等草原上仅有的可燃材料取暖。蒙古包一般架设在地势较高的地方以避积沙积水，一般用木枝条编成可开可合的木栅做壁体骨架，用时展开，搬运时合拢。架设蒙古包时，用皮条将"哈娜"（墙）、"陶脑"（天井）、"乌尼"（顶架）绑扎成上部呈圆锥形、下部为圆柱形的网架，根据气温的高低在上面覆盖1~2层毛毡，再用绳索束紧。下部有一张活动毛毡，夏季掀开后可四面通风。

小型蒙古包内部无支撑，大型蒙古包内部立2~4根柱子用作支撑。毡帐的地面铺有很厚的毡毯，顶上开天窗，地面的火塘、炉灶正对天窗。大型的蒙古包直径有5~8米，多用于草原上的盛会"那达慕"或人口众多的富裕家庭。蒙古包入口朝向为正南或东南，便于采光。包内正对入口处为主位，系主人所居处。主位左为供佛处，或摆放珍贵物品，再左为客位；右为箱柜，再右为妇女之位。入口之左放置鞋靴，之右放置餐具燃料。正中央是放火塘的火架。天井，白天用于采光、通风，起天窗的作用，晚上掩盖住。蒙古包外面，在雪白的毛毡上装饰着红色、蓝色、黄色布料的如意花纹。一般牧民拥有蒙古包多的有6~8座，游牧时节有20~30座蒙古包分群聚集在一处，总体布置方式有满天星斗式、周边式、沿河式等三种。此外，也有用生土或砖石建造的固定的蒙古包。

（二）古民居建筑的三个特征

挖掘古民居建筑文化价值，开发古民居旅游，至少要了解古民居的基本特征。陆琦编著的《中国古民居之旅》指出，中国古民居建筑的特征主要有三个。

一是民居布局和平面组合特征。这主要源于社会制度、家庭组织、风俗习惯、生活生产方式及自然条件影响。如汉族古民居的基本布局和平面组合特征是：前堂后寝，中轴对称，正厅耳房，主次分明，院落相套，规整严谨，外部高墙围闭，内部层层院落，完全遵照封建礼仪的一套要求进行规划布局。这既包括多进式宅邸的深门大院，也包括四合院、三合院式的小型住宅，而且南方、北方均如此。

二是古民居结构和外观造型特征。这主要源于当地的自然条件、材料结构方式、民族历史传统、生活习俗和审美观念等。

三是古民居的装修和细部特征。包括装修、装饰、色彩、花纹、样式等，主要源于民族的习俗、爱好、愿望和审美观念。古人建造民居中，常常把本民族的特色文化元素、自己的喜好愿望、宗族信仰和审美观念，用现实的或象征性的手法，反映在古民居建筑的装饰、花纹、色彩和式样结构上，或雕梁画栋，或装饰门窗、房檐屋顶、院落影壁。例如，汉族古民居建筑装饰图样常见鹤、鹿、蝙蝠、喜鹊、梅、竹、百合、灵芝、万字纹、回纹等；云南白族古民居建筑装饰图样常见莲花，傣族古民居建筑装饰图样常见大象、孔雀、槟榔树，新疆维吾尔族古民居建筑装饰图样常见石膏图案，藏族的碉房常见门窗装饰等。这样的装修、装饰，使各民族、各地区的古民居建筑风格丰富多彩，民族特色百花争艳。发展古民居旅游，在观光讲解中一定要把古民居的建筑特征讲明白、说清楚，才能使游客留下难忘的印象。

（三）古民居保护与旅游开发

1. 特别注意名人故居的保护和利用

在特色古民居中，要特别注意名人故居的保护和利用。名人以自己的奋斗精神、聪明才智、辉煌成就、优秀品质载入史册，成为后人学习的楷模。名人曾经生活和居住过的住所，可以成为供后人参观瞻仰的场所、历史文化旅游的热点。例如，湖南省韶山冲的毛主席故居，广东省广州市花都区的洪秀全故居，湖南凤凰古城的沈从文故居，浙江乌镇的茅盾故居等。在婺源，李坑村就有李瑞才、李书麟、李知诚等名人故居。杭州的一些古民居中也有很多名人故居，可供游客参观。

2. 发展体验式古民居旅游新业态

发展古民居旅游，除了观光旅游，还应当探索、尝试发展一些供游客体验的旅游新业态。例如，将一些古民居修复、加固甚至重新落地复原，改造成外观造型不变、内部适当配置现代化设备，变成现代人能够接受的具备各种现代化生活功能的居所，例如开发古民居精品酒店、乡村特色民宿供游客度假、养生、疗养、养老等。笔者认为，也可以经过对古民居进行安全性修复，然后按古时候民居主人的生活习惯，复原当年的摆设、生活用品及生活场景，经过策划，包装成为供现代游客穿上当年的服装、服饰，"拍电影"式的中高端客户体验式休闲度假产品。例如，让游客过上古人的"一日生活""一周生活""半月生活"，可以是一个游客，也可以是游客一家或是和几个朋友一起体验，有管家式的服务保障，借助互联网优势延伸更多辅助产品，或者借助影视、微影视频及自媒体等全方位体验古人的生活、生产场景、耕读文化，不仅增添乐趣，还可以记录下来带回去，相信会很好玩、很刺激、很震撼，也许体验过"穿越历史"后，会有一番与现代人生活不同的感悟。

第九章

现代乡村旅游产业体系的构建

构建现代乡村旅游产业体系，核心目标是把乡村旅游产业培育为地方经济的战略性支柱产业。一方面强调通过引进知名的旅游品牌企业，形成旅游"龙头"企业的高端带动效应和旅游资源高层次的整合效应，使旅游投资有实力、建设有效力、经营有可持续力、品牌有影响力；另一方面强调通过培育本土有发展潜力、有乡村情怀、有文化根基的旅游相关企业，做强做大，提质扩容，转型升级，打造"有根基"的旅游"航空母舰"。通过"引进"和"培育"旅游品牌企业以及配套的相关产业链相结合，构建现代乡村旅游产业体系。著名旅游专家魏小安先生在他的专题演讲中，曾多次就构建旅游产业体系作精彩论述，作者曾深受启发并引起关注和思考。

下面，根据笔者的实践体会，借鉴专家学者的研究成果，介绍构建现代乡村旅游产业体系的一些发展路径。

一、利用旅游市场需要的社会乡村资源，开发乡村旅游新业态

按照"大旅游"和全域旅游的发展要求，以都市游客的需求为乡村旅游资源开发作向导，只要是游客喜欢、需要并能产生经济效益的社会资源，都可以列入乡村旅游资源来进行开发。这可以称作"社会乡村资源旅游化"，不要受传统景点发展的模式限制，以游客需求为市场导向，按照全域旅游格局去整合资源，广泛深入地发掘乡村旅游资源，分期分批重点开发乡村旅游资源，最好是引进和培育旅游品牌企业，站在高起点上开发乡村旅游资源，形成有规模、有档次、有文化品位、有可持续发展能力的精品旅游产品。

例如，围绕休闲农业，开发农业观光旅游、美食购物旅游、亲子旅游、家庭旅游、农耕文化体验旅游、自驾车旅游、研学旅游；围绕古村落，开发古村落观光旅游、古村落建筑旅游、"美丽乡村"主题旅游；围绕乡村生态资源，开发乡村生态旅游、乡村休闲体育旅游、健康养生和休闲度假旅游。事实上，如果仅处于乡村拥有旅游资源的状态，旅游资源是不会变成旅游生产力、不会形成旅游产品，因而也不会转化成财富的。只有当乡村旅游资源转化为乡村旅游产品，特别是转化为适销对路的旅游产品，单一的旅游消费转化为复合型旅

游消费，平面旅游消费转化为立体旅游消费，周末旅游消费转化为周末加平日旅游消费，时段性旅游消费转化为全日性旅游消费时，乡村旅游的综合拉动效应才会达到最佳状态。如果图省事只靠出卖特色乡村旅游资源，或许能赚点小钱，但那只是一时的。

我们知道，乡村旅游资源是分层次的，而旅游市场的需求也是分层次的，旅游资源需要被认真打磨，市场要不断细分，产品供给要适应需求，卖方要找到相匹配的买方——找到自己的客户群，设计好经营模式，适销对路的产品，这样才可能持续发展。通常一流的旅游资源要转化为一流的旅游产品，对应高端游客的市场需求；二流、三流甚至四流的旅游资源，要力求变为一流的旅游产品，这就需要创新，形成创意旅游产品。具体操作上，要在旅游规划环节舍得花钱、用心去做好。

围绕旅游资源开发旅游产品，应当全面普查乡村旅游资源，做到政府主导、规划引导。如果有良好的旅游资源，想要做强做大旅游产业，就要设法通过有影响力的知名品牌、有实力的规模企业来开发，切记不可小打小闹，造成乡村特色旅游资源的浪费。旅游开发的决策者，在开发乡村旅游时，特别要注意想明白、弄清楚之后方可做出决策。简单说来，就是要针对本地的主打客源市场需求，善于对所拥有的旅游资源的数量、层次、质量认真琢磨透彻，牢牢取得开发乡村旅游产品所对应的客源市场的主动权。其实，在乡村生态资源相对保存完整的情况下，即使是平凡的、碎片化的、三四流的乡村旅游资源，只要因地制宜、科学创意、途径创新，敢于实践，平凡也会变为神奇，碎片也会得到整合优化。例如增城绿道，在"主体功能区"和"全区域公园化"的基础上，通过"藤结瓜、瓜连藤"的方式，坚持"幸福市民、快乐游客、致富农民"的全域旅游新理念，将增城遍布城乡的碎片化、零散的普通生态旅游资源，整合为一流的绿道旅游资源，形成了既提升本地居民生活质量的，又对应珠江三角洲地区大众旅游市场需求的"主客共享"的增城绿道旅游新业态，堪称一项创举。增城绿道旅游经验在全国许多地方推广后，"开花结果"，收到了不同程度的成效。

二、围绕乡村旅游带来的客流量，增强旅游市场的拉动力

组织乡村旅游，就会引起游客的区域性流动，带来不小的人气。游客来了，人气旺了，就会形成购买力，购买力提升促使供需双方形成市场，市场形成了，就会使乡村很多资源升值，从而形成乡村市场的拉动力，带来消费，拉动乡村经济增长。人气越旺，需求的深度和广度越大，市场细分程度越高，供给就会分层，市场会向多元化发展，市场越繁荣，财富就越聚集。

从传统的"旅游六要素"来看，游客在旅游活动中产生吃、住、行、游、购、娱等多方面的需求，近年来，国家旅游局提出新的"旅游六要素"，即商、养、学、闲、情、奇，适应现代乡村旅游发展新形势新要求。新的"旅游六要素"体现在现代乡村旅游的多种新业态中，如商务旅游、康养旅游、修学旅游、休闲旅游、民俗风情旅游、探险寻奇旅游、农业旅游、体育旅游、教育旅游、休闲度假、温泉旅游、汽车房车露营、亲子家庭旅游等。旅游业态多元化的市场要求，又给开发乡村新旅游产品提出刚性需求，从而增强乡村旅游市场的拉动力。

乡村旅游市场的"蛋糕"来了，能否抓住机遇"接住"这份"蛋糕"，多分一些"蛋糕"呢？这是值得重视和研究的问题。机遇偏爱有准备的头脑。为了"做旺人气，多接财气"，不仅要精心开发乡村旅游产品，而且要按照全域旅游发展的模式，树立全新的旅游产业发展理念，全区域性改善旅游大环境，增建旅游配套服务设施，广泛加强宣传推广，目的就是增强乡村旅游目的地对游客的吸引力、旅游设施的承载力和人均品质消费的持续力。地方的旅游决策者应当重视全域旅游发展模式的运用和旅游公共产品供给能力的提升。前面我们提到过，旅游产业是"眼球经济"，要满足游客的多方面的审美欲望；旅游产业又是"体验经济"，要满足游客的视觉、听觉、触觉等多种感觉的全身心体验，而心灵的体验是最高级的。当游客对旅游产品的体验表示欢呼雀跃、心灵受到震撼时，会留下深刻印象，从而形成良好口碑。因此，想构建一流的现代乡村旅游产业体系，是需要认真研究和把握的。

三、瞄准巨大的乡村旅游市场，组织发展"大旅游"产业

游客来了，人气旺了，市场就来了。不局限于门票收入，开放式面对游客，让游客低门槛进入，不收费，促消费，能增强旅游目的地的吸引力。一个地方，虽然没有名山大川等一流旅游资源，但如果发展全域旅游，营造"大生态"旅游区，同时做细、做精、做文化创意旅游产品，也可以增强本地发展"大旅游"的新优势，如果做好了，不一定比拥有一流旅游资源的地区效果差。

发展"大旅游"产业，关键是要构建完整的旅游产业体系。要围绕游客需求，形成差异化、精细化的系列产品，"旅游六要素"系列产品，以及全产业链系列产品。就发展现代乡村旅游而言，要围绕乡村旅游市场需求开发精品旅游产品。围绕上游、中游、下游产品的开发，形成旅游产业链，做强做大旅游产业。

一是按照"吃、住、行、游、购、娱"和"商、养、学、闲、情、奇"等旅游要素的内在要求，首先通过产品载体"串联"起来，形成旅游产业链；然后根据市场细分需求把单个旅游要素"横向拓宽、纵向拉伸"形成多姿多彩的众多产品，形成大的旅游产业。在吃的方面，形成特色系列早餐、中餐、晚餐；在特色菜方面，形成县、镇或村的美食；在乡村小吃方面，形成"琳琅满目"的特色小吃，营造"舌尖上的美食"氛围。在住宿产品的构建上，不仅要形成高端、中端度假住宿产品，还要适度开发民宿产品以适应大众化旅游市场的需要。在旅游景区（点）的建设上，不仅要有足够的观光产品，还应建设休闲度假和专项旅游产品，各地旅游资源差异较大，还应确定本地的主打产品。在旅游交通方面，旅游道路、旅游运输、旅游标识牌等多方面的旅游配套设施要适应旅游产业发展的新需求。在旅游购物方面，要大力组织旅游商品的研发、设计、生产和营销，要善于把本地的农特产品就地转化为旅游商品和特色美食。在旅游娱乐的设施配套等方面，要跟上乡村旅游发展的新要求，特别是重视挖掘乡村的民俗文化，发展民俗文化旅游，形成新的竞争优势。未

来几十年，随着人们生活水平的提高，健康养生旅游、休闲度假将会成为潮流。在这方面，乡村的很多旅游业态在这方面"大有作为"。

二是围绕主导的旅游产业，推动相关产业的融合发展，把旅游产业培育为战略性支柱产业。例如，农业与旅游融合发展，形成休闲农业与乡村旅游的业态，将农特产品转化为旅游商品和特色美食，提升农业附加值；如果再与工业、文化创意、金融、物流配送等方面相结合，就会生产适合中高端旅游市场需求的一系列"跨界"甚至"全覆盖"的精品旅游产品。这里，一方面，地方政府（包括相关职能部门），要自觉做好"旅游+"的融合发展工作；另一方面，旅游部门更要做好"旅游+"的对接工作，这是旅游产业在跨行业的深度和广度上的"牵手"，最终目标是把旅游产业培育为地方新兴的支柱产业，适应国家提出的"创新、协调、绿色、开放、共享"五大发展理念的新要求。例如，随着人们生活水平的提高，"健康+旅游"理念下产生的旅游产品，将为广大游客追捧。据资料显示，世界上有130多个产业与旅游产业相关联。我们有理由相信，如果相关产业与旅游产业能够协调融合发展，旅游产业将会成为旅游目的地的经济支柱产业。

四、按照"大旅游"产业体系构建要求，进行合理的专业化分工

一般而言，倘若一个行业未形成比较完整的高端、中端、大众化产品的分工体系及上游、中游、下游产业链，就说明这个行业总体上还不够成熟。放眼当下，无论是全国的乡村旅游产业，还是区域的乡村旅游产业，都反映出一些突出问题：产品同质化、单一化、低端化。例如，一窝蜂地都搞"花海"；经营模式单一——单一观光、单一主题、单一门票；文化内涵欠缺，互相模仿、不"接地气"、特色文化挖掘不够，等等。这在一定程度上造成景区效益不高和资源严重浪费。

从环境友好型、资源节约型的建设理念出发，构建现代乡村旅游产业体系应当围绕"大旅游"产业体系，进行全域化布局与合理的专业化分工。具体说来，应注意以下几点：

一是必须牢固树立差异化发展理念。区域之间应结合旅游资源，挖掘文化特色，突显特色文化内涵，形成差异化产品，构成核心竞争力。例如，在景区发展上，形成县、镇、村的特色；在美食和购物上，形成"一地一美食"和"一地一特产"。

二是在同质化公共产品中寻求异质化风格。例如，同是建设景区的游客服务中心、停车场、旅游厕所、旅游导览系统，应该寻求有别于其他景区的鲜明特性。

三是在旅游产业链中，不图"大而全"，只做"精、专、深"。例如，坚持"一村一品"的发展布局，形成差异化、特色化、品牌化、标准化。可以围绕旅游市场需求，分别组织花卉产品、水产品、蔬果产品系列分工，游客需要什么就供应什么，满足市场精细化的需求。在开发时序上也进行合理分工，逐步用新产品代替老产品，最大限度保护和展示地方乡村文化景观。游客的吃、住、行、游、购、娱等环节形成供给本地化，由此形成大量种养专业户，尽最大努力利用本地农民，采用当地原材料，保证当地农民最大限度受益，同时加强从种养生产基地、专业运输到餐桌的食品安全体系建设，确保食品安全。

四是强化文化创意，加强旅游产品的研发和创新。

总的来说一句话："人无我有、人有我优、人优我特、人特我新、无中生有。"从本质上讲，旅游产品的竞争也是特色竞争、文化竞争、人本化竞争，可以借助工业专业化生产的理念，规划区域乡村旅游发展的专业化分工。例如，旅游景区、旅游购物、旅游美食、旅游娱乐等旅游产品，都应当在当地适当的区域内从规划层面进行合理分工，而不是放任自流、随意发展。这就需要科学布局和统筹发展。合理分工是一个旅游产业发展的基础，也是旅游产业成熟的标志。合理分工要体现在旅游规划上的刚性，不能随意改变。一些地方往往在旅游产业发展的初期，由于得不到合理分工，"一哄而起，一哄而散"的失败案例很多，浪费严重，教训深刻。在旅游产品上，如果以次充好、欺骗游客，只会砸了自己的"牌子"，得不偿失。

五、从旅游产业的合理分工出发，带动相关产业全面发展

旅游产业有了合理分工后，要用工匠精神专心去做。就旅游本身来讲，"吃、住、行、游、购、娱"这"旅游六要素"就是一个完整的产业链，要做到既专又精。构建现代乡村旅游产业体系也是这样，要关注人的全面发展、全面体验。乡村旅游景区，不仅可观性要强，可游性也要强；不仅美感要足，舒适度也要高，要把游客的"五感"研究到位。旅游产业除了方方面面全面发展以外，还要通过旅游产业拉动农业、工业、商业、房地产业、交通运输业、文化、体育等相关产业融合发展，不仅要提高旅游产业的自身价值，还要提高各相关产业的附加值，从而拉动整个社会、经济、文化、环境等方面的全面发展。这样，最终延长旅游产业链，扩大全域旅游产业面，形成"大旅游"产业群，构建综合产业体系。

旅游部门要善于发展旅游产业的"统一战线"，团结、支持和调动涉及旅游产业的各行各业的"骨干"，将其纳入全域旅游发展的"大军"，共同支持全域旅游产业发展，同时帮助其他行业提升附加值和转型升级。农耕文化体验、摄影、书画、餐饮美食、农特产、休闲体育、群众文化、文物古迹、宗教文化、交通交警、健康养生、亲子教育、民族民俗、新闻广播电视、商务招商、"美丽乡村"、特色小镇等方方面面，加强联系，互动支持，营造"众人拾柴火焰高"的"共建共享"氛围。

例如特色小镇，是新形势下"创新、协调、绿色、开放、共享"发展，融产业、文化、旅游和社区等重要功能于一体的平台，在构建乡村旅游产业体系中发挥着十分重要的作用。特色小镇不是行政区划单元上的"镇"，也不同于产业园区、风景区的，它是有明确产业定位的，以企业化投资主体主导规划建设而成的，政府做规划引导和政策扶持等服务工作，在空间布局上每个特色小镇聚焦一个产业，强化项目组合，包括各层次项目组合和生产、生活、生态项目组合，彰显文化内涵，创造旅游功能，合理控制规划面积。特色小镇是产业特色鲜明、人文气息浓厚、生态环境优美、多功能叠加融合、体制机制灵活

的，产业"特而强"，功能叠加"聚而合"，建设形态"精而美"，制度供给"活而新"，就会"颜值高"。特色小镇紧扣信息、环保、健康、旅游、时尚、金融、高端装备制造等基础化、有优势的特色产业，构筑产业创新高地。"特色"是小镇的核心元素，产业特色是重中之重。特色小镇是实现"产、城、人、文"四位一体的重要功能平台。特色小镇的基础条件是要达到国家3A级旅游景区要求，因此，特色小镇是一个个特色鲜明的旅游综合体。例如，江浙一带特色小镇在全国先行一步，德清县、安吉县等建设了一批特色小镇，起到示范作用；深圳东部华侨城、贵阳的"时光贵州"、厦门的"曾厝垵"等特色小镇也受到各方面的关注、学习和借鉴。各级旅游部门应当积极加强对特色小镇的研究、指导、招商参与等有关工作，突出旅游品牌企业在特色小镇建设和运营中的重要作用。

又如民宿，也是现代乡村旅游产业体系的重要载体。台湾的民宿对国内外同行业有引领作用，浙江省莫干山"洋家乐"品牌、广州增城"万家旅舍"等民宿品牌也在国内产生良好影响。民宿的发展为乡村休闲度假提供了重要载体，盘活了乡村闲置资产，整合了乡村旅游的众多资源，为多日乡村旅游产品的组合创造了条件，今后应当以市场为导向加以适度发展。

实践证明，旅游产业是动力产业，是新常态下的一个经济发展引擎。构建现代乡村旅游产业体系一定要追求联动效应、精致效应、可持续发展效应，这样才能做出品牌，得到资金回报，收到综合成效和后续价值。总之，构建现代乡村旅游产业体系，做好一流乡村旅游目的地建设与经营，要认真研究旅游产业发展的规律，自觉按照规律办事才能事半功倍。

第十章

现代乡村旅游节庆活动

一、现代乡村旅游节庆活动的概念

在中国古代，中华民族的祖先在长期的生存斗争和生活实践中，为了消除灾害，或欢庆胜利寄托希望，常常举行各类特殊仪式和活动，逐渐演变为各种各样的传统节庆。发展到当代，随着经济文化的发展和人民生活水平的提高，各地开始定期举办形式多样的现代节庆，集文化、艺术、体育、旅游、经贸和科技于一身，成为地方之间、国际之间交流合作的平台和推动区域经济发展的助推器。

从概念上来看，节庆是"节日庆典"的简称，其形式包括各种传统节日以及各种创新节日。国外在对"事件及事件旅游"的研究中，常把节日和特殊事件合在一起作为一个整体来进行探讨，国内有学者将其简译为"节事"，也有专家把各种节日界定为"狭义上的节庆"，而有的把各种节事界定为"广义上的节庆"。中国新型节庆将传统文化与时代风采相结合，为旅游业拓展为一片新领域。这些节庆活动包括传统民俗节庆、旅游节庆、少数民族节庆、文化艺术节庆、体育健身节庆等。旅游节庆往往具有时间性、周期性、综合性、地方性、参与性、暂时性和集中性等特点。旅游节庆具有文化现象与经济内容的双重载体功能。

现代乡村旅游节庆活动，是指某地区以其现有的特色资源，包括历史、文化和艺术、传统竞技、体育、风俗习惯、风情风貌、地理优势、气候优势、遗迹、胜地、古迹、农耕文化、农特产品等为主题，自发组织或政府主导，周期性举行的大型纪念、庆祝活动。乡村旅游节庆活动往往规模不等、有特定主题、在特定时间和同一区域内定期或不定期举办，能吸引区域内外大量游客。乡村旅游节庆活动，强调主题鲜明、突出特色，强调规模可控、声望高、影响广、参与者适度，强调欢快、热闹、雅俗共赏，强调参与性，受价格因素影响较小。为安全起见，主办方应提前向当地公安部门备案或报批。

二、现代乡村旅游节庆活动的兴起

早在 2010 年,北京市在乡村旅游重点工作部署中,就编辑出版了《北京乡村旅游节活动指南》,旨在全面打造北京市乡村旅游精品,有效宣传乡村旅游节庆活动,吸引更多国内外游客参与乡村旅游节庆活动,促进乡村旅游产业品质的提升,推动首都乡村旅游产业优化升级。这种做法值得各地借鉴。

现代乡村旅游节庆活动,是一个精心筹划、多方配合的系统工程,策划环节很重要。一般要经过反复商议和论证,需要组织者、设计者和有关行业的相关人士共同努力,使策划方案具有可操作性。有时还要根据资金情况,或由政府主导,或由民间组织、政府支持,"看菜做饭"、量力而行,一般按照"节俭、安全、热烈"的原则进行。筹划全过程包括以下内容:节会活动的名称和活动的时间;主要参与者和来访者;节庆的主题、宗旨和目的;节庆活动的组织者,包括指导单位、主办单位、承办单位、协办单位、支持单位和其他可能的赞助单位,以及组织机构的建立和各自的职责和分工;主题活动的日程、内容和配套活动的日程、内容;主题活动和配套活动的表现形式;旅游节庆活动的财务预算;消防和安全计划;用电和通信保障;接待计划、宣传及促销计划、开幕式和新闻发布会计划安排;市场分析包括竞争者分析、预计接待人数和收入来源及收入预测等;政策层面上的支持和扶持力度。一般要有总体方案报批和执行方案的对接配合。

从目前国内各地对乡村旅游节庆活动的筛选、策划、组织和运作来看,总体上说,乡村旅游节庆活动普遍处于探索和培育过程中,一些具有优势条件的乡村旅游目的地已经认识到,大型节庆活动也是重要的旅游资源,它们开始有意识、有目的、有计划地推进大型节庆活动的品牌化和产业化。

三、开展现代乡村旅游节庆活动的意义

办好乡村旅游节庆,对于发展乡村旅游目的地有着重要意义。现代乡村旅

游的节庆活动，是展示农业文明和乡村民俗文化的有效载体，是发展乡村旅游、繁荣农村经济的助推器。开发现代乡村旅游客源市场，最有效的方法之一就是用文化创意去策划和举办乡村旅游节庆活动。

现代乡村旅游节庆活动，聚集人气、商气，带来物流、信息流，推进交流、交往，展现的不单是乡村风情的魅力、活力，更体现文化、文明的实践和实效。经常性举办乡村节庆活动，对扩大乡村居民视野、融入现代意识、增进与外界联系、弘扬本土文化、拉动旅游经济都有着重要意义。

乡村旅游节庆活动一般具有同时承载文化现象、经济内容的功能。举办乡村旅游节庆活动，有利于满足游客的多层次需求，能够提高或完善当地旅游接待设施，丰富当地旅游产品结构，促进旅游目的地经济增长，弘扬民俗文化和民间艺术，对当地群众经济意识和生活方式都会产生积极影响。

四、现代乡村旅游节庆活动的常见类型

据有关专家学者研究，我国旅游节庆按主题分类，大体分为"民族文化型、特有物产型、独特景观型、宗教文化型、历史文化型、民俗文化型、康体文化型"等七种类型。这里主要介绍一些现代乡村旅游节庆活动常见的节庆类型。

以花办节：如花卉节、赏花节、梅花节、桃花节、荷花节、桂花节、梨花节、菊花节、橘花节、山花节、稻花节、金银花节等。

以果办节：如荔枝节、乌榄节、枇杷节、杨桃节、杨梅节、水蜜桃节、苹果节、菠萝节、香蕉节、龙眼节、葡萄节、樱花节、蜜橘节、翠梨节、红提节、草莓节、蓝莓节等。

以蔬菜办节：如菜心节、莲藕节、紫菜节、番薯节、冬瓜节、冬笋节、茭白节等。

以水产办节：如娃娃鱼节、甲鱼节、沼虾节等。

以粮食办节：如丝苗米节、粽子节等。

以文化办节：如美食文化节、旅游文化节、音乐文化节、姓氏文化节、大

学生文化节、老人文化节、婆媳文化节、孝文化节、茶文化节、农民文化节、足球文化节、宠物文化节、跨湖桥文化节、古道文化节、毛尖文化节等。

以旅游办节：如文化旅游节、生态旅游节、乡村旅游节、荔枝文化旅游节、婚恋旅游节、森林文化旅游节、夫妻文化旅游节、年俗风情旅游节、农家乐旅游节、帐篷旅游节等。

以历史文化名人办节：如徐霞客旅游节、何仙姑文化旅游节、济公文化节、东坡文化节、汤显祖文化节等。

以购物办节：如购物节、牛仔纺织服装节、赶年货节等。

以运动办节：如龙舟节、漂流节、登山节、攀岩节、狂欢、泼水节、滑雪节、垂钓节、舞火狗节、挑灯节、驴友节、高尔夫运动节、湿地野外生存挑战节等。

以树木办节：如银杏节、红树林节、枫叶节等。

以休闲办节：如美丽乡村休闲节、消夏避暑节、露营节、踏青节、烧烤节、风筝节、摄影节、拍客节、动漫节、观潮节、观瀑节、河灯节、宠物节、品茶节、采茶体验节等。

以艺术办节：如美术节、兰亭书法节、沙雕艺术节、雕刻节、农民电影节、歌唱艺术节、合唱艺术节、钢琴节等。

以食品办节：如红糖节、海鲜节等。

以酒办节：如青岛啤酒节、绍兴黄酒节等。

以宗教办节：如道教文化节、佛教文化节、禅宗文化节、弥勒文化节、晒经节等。

以学习办节：如学习节、读书节等。

以民俗办节：如开渔节、开犁节、插秧节、收割节、篝火节、盘王节、妈祖平安节、乞巧节、万圣节、晒秋节、畲民会亲节等。

全国各地的现代乡村旅游节庆，有些办得很有特色。譬如天津杨柳青西青民俗文化旅游节，每年农历腊月二十三至正月十六（大约公历1月至2月），在杨柳青景区举办。活动内容包括：参观游览杨柳青明清民俗文化风情街、御河景观、石家大院（杨柳青民俗博物馆）、安氏祠堂（杨柳青年画馆）、运河泛舟、体验民俗风情、赏画听戏等，过年的气氛很浓。北京大兴西瓜节，每年5月底至6月初在北京市大兴区举办。大兴西瓜，史称"贡瓜"，五百年历史，誉满京畿。大兴区庞各庄镇是中国著名的西瓜之乡。大兴西瓜节活动内容包括文艺歌舞晚会、"瓜乡之歌"西瓜文化展示会等。云南省大理城西的苍山脚下，每年农历三月十五（大约公历4月下旬）举办为期五至七天的"白族三月街"传统民俗节庆活动。活动期间，附近各族群众身着节日盛装，赶着牲畜，挑着山货药材和土特产品，聚集在苍山脚下的广场上，进行物资交流，举行对歌、跳舞、射箭、赛马、球类比赛等，演出白剧、花灯戏等，给游客留下难忘的印象。

五、筹办现代乡村旅游节庆活动要解决的几个问题

（一）要解决"为谁办"的问题

筹办现代乡村旅游节庆活动应坚持"主客共享，本土民众第一"。举办乡村旅游节庆，首先是为了本土民众。只有调动乡村本土民众参与、支持、分享，才能在乡村真正"过节"，成为当地社会各界普遍关注的"庆典"，才会引起轰动效应。这样，乡村旅游节庆才会更有意义。一个连本地人都不参加的节庆活动，很难指望其很热闹，也难以吸引外地游客真正分享节庆活动的乐趣并消费。现在一些节庆活动的举办者认为，旅游节庆活动面对的主体是外来游客，这是误解。当然，举办节庆活动吸引外地游客参与消费、引发商机、扩大影响、形成品牌，这是很重要的目的。外地游客来消费，其原因在于节庆活动有吸引力，游客被感染、被吸引，从而参与其中，产生消费甚至形成投资行为。本土民众在节庆活动中表现得越尽兴，节庆活动就越有感染力，就会吸引越多的外地游客参与。因此我们说，乡村旅游节庆活动首先要感动本地乡亲，才能感动外来游客，从而达到"主客共享"的境界。这应当成为乡村旅游节庆举办的一个原则。

近年来，广州市增城区正果镇举办乡村旅游美食节，举全镇之力，广泛发动村社和本土商家挖掘本镇特色食材和特色小吃资源，形成大型乡村美食展销街区、特色美食加工品尝区、农特产展示区、文艺表演区等功能区，本镇百姓参与性很高，连续举办三天，节日气氛浓厚，节庆活动效果较好。

（二）要解决"由谁办"的问题

乡村旅游节庆活动应当逐步走向市场化，但也要实事求是。从长远看，市场化运作应该是当前和今后的发展方向，但在市场主体竞争能力较弱的情况下政府应该积极主导；待市场成熟，再逐步过渡到以市场化的民间运作为主。现代乡村旅游节庆活动应当实现由"政府办节"向"政府引导、市场操作、群众参与"的模式转变，更多地用市场机制来解决节庆活动的经费开支问题。基于此，乡村旅游节庆活动应提前决定并公布举办日期，如提前一年左右，最好定期举办。乡村旅游节庆活动的举办权也可以公开招标，公开选择举办单位，这样就为市场运作留足了发挥的空间，使乡村旅游节庆活动开始之前有较长时间形成一个蓄势、造势、张势的形态，给消费者持续刺激，从而调动社会各种资源用市场运作的方式配置举办节庆活动的资源，提高市场运作的成功率。

只有让主体鲜明、形成了人气和品牌特色的乡村旅游节庆活动越办越大，让不被市场认可的节庆活动逐渐淡出，优秀乡村旅游节庆活动才能真正成为品牌、占领市场。只有不断推出消费者需要的产品，举办消费者感兴趣的乡村旅游节庆活动，才能使乡村旅游节庆活动长盛不衰。乡村旅游节庆活动是一种新的旅游产品，它需要通过多方融资，并深化与媒体的合作来进行市场化经营，需要专业公司以专业眼光、专门人才、专项手段来承办。加大乡村旅游节庆活动的市场化力度，实现专业化办节，还应进一步挖掘消费者需要的旅游产品。应进一步整合资源，树立乡村旅游节庆品牌；成立辖区旅游节庆活动办公室，指派专人制订打造区域旅游节庆专项规划，统筹乡村旅游节庆活动，并组织节庆活动的交流学习会。

乡村旅游节庆活动全由政府"埋单"，节庆活动的策划宣传也基本由政府主导，这样做可以确保乡村旅游节庆活动的正常举办，但不是长久之计。由于政府并非专业的宣传包装部门，很难做到面面俱到，也容易出现宣传不到位、内容难受游客普遍欢迎的尴尬情况。如遇到举办时间决定很晚、节庆方案批准很迟，仓促上阵，效果就很难保证了，往往有"为办节而办节"的"作秀之嫌"。

办好乡村旅游节庆活动，"战略"方向要明确，"战术"操作不要太过随意。要防止片面追求短期效应，片面强调轰动性，图一时热闹，过后什么也留不住；要避免应酬性事务过多，要努力开发现代乡村旅游节庆活动产品，使乡村节庆活动真正融入市场。

（三）要解决"怎么办"的问题

在解决了"为谁办""由谁办"等问题之后，就要研究"怎么办"的问题。这里主要强调主题鲜明、特色突出、很"接地气"这三点。主题鲜明，是指乡村旅游节庆自始至终贯穿一条鲜明的文化主题，有主题口号，有主题载体，有主题形象。特色突出，就是要充分突出本地乡村旅游的优势、特长，并发扬光大。很"接地气"，就是要广泛动员乡村各个方面，主动参与、积极参与、创造性参与，使乡村旅游节庆活动建立在有广泛民众参与的基础之上，让老百姓感觉到是在办"我们自己的节日"。乡村旅游节庆活动要办得受老百姓欢迎、吸引老百姓参与、让老百姓受益。基于此，要搭好乡村旅游节庆活动的大舞台，组织乡村文艺节目汇演，展销乡村特产，乡村特色美食现做现卖，举办乡村特色招牌菜烹饪比赛，开展乡村民俗文化体验活动，为乡村旅游节庆活动营造气氛，对乡村旅游节庆活动进行宣传，对乡村旅游节庆活动进行评比并制作牌匾颁发给优胜者，还要合理安排乡村旅游节庆活动主会场的会务工作，保障设施设备正常运行。因此，必须编制详尽的工作方案和具体执行方案，加以落实，最大限度争取各级各部门大力支持。如果政府采用公开采购服务的形式，也可以编制"一揽子方案"公开招标。办好乡村旅游节庆活动，节前舆论宣传"造势"也很重要，要利用新闻发布会及新媒体网络宣传等形式广泛宣传，使客源地的目标群体和当地百姓家喻户晓，这样才能保证应有的效果。

(四) 要解决"创新办"的问题

一个地区每年举办的乡村旅游节庆活动数量众多,如何让每个旅游节庆活动都出彩、有亮点,从而吸引更多的市民和游客参与呢?这就需要进行主题创新。每次乡村旅游节庆活动应当有差异化的主题,旅游节庆活动应该是每集都有独立精彩内容的"连续剧",每次的旅游节庆活动主题都应当不一样,一次比一次精彩。

乡村旅游节庆活动与其他旅游产品的相同之处在于,文化是灵魂,创新是血液。要不断深入挖掘文化内涵,将传统产业、民俗节日、重大标志性活动日、特殊事件作为旅游节庆资源加以利用,并聘请专业人士,根据不同区域、不同种类的旅游资源来确定不同的活动内容。同时,应在区域范围内确定各种旅游节庆活动的规模和档次,形成重点突出、层次分明、遍地开花的格局。要整合资源,将旅游节庆活动做大做强。要提升乡村旅游节庆活动的品位,尽可能集中有限的资源用于整体旅游形象的宣传和推广,才能让乡村旅游目的地受到游客喜爱。要坚持节庆的品牌化经营,要不断擦亮节庆活动的主题。

在新媒体发达的情况下,乡村旅游节庆活动举办之前要高度重视预告、图文信息发布等;乡村旅游节庆活动举办时要加强现场报道,节后要加强工作总结,尽量扩大乡村旅游节庆活动的正面影响。要注重打造好节庆品牌,发挥好乡村旅游节庆的品牌作用。培育品牌、利用品牌,提高品牌的美誉度和知名度,同时表彰和奖励节庆活动的组织者、参与者及有突出贡献者,这对于促进乡村旅游节庆活动品牌的可持续发展有着重要意义。

当今是一个品牌时代,旅游节庆品牌的打造是旅游节庆发展的大趋势。国际上的著名旅游品牌有"西班牙斗牛节""巴西狂欢节""西双版纳泼水节"等。著名学者黄翔先生在分析我国一些旅游节庆的困境时指出,"关键问题不在于文化底蕴,而在于忽视了商业活动规则——品牌意识。旅游节庆品牌化顺应了时代发展的要求,符合旅游节庆自身的发展规律"。

广州市增城区的"荔枝文化旅游节",经过多年的打造,已经成为"广东十大旅游节庆品牌",在全国有很大影响力。增城一年一度的荔枝文化旅游节始于明朝末年,沿袭至今。每年6月中下旬开始持续到7月下旬,为期一个月左右。荔枝节期间,蝉鸣荔熟,52个荔枝品种中的20多个优质荔枝上市,增城以荔会友、以荔为媒、以荔招商,搭建节庆平台,各地亲朋好友、各界人士、各方商贾达人、国内游客、海外华侨、港澳同胞汇聚增城,除了品尝、观赏荔枝,还可以观看歌舞表演、体育表演,参与亲子活动,绿道骑游、商务洽谈活动。近十多年来,根据旅游形势发展需要每年确定一个创新主题,并围绕荔枝文化旅游创新举办,甚至设一个主会场、几个分会场,政府主导,社会参与,高潮迭起,精彩纷呈,已成为增城文化旅游活动的一项十分重要的内容。创新主题先后有"荔乡仙境·诚邀宾客体验生态健康游""相约荔乡仙境·体验健体休闲""魅力增城·美丽荔乡""荔乡仙境·美丽增城""增城绿道·亚运之路""增城与泰国名果品鉴展销·打造国际美食文化盛宴""发展增城荔枝产业·弘扬荔乡旅游文化""弘扬荔乡生态旅游文化·发展万家旅舍休闲度假""生态增城·全域旅游",开展增城挂绿荔枝赠送市民及游客活动,开辟多条荔枝文化旅游线路,举行荔枝美食宴评选活动,着力打造荔枝文化旅游盛会,这使得增城荔枝产业和荔枝旅游享誉海内外。而增城民间荔枝节庆活动更是多种多样,每逢5月酒店客房、餐馆餐位需提前预订,景区景点、果园、广场,游人如潮,欢声笑语,热闹非凡。每年节庆期间全区接待国内外游客达百万人。2012年6月,在中国节庆研究中心、《中国县域经济报》、广东县域经济研究与发展促进会等单位联合举办的"十大最具影响力广东县域节庆"推荐评选活动中,增城荔枝文化旅游节从来自全省各县市的57个节庆中脱颖而出,成为"十大最具影响力广东县域节庆"之一,之后又在"中国旅游节庆300强"榜上有名。

第十一章

现代乡村旅游的可持续发展模式

本章主要介绍我国现代乡村旅游可持续发展的四种模式。

一、城市依托模式

也叫市场依托模式，又叫客源依托模式，具体来说，就是指在"环大中城市"的乡村，依托大中城市发展城乡互动的乡村旅游模式，这种模式很容易成功。利用城市郊区发展乡村旅游，是目前我国最普遍、最成熟、市场潜力最可观的一种现代乡村旅游可持续发展模式。

以城市依托模式可持续发展现代乡村旅游，概念源于北京大学吴必虎教授提出的"环城游憩带"理论。环城游憩带是指一种特殊的城市郊区游憩活动空间。它主要产生于城市郊区，与中心城市交通联系便捷，主要为城市居民提供服务，某些情况下也为一定数量的外来游客服务。环城的多种游憩活动，组成集观光、休闲、度假、娱乐、康体、运动、教育等功能于一体的城郊旅游综合体，包括一个或多个旅游核心吸引物，围绕核心吸引物形成以旅游产业为主体的多业态复合型生产空间，以及环城市乡村观光度假旅游、现代农业和乡村商业的"1+3"产业模式，是未来环城市乡村社会经济发展的一种重要模式。根据环城游憩带理论，旅游渐渐成为环城市乡村的主要功能之一，依托城市的区位优势、市场优势，在环城市游憩区域便于形成一批规模较大、发展较好的环城市乡村旅游圈，以满足城市游客为主开发相关旅游活动。

城市依托模式的特点有三点，一是距离大城市近，地缘区位优势突出；二是城里有钱、有车、有闲暇时间的人多，有巨大的客源市场；三是交通便利，只要环城乡村旅游产品组织得好，很容易形成旅游交易市场。

这种模式适合在相对城市来说拥有良好自然生态环境和独特人文环境的郊区，依靠地缘区位优势和交通便利优势而发展起来的乡村旅游。城市私家车数量增加，在一个小时内可达的地方吃晚餐、度周末已经成为很多城里人的生活习惯，即距离城市一个小时车程的郊区就最适合此种乡村旅游发展模式。以大城市居民为目标客源市场，在一定农业基础上建设农业生态景观，为城市人创造周末度假、参与农事活动机会，为城市游客提供旅游观光、休闲、游览、餐饮等旅游服务。要通过打造具有一定规模的农业观光基地，为城市配套生产绿色蔬菜、特色水果、各种花卉等附加值高的农产品，打造以精品"农家乐"、民宿为主的乡村旅游产品，开展田园风光、农事体验、农艺学习、水果采摘、休闲度假等旅游活动。

依托城市发展乡村旅游，主要应该把握三个重点：

一是瞄准城市客源市场。可以针对性地发展自驾车旅游，瞄准城市自驾车一族，与自驾车俱乐部、车友会合作，开展活动，把自驾车游客引进来；可以与城市旅行社合作，发展组团旅游（包括亲子游、家庭游、老年游），策划旅游线路产品，开展联合促销，把组团游客引进来；还可以针对背包客发展自由行，开通旅游直通车，加强宣传推广，方便散客乘坐旅游直通车到达旅游目的地。

二是建设好环城市乡村旅游带。环城市乡村旅游的目标客户群是城里人，目标市场就是大城市。依托大城市附近的客源市场，利用农村、农园的自然生态和乡村文化，在吃、住、行、游、购、娱等多方面满足城市居民观光、休闲、度假等多方面的需求，打造城郊型乡村旅游目的地。

三是做好城市客源市场与环城市乡村旅游目的地之间交通设施的便捷对接。包括城市外部交通和旅游目的地内道路的接驳、路牌指引、多种交通工具的换乘、停车系统和汽车保障系统等，确保游客到达方便、顺畅、节省时间。

从目前的运作情况来看，依托城市发展乡村旅游，基本上是将乡村旅游目的地定位于为城市居民提供休闲游憩的"后花园"，借助与现代化城市风格迥异的田园、村落景观及采摘、捕钓、品尝等体验活动，吸引城市居民前来度假、休息，给城市居民提供短期休憩度假旅游产品。其特点是重游率高，易形成忠诚客户，较易发展成度假休闲首选地。

为了提高乡村旅游的竞争力，依托城市发展乡村旅游，应该采取"分""家""景"的发展战略。邹统钎先生在论述"中国乡村旅游社区主导发展（CBD）模式"，谈到乡村旅游可持续发展的机制与模式时指出，乡村旅游发展的核心思想是："分""家""景"。"分"就是"地区分工、产品分类、顾客分层、服务分级——实现分出市场、分出规模、分出效益，来解决乡村旅游低层次重复建设和产品同质化问题";"家"就是打造都市居民的第二个"家"——"倡导亲情服务,塑造清洁、安逸、舒适的家园形象来赢得市场,塑造忠诚客户群"。将乡村旅游设计成"回家"的感觉——"农民成游客的家人,农家是游客的第二个家,农田是游客的家园,农产品是游客带回去的家礼";"景"就是景区,依托景区发展乡村旅游。

二、景区依托模式

大型景区周边的乡村,依托景区开发主题式乡村旅游,利于可持续发展。景区依托模式,是指在成熟景区的边缘,以景区为核心,依托景区的客源和乡村特有的旅游资源发展乡村旅游。景区周边的乡村旅游目的地是景区的伴生物,游客在景区观光之余,还可以对景区周边乡村的田园风光、民族文化、农家生活进行观光游赏。距离大城市80公里左右的景区周边的乡村就最适合这种模式。

采取景区依托模式发展乡村旅游有三个特点:一是毗邻成熟景区,有边缘距离的优势;二是景区有较大的吸引力,旅游资源好,人气旺,在资源和市场方面为区域发展带来较多契机;三是景区周边的乡村借助景区优势,往往成为乡村旅游优先发展区。鉴于景区周边乡村发展旅游时受景区影响较大,这种乡村旅游发展模式应该以重点旅游景区为核心,把旅游景区的部分服务功能分离出来或者延伸开来,吸引和指导周边乡村开发与景区互补的乡村旅游业态,借助著名旅游景区本身的知名度和客源优势,带动景区周边乡村的民俗文化旅游、民宿住宿、乡村酒店、特色餐饮、休闲购物、水果采摘等配套服务,并同时拉动当地农副产品、土特产品的销售,提高农业附加值,支持农民就近就业和创业,增收致富。

采取景区依托模式发展乡村旅游,因为是在大型景区周围发展起来的,其客源市场主要是来自全国各地甚至海外的观光客,其特点是初游率高、重游率低,不易形成忠诚客户,一般是典型的观光旅游。但如果采取"分""特""景"的发展战略,与景区旅游产品差异化发展,也能够留住游客,这方面的发展潜力很大。"分"就是在乡村旅游目的地的经营上有专业分工,对旅游产品分门别类,细分顾客人群,划分服务质量等级,实现分出市场、分出效益,以此来解决乡村旅游低层次重复建设和产品同质化问题;"特"就是打造民族风味浓郁、特色鲜明的民俗,民宿、美食、购物、娱乐等景区无法比拟的主题文化"特色民俗村";"景"就是依托景区发展,与所依托的景区实行捆绑式促销,借助景区的"形",巧用重大事件的"势",弘扬民俗村的"名",大力倡导乡村体验服务,使景区周边的乡村依托景区同样赢得国内外游客的青睐,在观光和度假市场上"分到一杯羹"。邹统钎先生曾经指出,"家"以温馨为先,"景"以奇特为重,两者开发的重点不同。

依托景区发展乡村旅游的乡村旅游目的地,一般要自然风光好,人文景观丰富,交通条件好,住宿、餐饮、购物、娱乐设施完备,这样才能保证有足够的游客量。依托景区开发乡村旅游产品,主要定位是提供旅游接待服务。要通过建立集游客吃、住、游、观光等于一体的特色村庄,使其优美的自然景色、田园风光、农耕文化吸引大批城市游客。《乡村旅游:理论·案例》中指出,"乡村旅游受人追捧的原因有:悠闲的环境,吸引都市工业社会人群来逃避压力;无污染的田野,能够净化人们的心灵;田园的空旷,能够吸引人们来此娱乐"。

依托景区发展乡村旅游,其优势有:区位优越,共享风景;市场优越,客流集聚;资源优越,互补发展。

要在深度契合景区品牌理念的基础上采取景区依托模式发展乡村旅游,依据客源市场及本身特点开发深度乡村体验产品,充分调动吃、住、行、游、购、娱这六大旅游要素,充分阐释乡村风俗风情。让开放式的乡村体验与封闭的景区观光形成鲜明对比,依托景区优势,走自己的特色乡村旅游发展道路。采取景区依托模式发展乡村旅游,具体要把握好以下四点。

一是把握好景区的核心驱动力。核心是景区的驱动力,这是乡村旅游发展最重要的动力。要界定旅游发展的主要消费群体,通过扎实的游客数据调研,系统分析客流构成,并重点进行游客规模预测、游客偏好分析、游客停留时间分析、主要消费需求分析,还要分析乡村旅游服务设施的类型、规模、档次等，为乡村旅游规划与设计提供具体市场依据。要参考景区发展战略制定乡村旅游发展规划，将其发展纳入依托景区的旅游规划体系，从景区的发展前景中准确寻找旅游发展契机。要加强与依托景区的线路连接，做好基础建设工作，提高乡村与核心景区的通达度，整合资源，将乡村与依托景区纳入同一旅游线路，联动发展。在内容和功能上互补发展。景区周围的乡村旅游景点，经营内容上以乡村民俗、乡村节庆、乡村建筑文化等文化风俗类为主，功能上主要以餐饮、住宿等旅游配套服务为主，与景区观光游览功能互为补充，形成区域间互助发展。实施与依托景区的联合营销，积极参与依托景区的营销活动，借助景区的知名度和口碑，帮助自身宣传；与区域内景区进行联合营销，打造区域旅游大品牌。

二是把握好与依托景区的互动。乡村旅游借助成熟景区的优势进行发展，是依托景区服务的延伸或是文化诠释的补充，要梳理乡村各种文化资源，包括有形的民居建筑、特色饮食、农业产业、遗址遗迹，还有无形的故事传说、民间艺术、民俗节庆，要将沉淀于乡村内的，能够代表乡村文化性格的元素和资源活化展示，转变成为具有吸引力的旅游产品。一定要形成自己的主题特色，与景区形成差异化发展，功能上内容上都成为整个区域旅游中不可或缺、独具魅力的一部分。

三是把握好与区域内乡村的差异化发展。乡村旅游要做大做好自己的优势产业，拥有自己的独特个性，增强辨识度，与景区形成差异化发展，突出特色化、主题化、品牌化。产业体系构建中要突出主题化，注重特色产业的重点发展。综合分析市场和资源特点，依托景区的现况及发展前景，制定乡村旅游发展战略。通过主题产品与项目策划、主题设施策划以及主题景观设计等方面，将乡村性格转化为各种可视的文化符号，最终形成特色突出的旅游产品谱系。

四是把握好利益主体矛盾最小化。乡村旅游的重要价值在于乡村民俗风情对城市居民的吸引力。乡村旅游与其他类型旅游相比往往涉及更多的居民参与，因此政府、企业、集体和农民等开发主体之间的利益分配成为制约乡村旅游可持续发展的一个重要因素。实现利益主体矛盾最小化，关键在于对乡村居民利益的保障，在开发景区建设中尊重当地传统和当地居民的意愿。健全分配机制，开发初期明确权责和规范利益分配制度，充分考虑当地居民的利益。正确处理游客与居民的关系，尊重当地居民的生活习惯。处理居民生活空间与文化展示场景的叠加关系，兼顾居民生活空间的保护与文化展示空间真实，形成文化生态的内部平衡。

采取景区依托模式发展乡村旅游，最终目的是使乡村旅游目的地成为一个独具吸引力的乡村旅游景区，与大型生态景区并肩，因此，采取景区依托模式发展乡村旅游时，要打好景区牌，打好特色牌，走出自己的精品化、品牌化道路。乡村旅游产品的特性在于"农"味、"土"味、"野"趣和生态性。利用乡村民俗、民族风情和乡土文化，要在内容和形式上充分体现出与景区不同的文化特色，体现鲜明的地域特色、民族色彩、文化内涵，使乡村旅游产品有较高的文化品位和艺术格调，成为展现当地社会生活与乡村文化的一个窗口。

三、产业依托模式

在特色农业产业发达的乡村，依托"一村一品"的产业优势发展现代乡村旅游，利于可持续发展。采取产业依托模式发展乡村旅游，旅游产业要与农业、林业、渔业紧密结合，以较好的农业特色经济为基础，立足当地规模化的农业产业优势，以旅游市场需求为导向，通过政府引导、企业为主、村民参与进行旅游项目开发，积极发展乡村旅游产品，以达到乡村旅游快速发展的目的。

采取这种模式发展乡村旅游，不只向游客提供观光和采摘等旅游产品，还包括向游客提供产品生产过程、产业相关知识、产品品尝和销售等产业链式的旅游项目，是工业化、规模化、专业化、知识化乡村旅游产品的典型，休闲农业与乡村旅游融合发展较好，满足了游客观光、休闲和体验的多样化旅游需求，有力地促进了当地农产品生产、加工和就地销售，从而促进农村经济发展。

依托花卉产业发展乡村旅游，国内的成功案例有江西省上饶市婺源县、云南省曲靖市罗平县，两地都有几十万亩油菜花田，以此为依托发展乡村旅游，成为旅游接待大县；国外的成功案例有依托郁金香田发展旅游的荷兰、依托薰衣草发展旅游的法国，把农产品生产场所、休闲旅游场所和农产品销售场所结合在一起，通过整合花卉、文化、旅游、休闲、商务等要素，产、供、销等相连，观光、旅游、休闲、度假、购物、消费一条龙，用独特的乡村建筑、具有景观效果的花园和果园、体验性强的生产流程、打破常规用餐途径增加游客体验项目，通过丰富的旅游业态来吸引城市游客，进一步升级打造文化体验、观光旅游、休闲旅游、创意艺术等特色乡村旅游，塑造现代乡村旅游主题形象。

推动乡村旅游最有效的方式是依托现代化农业产业园区。高科技农业产业促进农业生产，加速农业转型，实现农业生产和生活富裕的目标。乡村旅游是农业产业转型的加速器，引导农民向第二产业和第三产业转移。农旅一体化发展，以游养农、以农促游，让旅游为农产品带来销路和提升农产品附加值，让农民受益于农产品升值，让农业文化景观为旅游提供旅游吸引物。坚持"一村一品"，在产业化分工下精细化纵深发展绿色循环农业、创意农业，开发绿色旅游商品，包括特色农产品、传统工艺品，增加旅游体验项目，提高农业旅游的核心竞争力。采用产业依托模式发展乡村旅游，有以下几种"农旅"结合形态。

一是特色庄园。关于特色庄园，本书前文有所提及。庄园是欧洲中世纪中叶出现的一种以家庭为单位生产经营农业的组织形式。它和传统农业的区别是专业性强、集约化生产、大规模作业，后来逐渐发展成为一种家庭式的产业，并多与休闲旅游度假相结合。我国在改革开放之后，特别是鼓励农业开发的法律法规出台和一部分人先富起来之后，使庄园这种模式在我国开始有了生存的条件。庄园作为一种集约化经营管理方式，能够在短时间内聚集大量闲散资金用于农业开发，若能规范管理和健康发展，的确能够成为一种迅速促进农业发展，同时带动旅游产业、农产品加工业及其他行业发展的新的组织形式。

这里说到的"特色庄园"是指具有较高土地经济价值的，集生产、生态、生活等多种功能为一体的观光农业庄园，即利用农业资源环境、农田景观、农业生产活动和农业文化，为人们提供观光、旅游、休闲、度假以及体验的一种农业旅游活动。不仅具有生产功能和经济功能，还具有生活功能和生态功能，是新型的现代多功能农庄，包含农场文化、生态环保文化、康体健身文化、家庭休闲文化等多元文化要素。开发特色庄园所占用的土地根据功能可分为两大类，即非农业用地和农业用地。非农业用地一般为庄园的建设用地（用于建造住宿、服务等设施）或休闲活动场所用地，农业用地则为庄园的农业生产用地、农业展示用地等。农业用地主要通过庄园投资者租赁农民的土地或是农民以土地作为资金入股的方式获得。农民和特色庄园投资者在协商一致的基础上签订租赁合同或股份受益凭证，将农村土地的承包权和使用权进行分离，是农村土地产权多元化的一种有效形式。

特色庄园是劳动联合与资本联合的复合体，只要经营得当，农民和庄园投资者均可获得可观的收益，实现双赢。对于农民而言，将土地租赁给庄园投资者可以获得租金，以土地入股可以获得分红，在庄园内进行服务工作可以得到固定的工资，参与管理农业生产还可以获得管理费用以及少量的农业收益。对于庄园投资者而言，可以得到绝大部分的农业收益，以及由观光农业所带来的相关旅游收益，如旅游住宿、餐饮、娱乐活动、售卖旅游商品所获收益。如果将土地分块转租给他人进行农业体验活动，如市民租种小块庄园农业用地，自己种植自己采摘，还可以得到土地的租金。特色庄园的布点要科学，交通要方便，与外部有较好的联系，方便游客到达，这并不是说特色庄园一定要位于交通主干道边，为减少过境车辆人流对度假休闲的干扰，通常以距离大都市车程1～2小时为宜。设计特色庄园，首先游憩地规模要大，综合服务功能强。"大农场"建立在大都市旅游圈的远郊旅游带，环境优良。乡村气息浓厚，是都市居民逃离强大都市压力生活，前往休闲度假放松心情的理想场所。其次要体现当地特色文化，如美国牧场体现"西部牛仔"文化，英国和俄罗斯庄园体现欧洲的庄园文化。最后，还要开展农业教育，建立农业解说系统。

二是生态休闲农场。以台湾的休闲农场为例，它们大多分布在旅游线路上，每个景区景点都与乡村旅游结合，有客源保证。台湾生态休闲农场对板块化、区域化整合，已经有了相当大的成效。例如苗栗县南庄乡休闲民宿区，拥有近80家乡村民宿，依托这些民宿，南庄乡将具有百年历史的桂花小巷开发成特色旅游街，带动了客家特色餐饮、特色风味小吃、特色手工艺品等相关行业的发展，游客来到这里之后，在体验不同的农家风貌的同时全方位地感受当地特色的客家文化。

台湾自推出精致农业策略，其乡村旅游发展一直以"农旅"结合形式为主，各种旅游产品采取差异化的战略，都取得一定的市场，值得借鉴。台湾的生态休闲农场多以"小而精"取胜。它们不刻意追求农庄的面积、规模，不一定非要种植多少作物、获得多高产量、产品有多大的批量，而是非常注重精细管理，精深加工，融入创意，提升品质。有的产品甚至限量供应，量少质精，坚持以质取胜，以特色取胜。如此做法，反倒吊足了游客的胃口，吸引了众多游客慕名而来，不仅保持了持久旺盛的生命力，也最大限度地降低了资源消耗，保证了良好效益。台湾的生态休闲农场通过深挖特色、扬长避短，有效地避开竞争；通过做精做透、提质增效，实现资源节约、持续发展。台湾的农产品深加工从果品鲜食、保鲜存放、干品制炼到提取成分制作面膜膏和护肤美容品等，具备一系列的生产、制作和包装技术，极大地延伸了产业链。

台湾的生态休闲农场特别擅于发现和挖掘本土历史文化与当地特色资源，如草织、藤编、雕刻、手工艺品、地方舞蹈、地方戏剧、地方音乐和古迹史话传说，通过新奇创意，包装打造出特色品牌。如地震灾区桃米村蕴藏着丰富的生态旅游资源，台湾原生29种青蛙，桃米拥有23种，台湾有143种蜻蜓，在桃米发现56种。在当地政府帮助下，桃米村民挖掘资源潜力，不断宣传各种各样的青蛙和色彩斑斓的蜻蜓，以这两种小动物为主题设计出各种可爱的卡通形象，遍布乡村醒目位置，鼓励村民动手，用纸、用布、用石头等材料制作手工艺品，很快使桃米村从一个地震废墟变成一个昆虫生态文化体验休闲区。

台湾的生态休闲农场从一开始就非常注意生态环境保护，在建设与经营过程中不断融入创意与主人的情感，故而可以让游客强烈感受到设计者的情感与追求。在主题选择上，水果采摘，竹、香草、茶叶等名花异草观赏，昆虫收藏，奶羊、奶牛、螃蟹、鳄鱼、鸵鸟等饲养体验，创新不断，使游客始终充满新奇感。比如位于桃园观音乡的青林农场，一年四季都栽种着向日葵，向游客免费开放参观；还有专门种植食虫植物的波的农场，种有猪笼草、捕蝇草、毛毡苔、瓶子草等。台湾很多生态休闲农场，一看名字就知道其特色，如以香草为主的熏之园，以奶牛为主的飞牛牧场，以兰花为主的宾朗蝴蝶兰观光农园，"花开了"农场则栽植了大量珍贵的树林与奇花异草。头城农场的传统项目"叶拓T恤"，不断有新的图案推出，时常有新意，固定客源可以反复前来消费。旅游活动各具特色，有自助农园、森林游乐区、昆虫馆、休闲娱乐农场等，提供采摘、露营、烤肉、垂钓等休闲活动，并走向多元化和经常性经营。

在海边的，特别注意发挥海的优势；有农田的，特别注重突出花果飘香；在大山里的，尽显森林韵味。要让游客去过一次就留下深刻的印象。在主题特色的基础上向内容更丰富的层次发展，规模场地也不断扩大。在发展方向上，无论是发展类型、运行机制、组织形式还是投资渠道，都迈向多元化。台湾农政单位通过鼓励"青年返乡"，使一大批接受过良好专业教育的青年人回到农村从事休闲农业的经营开发，使整个产业的素质得到了较大的提升，产品也出现了多元化，避免了产品在低层次上的雷同化。台湾的生态休闲农场非常注重产品的口碑而不是品牌。他们认为口碑比品牌更重要，因此他们宁可将更多的精力放在保证产品质量和让顾客满意上。为了保证产品安全营养，他们严格控制化肥、农药、除草剂的使用，宁可增加投入、牺牲产量也要保证产品质量。为了让游客品尝到口感最佳的产品，台湾很多生态农庄免费对游客开放，目的是吸引游客到农庄购买最新鲜、成熟度最佳的农产品。

台湾的生态休闲农场大多建在偏远的郊区，吸引游客到农场购买产品，实现产品就地销售，不仅有利于保证产品的质量，另外一大好处就是农场可以免掉一大笔销售费用。除了使用宣传手册、广告路牌、电视报纸等传统宣传手段以外，它们还加强网络营销，运用科技整合资讯，通过网页、搜索引擎以及3G手机服务对农场区域的地图、路线进行迅捷的引导。台湾的生态休闲农场设有可供多人同乐的场所，例如烤肉区、采果区、游戏区、农耕体验区；有的设有充满台湾农村乐趣的烘烤区，让游客享受土窑烤地瓜、烤土窑鸡的乐趣；有的不定期举办与农业有关的教育活动、趣味比赛；有的提供与场内动物接触的机会，游客可以借喂养小牛、挤牛奶、喝生奶的过程体验牧场农家的生活。

生态休闲农庄不仅是休闲娱乐场所，而且是实践、学习的好场所。平时主要接待学校师生，用作毕业旅行或户外教学，周末则以吸引全家度假的游客为主，天天都有生意做。如台一生态休闲农场，精心设计了插花生活馆、才艺教室、亲子戏水区、花卉迷宫、浪漫小屋、蝴蝶甲虫生态馆等不同区域，游客可依序参观。台湾的休闲农业景点的配套设施都比较齐全，不仅景区外部的道路、交通、水电等设施完善，内部的配套设施也安全完善，讲究方便，游客所到之处吃喝玩乐样样具备，而且大都干净、温馨、舒适、价格合理。多数台湾生态休闲农场设有观光部，负责旅游推介、接待与导览业务，有的还现场展示特色产品与特色烹调，让游客尝鲜。

无论是从台湾还是大陆的发展经验来看，依托产业发展现代乡村旅游，初期都离不开政府部门的大力促进和引导，但是政府不能包办一切，最终产业进步要靠行业组织和良好的服务体系作为保障，服务体系包括营销体系、培训体系、行业自律体系。关键是发挥农会、农业推广学会等群众组织的作用，帮助农民转型。在区域内部，要通过行业协会、旅游公司、农村专业经济合作组织等形式，引导当地休闲农业经营者按照"自愿、联合、规范、自律"的原则联合起来，对内统一服务标准，完善竞争机制，强化行业自律，避免出现恶性竞争，对外统一媒体宣传，并划拨专项经费制作光碟、休闲农业旅游指南以及举办休闲农业推介活动。台湾大的休闲农庄大多牵头成立了专业合作社，他们对产品的潜在经济收益和市场销路掌握得非常清楚。农户在农会的帮助和指导下，自身也成为一名生产专家、经销专家和市场分析家。他们注重产品的国际市场销售行情，善于捕捉国际市场的变化信息，不断建立和拓展新的国际市场的贸易往来关系。台湾休闲农业在主推"体验经济"之后，还出现了"分享经济"的理念，即休闲农业经营者与游客分享乡村生活，变"顾客是上帝"为与游客首先成为志同道合的朋友，倡导"拥有不如享有"的消费理念。

采用产业依托模式发展乡村旅游，国内也逐渐兴旺起来。就北京地区而言，已建立了许多具有休闲"庄园"特征的休闲场所，比如意大利农庄、蟹岛、鹅与鸭农庄、张裕卡斯特酒庄，都是非常典型的依托产业而形成的一种都市休闲旅游产品，是传统贵族式庄园、休闲农场、葡萄酒庄和依托庄园与乡村建立的高档度假酒店等。上海、广州、深圳等大型城市周边也不乏数目众多的各种类型、各种规模的庄园、山庄、农庄、农场，以精品特色农业为主，开发旅游度假及其相关产业。

广州市增城区近年来也扶持了一批生态休闲农庄，集休闲、美食、度假、娱乐、亲子活动为一体，促进了乡村旅游发展。不仅如此，增城还着力引进农业龙头企业，实现"农旅"结合，发挥他们在乡村旅游中的"龙头"带动作用。譬如，增城区小楼镇约场村的广州绿垠水耕蔬菜基地，占地500亩，是目前广东省较大规模的水耕蔬菜培植基地之一，是中国农业部无公害农产品产地认定单位，中国农业部部长曾亲临基地考察。该基地将建成一个集无公害蔬菜种植、品种示范、技术研究和示范推广以及农业科普宣教、农业体验式旅游等为一体的综合性的现代化农业观光园区。目前，园区发展农业科普、观光采摘美食体验、亲子活动、休闲旅游、田间超市等，堪称广州市增城高科技休闲农业与乡村旅游融合发展的楷模。

四、主题文化依托模式

在民俗文化氛围浓厚的乡村，采取依托主题文化的模式发展现代乡村旅游，利于可持续发展。丰富的民俗文化旅游资源和便利的交通是这类乡村发展旅游的基础，通过旅游部门、乡镇政府、村委会等有组织地引导农民经营户，按照统一规划和建设的要求发展乡村旅游接待设施和配套服务，同时与农民艺人、群众文化团体合作，定期或不定期开展主题文化活动来吸引和促进乡村旅游发展。

例如依托丽江的纳西古乐、陕西老腔等地方戏，可以组织民族民俗文化表演队、农民时装队、篝火晚会等丰富旅游活动内容，同时增加生态观光、滑草休闲运动、果园摘果品果、观看民族民俗表演等不同类型的乡村旅游配套形式。主题文化依托模式的一般做法有以下几种。

(一) 挖掘和提炼乡村特色文化——形成旅游吸引物

随着中国乡村旅游的蓬勃发展和"美丽乡村"建设的不断推进，乡村文化在乡村旅游开发中的重要地位日益突显，然而现实中很多旅游规划设计者并没有挖掘到乡村特色文化，仅将乡村的文化表象粗暴放大和复制，使得塑造出来的乡村文化意象缺乏原真性和独特性，陷入了新的"千村一面"的尴尬境地。

针对这种境况，乡村旅游规划设计者要挖掘和提炼乡村文化。什么是乡村文化？乡村文化隐藏在历史积淀塑造的人文内涵中。村名，背后藏着一个人或一件事；村庄的布局，包含着先祖生存的智慧；聚落的形态，来源于一个望族或一段历史；村庄的建筑格局，是千百年择优而居的生存状态。乡村文化表现于地域环境造就的乡村景观中，反映在乡村村民独特的生活方式里，民风民俗——"百里不同风，十里不同俗"，饮食习惯——南北环境差异、民族风俗形成不同的饮食习惯；展现在当地村民原始的生产方式内，劳作方式——居草原则游牧、居水边则捕捞、居平原则耕作、居深山则捕猎。地域环境和自然资源决定了村民采用哪种生产方式从自然界中获取生存所需的材料，决定了村民们的生活方式，决定了乡村的景观。

乡村文化是乡村旅游的灵魂，乡村文化并非虚无缥缈、不可捕捉，它有其生存发展的地域根基。挖掘乡村文化需仔细探索，提炼乡村的原真性和独特性，形成文化旅游吸引物。要关注乡村文化的形成和发展脉络，从点扩面，通过原生态乡村景观风貌保护、乡村生产方式、生活方式体验等方式，将挖掘到的乡村文化融入到乡村的生产方式、生活方式和乡村景观中去全面体现。

(二) 主题文化"活化"的主要途径——乡村民俗文化旅游

乡村民俗文化旅游是以乡村民俗、乡村民族风情、传统民族文化为主题，将乡村旅游与文化旅游紧密结合的旅游类型。是一种高层次的文化旅游，主要包括物质风俗、社会组织风俗、节庆风俗、人生仪礼和精神文化民俗旅游等五部分。如果在微观上细分，民俗文化旅游又分为服饰民俗、饮食民俗、居住民俗、人生礼仪民俗、工艺美术民俗、游艺民俗、宗教和世俗信仰、禁忌等旅游业态。乡村民俗文化旅游，因满足了游客求新、求异、求知的心理需求，已经成为旅游行为和旅游开发的重要内容之一。

乡村民俗文化旅游具有文化的原生性、参与性、质朴性及浓郁的民俗风情特点，独具一格的民族民俗、建筑风格、饮食习惯、服饰特色、农业景观和农事活动，都为民俗旅游提供了很大的发展空间。民俗旅游作为一种"文化之旅"，其魅力在于能够使游客欣赏到异地他乡人们特有的生活方式和独特的创造成果。通过"乡村旅游+民俗"，构筑乡村旅游产品的核心竞争力，促进乡村民俗文化旅游发展。按照"政府引导，市场运作"的原则，在不断加大政府引导性资金投入的同时改进乡村动态关注体制、运行机制和经营管理模式，吸引大量社会资本投资开发乡村旅游。

乡村民俗文化主要是以民间文学、传统音乐、传统舞蹈、传统戏剧、曲艺、杂技与竞技、传统体育、传统美术、传统技艺、传统医药、民俗活动等为主要内容和文化表现形式的客体，在旅游开发过程中实施保护性开发，通过旅游产品使其得以传承和发扬，即"活化"，包括民俗文化空间化、民俗文化景观化、民俗文化建筑化、民俗文化节事化、民俗文化演艺化和民俗文化商品化。

1. 民俗文化空间化

主要指确定文化主题元素，从空间上营造文化氛围，为游客提供鲜明主题的旅游文化环境，如建设民俗古城古镇、打造民俗文化村、设立民俗风情园等，通过打造特色空间形成旅游区的品牌形象。如丽江的纳西民俗文化旅游、楚雄的彝族民俗文化旅游、内蒙古的草原民俗文化旅游等，都是通过将区域内最核心、最强烈的民俗文化空间化，实现景区的建设。文化空间化是进行民俗文化旅游开发的基础和保障，通过风貌、商品、服务等多方面进行全息化演绎，实现文化聚焦。

2. 民俗文化景观化

是旅游文化展示的一个重要方式，通过壁画、雕塑、服饰、音乐、美术等艺术展现当地的民俗文化，使其成为文化符号的艺术展示形式。景观小品是景观中的点睛之笔，一般体量较小、色彩单纯，对空间起点缀作用，如丽江民俗旅游中的民族壁画、雕塑。民俗文化景观建设应与旅游区功能分区相互配合，展现不同方面的文化特征。

3. 民俗文化建筑化

是指通过一系列文化设施集聚，将民俗文化进行强化，例如"村寨""民俗古居"，从量变引起质变。

4. 民俗文化节事化

是指以大型节事为主题进行民俗旅游开发。节事是一个地区民俗文化的最佳载体，游客观赏或参与当地的节事活动，可以直接地了解、感受当地的民俗文化，获得丰富的旅游享受。节事包括传统节日、现代节日、西方节日、各类庆典。以大型节事为主题进行民俗旅游开发，成功案例如丽江的彝族"火把节"、纳西族"棒棒节"。

5. 民俗文化演艺化

演艺是民俗文化集中展示的主要方式，对发展民俗旅游发挥带动作用。以民俗文化演艺活动为主题进行的民俗旅游是一种比较受欢迎的旅游产品，具有"文化磁极"的作用。从发展现代民俗旅游的视角看，要实现历史与现代的结合，充分利用民俗活动的平台，建立以大型晚会、巡游、歌舞史诗表演为主体，融合多种艺术门类的表演体系，并进一步构筑与艺术圈、设计产业、演出设备采购、高新技术产业等多种产业紧密关联的演艺文化产业链条。

6. 民俗文化商品化

不仅是旅游产业链的重要一环，更重要的是承载了对民俗文化保护和传承的责任。空间、景观、建筑、节事、演艺等形式"活化"可以为游客营造良好的民俗旅游环境，商品"活化"则是对街区的风貌、商户的功能、经营的商品、参与的商家全息化聚焦，将民俗文化与旅游有机结合，如开发木雕、玉器、刺绣等工艺品，满足游客"购"的需求，有利于带动经济发展。

社区参与是乡村民俗文化旅游发展的必经之路。乡村民俗文化旅游是在社区之间展开的,社区作为民俗旅游活动的重要依托,社区居民的积极性、能动性和创造性关系到民族风俗及传统文化的保护与发展,关系到旅游活动真实性的实现,更关系到旅游目的地的未来发展。在民俗旅游发展过程中,受传统文化观念的影响,以及受管理理念与技术、认识与知识水平的制约,普遍缺乏社区参与意识。在一些经济发展水平相对落后的地区,即使社区认识到参与旅游活动的必要性和重要性,但由于受一些客观因素如资金、技术、能力和劳力等限制,使得居民参与的范围不广,层次有限,效果不明显。针对这一现象,欧美国外制定了一系列鼓励社区参与的政策,如国家鼓励尽可能多的乡村社区参与乡村民俗文化旅游的规划、补充和监管,以此推动经济、文化发展。

(三) 主题文化依托模式的实践载体

1. 民俗文化村

民俗文化村,是指在具备可能性、现实性、操作性的条件下,在民俗文化相对丰富的区域选择一个最为典型、交通也比较便利的村落来开发旅游,依托村落现存的旧貌,在保持旧貌的基础上原地恢复保护性开发或是仿古创造性开发,再现古代各时期的传统民俗文化风情,将原生态的乡村民俗文化呈现给游客。顾名思义,民俗文化村强调民俗的原版性,展现民俗文化的原有风貌和村民的现实生活状况,这是一种最经济、最原汁原味的资源开发形式,不仅可以满足游客"求新、求奇、求乐、求知"的心理需求,而且能够提高游客的重游率,最重要的是可以原地保护当地旅游资源。

民俗文化村的成功案例有贵州的"村寨游"、北京延庆县的民俗村。贵州发展乡村旅游,主要依托特色村寨及其群落开发深度体验型产品,这种旅游产品的文化特性非常突出,前期主要吸引的是一批热衷文化探秘的境外游客和研究学者,但随着国际乡村旅游市场的发展,国内游客"返璞归真,回归自然"需求的增加,这种结合了传统民俗文化与村寨田园风光的乡村旅游产品便表现出特有的发展潜力。

北京市延庆县井庄镇柳沟村，依托军城历史和民俗文化，提升四合院村落，强化土法作坊的豆腐文化氛围，发展民俗文化村和A级旅游景区，打造特色餐饮"火盆锅——豆腐宴"，推动乡村旅游发展，已经成为延庆县乃至北京市的一个乡村旅游品牌，深受社会各界和广大游客的欢迎。

黔东南苗族侗族自治州巴拉河流域开发众多民族村寨，其中朗德上寨被授予"中国民间艺术乡""露天民族民俗博物馆""全国重点文物保护单位"等称号，享誉海内外，游客可以从建筑、饮食、服饰、节日、生产、娱乐、礼仪、道德、信仰等方面窥见苗岭山区的文化和历史。

平坝县天龙屯堡依托明代遗存典型屯堡村落的特殊优势，天龙村开创了"政府＋公司＋旅行社＋协会"四位一体的旅游开发模式，大力发展屯堡文化游，走出了一条乡村旅游带动经济发展的路子，明确分工、各负其责，进行合理的利益分配，有效避免了农民从事旅游产业可能造成的过度商业化，最大限度保留了当地特色文化。

2. 乡村民俗文化主题公园

乡村民俗文化主题公园，是指在一处专门建设的旅游园区，通过仿造民俗环境，开展当地居民生产、生活中的某些活动，表演民俗节目，形成规模展示，表现多种不同民俗文化的乡村民俗文化旅游形式。在原生的状态下，以"活博物馆"的形式来展示民俗文化，不移动民俗文化的原始位置，而是把民俗文化保持在原生状态下，打破了传统的集中收藏式的主题公园建设模式，让人们了解民俗文化本来的原始的面貌。它虽然将分散于人们生产过程中的民俗文化旅游资源整合到一起，但没有使其完全脱离现实生活，而是保持了民俗文化的"原汁原味"。乡村民俗文化主题公园作为一种新的乡村民俗文化旅游形式，极具吸引力。

3. 旅游文化特色小镇

这样的特色小镇一般3至5平方公里，不限于行政区范围，主要以特色文化产业聚集，以龙头企业为主导形成产城融合发展模式，并以3A级以上景区为基础，形成规模，塑造形象，打造品牌，产业带动，人气拉动，集花卉观光、产品销售、科研科普、休闲度假、美食购物、康体养生、节庆节事等为一体。成都的"三圣花乡"就是一个休闲景区式的特色小镇。

这样的特色小镇建设，一般要实现"六化"：

一是小镇范围内的农房外观改造要景观化，以便增强整体视觉的美感度；

二是镇区内的基础设施建设城市化，街区道路提升、管网入地、排污达标、消防安全、卫生服务、光纤电缆、移动信号覆盖达到城市水平；

三是旅游设施配套化，有游客服务中心、有足够停车场、有旅游厕所、有旅游交通指示牌、有导览系统、有餐饮和住宿及娱乐设施；

四是景观打造生态化，打造湿地、建设绿地、塑造人文自然景观、塑造品牌形象；

五是土地经营规模化，流转土地，规模经营，功能分区，规划布局；

六是产业支撑体系化，以"龙头"企业带动，形成全产业链，构建可持续发展的产业体系。

在这样的特色小镇里，一个村就是一个乡村旅游示范区，形成乡村旅游的聚集效应。例如，"十三五"期间，广州市提出三年建设30个旅游文化村，发展一批特色小镇，实现乡村旅游的跨越式发展，带动农村脱贫致富，促进新型城镇化发展。

第十二章

现代乡村旅游的县级"顶层设计"

一个县级发展现代乡村旅游，应当首先进行"顶层设计"，也叫作制度设计。开展乡村旅游，县级决策者应当对宏观方向进行把握，即进行整体通盘考虑，同时做好如下重点工作。

一、把握宏观方向

笔者认为，做好现代乡村旅游的县级"顶层设计"，对宏观方向进行把握，主要应当抓好以下几点。

（一）建立健全工作机制

旅游产业是一项经济产业，也是一项社会事业；不仅具有经济属性，同时具有社会属性，还具有统筹经济发展和社会进步的功能，是"幸福产业"。可以说，旅游业是当前和今后时期全面建设小康社会的物质文明新动力和精神文明的新推手。发展现代乡村旅游，是一个庞大的系统工程。完成这个系统工程，需要建立健全县级党委和政府统一领导、相关部门积极参与的乡村旅游和旅游扶贫工作协调推进机制，形成上下联动、横向联合、协同推进工作的新局面。乡村旅游和旅游扶贫工作涉及方方面面，各级各部门必须齐心协力、齐抓共管、合力推进，这样的效果才会明显。县级政府要搭建统筹协调发展平台，县级党政主要领导牵头主抓，把分散的旅游资源整合起来，把分散的建设资金集中起来，把分散的发展力量调动起来，充分发挥好国土规划、发展改革、金融、财政、税务、农业、林业、水利、交通、建设、卫生、消防、商务、文体、旅游等多个部门的职能作用，统筹解决好现代乡村旅游工作中的多规对接、用地保障、行政审批、资金统筹、产业培育等问题，为乡村旅游持续健康发展创造良好的内在动力和外部环境。各级相关部门要自觉围绕旅游产业发展做好"旅游+"的文章，在不改变所属职能的前提下围绕旅游产业融合发展，切实发挥支持旅游产业发展的职能作用；各级旅游部门要主动与相关部门加强沟通对接，积极做好"旅游+"工作，建立常态化的统筹协作工作机制，切实调动各方面积极性，夯实现代乡村旅游工作的基础。

（二）重视旅游部门的职能作用

县级党委和政府要重视和支持旅游管理部门工作。同时，旅游部门要主动作为、勇于担当，充分发挥部门优势，主动给各级党委、政府当好参谋和助手，多出思路办法，多出新招实招，充分发挥旅游部门在推动现代乡村旅游工作中的先锋作用。旅游工作是综合性、系统性很强的工作。综合性工作必须综合抓，系统性工作必须各级党政"一把手"牵头抓。省、区、市、县有条件的组建旅游发展委员会、旅游产业协调领导小组，在机构职能的调整过程中，加强现代乡村旅游工作的统筹、综合、协调职能，其目的是推进旅游产业的顺利发展。在县、镇、村成立有专门负责现代乡村旅游的工作机构，对推动乡村旅游发展能够提供重要保障。有条件的地方，旅游部门也要设立专门的工作机构具体负责乡村旅游工作，形成"统筹规划、统筹产业、统筹执法、统筹考核、统筹营销"的"大旅委"体制，为乡村旅游发展提供强有力的组织保障。建立乡村旅游协调推进的领导联系、季度例会、督查通报、专题会商、年终考核这五项制度，也可以为乡村旅游的顺利发展提供制度保障。现代乡村旅游和旅游扶贫工作关系国家战略，关乎国计民生，既是一份沉甸甸的责任，更是旅游行业的光荣使命。要发扬新一代旅游人勇于担当、积极作为的行业精神，以扎实的工作，全力开创乡村旅游和旅游扶贫工作的新局面，为全面建成小康社会作出应有的贡献。

（三）积极推进改革创新

现代乡村旅游是全域旅游的一个新业态，要把改革的精神、创新的意识贯穿到现代乡村旅游各项工作当中，重点在政策创新、试点示范方面下功夫。围绕"强功能、提品质、塑文化、聚人气、促产业、富百姓"的乡村旅游发展思路，着力通过乡村旅游发展模式和运行机制的培育与创新，深入开展旅游体制改革创新，全面推进乡村旅游转型升级。要加强试点示范，按照国家旅游局的要求，加快乡村旅游人才的引进和培养工作，做好百村万人乡村旅游创客行动和乡村旅游"千千万万"品牌推介活动，为乡村旅游的发展领航引路、榜样示范。要在破除乡村旅游制约瓶颈方面先行先试，探索建立符合地方实际的乡村旅游管理模式。比如，有的地方设立了乡村旅游联审联批工作机构，整合公安、工商、消防、卫生、食监等部门力量，研究制定地方性、行业性管理标准，开通乡村旅游项目审批、经营许可绿色通道。建立乡村旅游标准大体系、乡村旅游产业大体系、乡村旅游发展联动机制，推进乡村旅游大产业向集聚化、景区化、市场化、生态化、国际化、产业化、民生化和乡土化方向发展，催生乡村旅游集聚示范区和乡村民宿、主题庄园、国际度假、生态景区、汽车房车露营、文化游憩、创意农业、婚庆旅游、养生养老、旅游商品、运动休闲等旅游新业态。充分利用新农村建设和生态文明的建设成果，以乡村旅游为切入点，差异化参与都市圈分工，走出一条城乡一体化、农民就地城镇化、乡村就地现代化、农业就地产业化的生态发展之路。

（四）强化政策保障

针对长期制约现代乡村旅游发展的资金、土地、税收、金融等政策障碍，推动出台一揽子政策保障措施。积极争取财政资金加大对贫困地区乡村旅游基础设施建设投入力度，着力改善进村道路、游客服务中心、停车场、旅游厕所、旅游交通指示牌、消防设施、垃圾分类、污水处理等公共基础服务设施。整合利用相关部门农村危房改造、农村环境综合整治、城镇微改造、特色景观旅游村镇、历史文化名村名镇和传统村落及民居保护、游牧民定居等项目建设资金，集中或穿插投入乡村旅游富民工程。进一步降低乡村旅游经营户税费标准，加快创新金融支持乡村旅游发展政策产品。研究出台符合乡村旅游发展实际的用地政策，引导和鼓励农村集体经济组织利用集体土地，鼓励利用废弃矿山、荒地荒滩以及腾退的宅基地等土地资源开发乡村旅游。积极探索支持由村集体收购、村集体统一管理的模式，保障乡村旅游用地需求。

（五）明确现代乡村旅游工作的重点

当前和今后一个时期，乡村旅游发展要把服务"三农"和满足城乡居民旅游休闲消费作为出发点和落脚点，引进和培育旅游品牌企业，发挥"龙头"

企业的带动作用；坚持发展、规范、提升并举，坚持多元化推动、特色化建设、产业化发展、规范化管理，加大政策扶持，创新发展机制，全面提升乡村旅游发展质量和服务水平；着力打造"农家乐升级版"，开发特色乡村度假产品，建设乡村体验式旅游目的地，提高乡村旅游的消费水平，使乡村旅游成为促进农村经济发展、农业结构调整、农民脱贫致富的重要力量，成为建设美丽乡村的重要载体。总的来说，现代乡村旅游工作重点是把握以下五个方面。

1. 坚持以农为本、以乡为魂

要坚持把农业、农村、农民作为乡村旅游发展的基础，把尊重农民的主体地位作为基本守则，切实维护好、保障好农民的应有利益。要充分发挥农民的主动性、积极性和创造性，通过示范带动、政策扶持，引导鼓励农民自觉投身乡村旅游发展，使广大农民成为乡村旅游最直接、最主要的受益者，避免出现农民"失土又失业""出力不受益"等现象。要始终把保护村庄原有的格局肌理和整体风貌放在乡村旅游开发的首要位置，尽可能保持乡村的原真性。在乡村旅游发展过程中，不得大兴土木，不得大肆拆旧建新，不得破坏生态环境、民族村寨和古村落文化遗存，不得随意改变乡村风貌，让游客"看得见山水，记得住乡愁，留得住乡情"。

2. 创新乡村旅游产品和业态

目前，一些地方乡村旅游发展还停留在仅仅为游客做几道农家菜、安排几张简陋床位的"农家乐"的初级水平。这种发展水平与城市游客对乡村旅游的要求是不吻合的，需要加快转型升级。我们应该全方位、全产业链地审视乡村旅游的产品业态布局，加快推动乡村旅游由传统的食宿、观光为主向休闲、体验、度假转变，打造乡村旅游的"农家乐"升级版，开创乡村旅游的"食宿+"新模式。要在妥善保护自然生态、原居环境和历史文化遗存的前提下，鼓励社会资本投资建设休闲农庄、乡村酒店、特色民宿、自驾露营、户外运动和养老养生等乡村休闲度假产品，探索形成多类型、各具特色的乡村旅游发展模式。特别是要注重挖掘乡村文化内涵，大力开发乡村旅游特色文化产品，使游客在旅游过程中体会和了解到不同文化带来的审美享受。

3. 促进乡村旅游提质增效

现在很多地方的乡村旅游发展还处于一家一户、各自为政、分散经营的状态，现代旅游产业体系配套不健全。要在行政村或自然村引进或培育一个旅游品牌企业，突出经营主体，就要从加强组织化入手，推动产业化发展，提升乡村旅游发展品质，扩大乡村旅游综合效益。要引导农民实现合理分工，适合生产农副产品的就生产农副土特产品，适合经营餐饮住宿的就经营餐饮住宿，适合从事商贸物流的就从事商贸物流，适合民俗表演的就民俗表演，形成农、工、贸、旅游等有机结合，生产、加工和销售一体化经营。要引导农民从分散、零星的旅游接待活动转向组织化、网络化经营，由自给自足、独立运作的接待经营户转为分工协作、配置合理的接待经营体系，在产品开发的横向扩展和产业体系的纵向拓展上下功夫。提高乡村旅游的发展质量和效益，除了要在产品和设施上下功夫，还要大力提升乡村旅游软实力。要着力提升乡村旅游经营户的现代化管理和精细化服务水平，培养和造就一大批理念新、会经营、懂管理、有技能的乡村旅游人才。

4. 积极鼓励乡村旅游创业就业

强调农民的主体地位，就是要尊重农民的意愿、保障农民的权益，但并不是说乡村旅游只能由农民来做。在乡村旅游发展的初级阶段，比如说给游客提供最基本、最简单的食宿服务，经营和管理者主要是农民，那是乡村旅游发展的"1.0版"。但是，乡村旅游发展到现阶段，已经是"2.0版"或者"3.0版"了，乡村旅游的投资、管理和经营主体应该更加多元化、专业化。国务院办公厅印发的《关于进一步促进旅游投资和消费的若干意见》提出，要开展百万乡村旅游创客行动。要注重吸引社会资本、社会力量参与到乡村旅游发展中来，鼓励和引导文化界、艺术界、科技界的专业技术人员到乡村开展规划设计、创作创意、经营管理等。为此，国家旅游局命名了首批20个"中国乡村旅游创客示范基地"，这些基地乡村旅游发展基础比较好，更重要的是当地出台了一系列优惠政策，能够吸引一批理念新、能力强的外地创新创业人才前来从事乡村旅游开发。社会资本、社会力量的进入，可以很好地弥补农村发展乡村旅游经常面临的资金和人才的短缺，能够快速提升乡村旅游的品质和层次。

5. 政府引导，规划先行

现在凡是乡村旅游发展好的地方，都是党政领导高度重视、各部门协调推动的结果；凡是乡村旅游工作做得好的地区，都充分体现了政府的主导作用和规划先行这一共同特点。我国农村基础差、底子薄，在乡村旅游发展过程中，政府协调有力的推动是非常重要和必要的。要加强规划引领，优化产业布局，保证乡村旅游开发建设有序推进，保障乡村旅游开发和基础服务设施的配套以及资源环境保护的协调统一。要加大资金投入，重点解决乡村旅游基础设施滞后、公共服务不足、环境卫生落后等问题，优化乡村旅游消费环境。当前，要结合全国开展的"厕所革命"，着力解决重点乡村旅游区的厕所问题。要针对乡村旅游食品卫生、消防安全、用地建设等问题，研究出台简单易行、切实管用的规定和办法，建立健全乡村旅游标准化体系和市场监管机制，提高游客满意度。

二、做好微观调控

对现代乡村旅游进行县级"顶层设计"，微观上应当开展如下几项具体工作。

（一）开展全域旅游资源普查与价值评估工作

旅游资源调查是旅游资源开发中的基础性工作，调查成果对于旅游资源的科学规划、合理开发、现代化管理和环境监控与保护有着积极的意义。开展旅游资源调查，要成立调查领导小组，聘请专家团队，制定工作方案，建立工作保障机制，编制调查报告。工作中，要按照国家旅游局颁布的《旅游资源分类、调查与评价标准》要求，对每一项旅游资源单体调查，填写《旅游资源单体调查表》，摸清旅游资源的"家底"。在此基础上，按照国家旅游局旅游资源评价标准，对旅游资源单体给出评价等级。旅游资源划分为五个评价等级：五级旅游资源，得分大于或等于90分；四级旅游资源，得分75~89分；三级旅游资源，得分60~74分；二级旅游资源，得分30~44分；一级旅游资源，得分 45~59 分。五级旅游资源称为"特品级旅游资源"；四级、三级旅游资源，通称"优良级旅游资源"；二级、一级旅游资源，通称"普通级旅游资源"。通过对全县旅游资源普查与价值评估工作，要找出旅游资源的特色，明确开发重点和开发时序，找准旅游产业发展的突破口。

（二）编制全县旅游发展总体规划及旅游专项规划

按照国家旅游局《旅游规划通则》的要求，聘请有旅游规划编制资质的规划设计单位编制全县中长期旅游发展总体规划，适时编制旅游专项规划。通过规划编制 10 年或 20 年全县旅游发展总体规划及旅游专项规划，给出科学定位、方向、目标及核心产品。为了实现全县旅游发展总体规划"落地"，应当进行"多规合一"，相关规划要与旅游规划相互衔接，并给以保障。

（三）县委、县政府出台发展乡村旅游的政策文件

明确将旅游产业培育为县域经济发展的战略性新兴支柱产业，明确全域旅游、"大旅游"及现代乡村旅游发展举措，以旅游产业发展为主导，推动相关产业与旅游产业融合发展，构建旅游产业体系，做强做大旅游产业。县一级应当坚定不移地牢固树立"绿水青山就是金山银山"的战略思想观念，编制好全县生态保护线、基本农田保护线、环境保护线，坚守好生态旅游发展的"底线"。

（四）成立乡村旅游专项工作机构，并明确分支机构

县委、县政府及各级各部门主要领导抓旅游产业发展，县四套班子参与，分工合作，齐抓共管，做到层层抓，"一把手"抓"一把手"。各乡镇（街道办事处）要组建旅游办公室，与乡镇相关职能单位合署办公。对行政村要派乡镇干部挂钩联系，对行政村选派年轻有为、有文化、有干劲的党支部"第一书记"。

（五）编制县年度旅游产业发展重点工作方案

以整合资源为基础，以重点项目、龙头项目、品牌企业引进和培育为抓

手,坚持招商选资为第一要务,落实人、财、物的保障。每年扶持一批旅游重点项目做强做大。此项列入县委、县政府办公室年度督办工作重点,按月度、季度、年度督查,列入县二级领导班子年终考核评比项目。

(六)抓好全县旅游工作培训和实地考察

县委组织部对县各级领导班子、机关中层干部、村"两委"干部的旅游工作培训和实地考察。现场考察与集中讨论、专家培训与上下互动相结合。要让各级干部搞清楚、弄明白"为什么要抓旅游、怎样抓旅游、如何实现旅游配套、如何实现旅游扶贫奔小康致富"等一系列思想观念问题和技术操作问题,调动一切力量支持旅游产业发展。

(七)全县开动各种宣传机器,加强旅游整体形象宣传推广

加大全域旅游资源和旅游产品的正面宣传;加强全县旅游的整体宣传推广,树立鲜明特色的旅游形象。平面媒体与立体媒体、传统媒体与新媒体及口碑宣传相结合。同时,利用各种旅游展会参展、各种文化体育旅游等多种喜闻乐见的活动形式,加强全县旅游整体宣传推广。

(八)全县抓好重要部门和单位,支持旅游产业融合发展

县政府的国土规划、财政、税务、公安、食品药监、质监、农业、林业、水利、交通、文化、体育、旅游等部门,县委组织部、宣传部、工会、共青团、妇联、文联等,结合本职工作,找好支持旅游产业发展的切入点、结合点。例如,传统农业变为休闲农业,再与乡村旅游融合和发展;传统林业变为森林公园,再变为森林生态旅游景区;传统水电设施变为白天从事旅游、晚上发电的水利旅游风景区等。同时,抓好非物质文化遗产的申报、宣传推广工作,讲好县域特色文化故事。

(九)全县统筹抓好几支民间团体队伍

广泛发动民间力量,如旅游协会、自驾车旅协会、自行车运动协会、摄影

家协会、作家协会、书画家协会、厨师协会、志愿者协会、群众文化演出协会,营造"大旅游"产业发展氛围。

(十)每年举办一两次旅游产业发展大会

通过公平竞争,以一个镇(或一条街)为单位,每年固定办好旅游产业发展大会以及县域、镇域旅游文化美食等节庆活动。做到一镇一景区,一镇一节庆,一镇一美食,一镇一特产。

(十一)用先进典型作示范,以点带面

一是引进和培育一批旅游品牌企业,发展乡村旅游的"龙头"企业,做好"引资、引技、引智"工作,促进乡村旅游做强做大。

二是抓好一批乡村旅游示范点,包括示范镇、示范村、示范景区、休闲农业与乡村旅游示范园、森林公园、休闲广场、特色公园(花园)、示范酒店、示范购物点、示范农庄、精品"农家乐"、农家客栈、特色美食、特产店等。

三是抓好一批乡村旅游的公共基础配套设施建设。包括乡村旅游景观大道、生态停车场、旅游厕所、绿道、旅游信息咨询中心、旅游交通指示牌。

四是培育一批乡村旅游的致富带头人,扶持一批旅游企业的经营主体,引进一大批乡村旅游人才。

(十二)不断创建县域旅游形象新品牌

以创建活动,促进旅游产业不断上新台阶。要争取上级方方面面的政策支持,坚持中高端兼顾大众旅游市场的发展路线。创建国家级、省级休闲农业与乡村旅游示范县、生态旅游示范县、休闲度假区示范县、全域旅游示范县等品牌,促进县级旅游产业做强做大,构建地方新兴的支柱产业。

附件一

广东省地方标准《乡村旅游服务规范》内容摘要

增城，2014年4月被国家旅游局办公室公布为"第二批全国旅游标准化示范城市"，也是广东省唯一的全国旅游标准化示范城市。广州市增城区旅游发展中心牵头起草了广东省地方标准《乡村旅游服务规范》。笔者参加了该标准的起草工作，并作为主要起草人之一。现将该标准内容摘录如下。

　　一、本标准规定了乡村旅游的术语和定义、旅游管理要求、服务人员要求、总体环境要求、公共基础设施及其服务要求、服务设施与项目要求、安全要求、卫生要求、资源和环境保护、服务评价与改进等。

　　二、本标准适用于广东省内乡村旅游区（点）的经营管理和服务提供。

　　三、定义：

　　（一）乡村旅游

　　以乡村自然景观、民俗和农事活动为主要吸引物的旅游。

　　（二）乡村旅游区（点）

　　利用乡村自然景观和民俗文化等资源，为游客提供观光、休闲、度假、餐饮、住宿、娱乐、购物、科普、农事体验等服务的旅游活动场所。

　　四、旅游管理要求

　　（一）有常设的管理机构，职责明确。

　　（二）配置专职人员与专项经费，保障管理机构的日常工作开展。

　　（三）管理机构应对乡村旅游区（点）的发展进行规划与引导，以实现乡村旅游区（点）的可持续发展。

　　（四）管理机构应负责制定乡村旅游区（点）的管理制度。

　　五、服务人员要求

　　（一）仪容仪表

　　1. 着装得体整洁，形象端庄、大方，宜穿着有地方特色或民族特色的服装。

　　2. 佩戴能被明显辨识的胸卡或胸牌。

　　（二）行为举止

　　1. 尊重游客的民族习俗和宗教信仰，保护游客隐私。

　　2. 服务主动热情，细致周到，操作规范。

3. 行为文明，举止符合岗位规范的要求。

4. 应使用普通话作为服务语言，语言规范，表达清晰，使用文明礼貌用语。

（三）业务技能

1. 服务人员上岗前应经过岗位培训，考核合格后方可上岗，上岗后进行定期培训。特种职业和岗位应具有相应资质，持证上岗。

2. 应掌握岗位所需的基本知识和技能，操作熟练。

3. 与游客接触的服务人员应具备基本的医疗急救知识和技能。

4. 应配有专职或兼职讲解员，讲解员应熟悉当地历史、人文、风土人情等，讲解内容及语言应规范准确、健康文明，服务质量应符合《旅游景区讲解服务规范》（LB/T 014－2011）的要求。

六、总体环境要求

（一）生态环境良好，无地质灾害隐患，整洁卫生，景观有一定特色，具有浓郁的乡村风情。

（二）建筑结构良好，布局科学、合理，建筑风格独具特色，与环境相协调。

（三）空气质量符合《环境空气质量标准》（GB3095－2012）的规定。

（四）应控制声源，降低噪音污染，符合《声环境质量标准》（GB3096－2008）中的二级标准。

（五）旅游旺季和游客高峰时，游客数量控制与引导应得当。

七、公共基础设施

（一）标志标识

1. 旅游公共信息图形符号应符合《标志用公共信息图形符号 第1部分：通用符号》（GB/T10001.1－2012）、《标志用公共信息图形符号 第2部分：旅游休闲符号》（GB/T10001.2－2006）的要求。

2. 旅游公共信息导向系统设置应符合《公共信息导向系统 设置原则与要求 第1部分：总则》（GB/T 15566.1－2007）的要求。

3. 标识字迹清晰，易于识读，不得有断裂、模糊等损坏现象。

4. 宜展示附近地图，标明乡村旅游区（点）所在位置。

5. 鼓励对标志标识进行创意设计。

（二）交通

1. 主干线通往乡村旅游区（点）道路路况良好，有较好的可进入性，道路旁照明设施齐全完好。

2. 主干线通往乡村旅游区（点）支线公路路口、支线公路通往乡村旅游区（点）公路路口有醒目的指示牌。

3. 乡村旅游区（点）附近应设有加油站。

4. 应设有与接待能力相适应的停车场，车位数量满足需要。

（三）通信

1. 移动电话信号应覆盖整个乡村旅游区（点），信号清晰。

2. 乡村旅游区（点）出入口和游客集中场所应设置固定电话装置。

3. 乡村旅游区（点）应提供互联网服务，无线网络信号即 Wi-Fi 信号应覆盖整个区域。

（四）环卫设施

1. 在交通枢纽、旅游活动场所等游客相对密集的地方应设置公共厕所，分布合理、数量充足。

2. 公共厕所通风透气，采光良好，室内整洁卫生，应符合《旅游厕所质量等级的划分与评定》（GB/T 18973－2003）中的最低基本要求。

3. 在重大节庆和国家法定假日期间，宜设合理数量的流动厕所（固定厕位数量如满足需求可不设）。

4. 在交通枢纽、旅游活动场所等游客相对密集地方，应设置垃圾分类收集箱，数量与布局设置科学合理。

5. 污水排放符合《污水综合排放标准》（GB 8978－2002），排污设施规划规范齐全，污水纳管排放，不污染地面、水体等。

八、服务项目和设施要求

（一）信息咨询

1. 应设有面向公众公示的旅游咨询电话，提供当地游览、交通、安全等信息咨询服务。

2. 宜印制介绍乡村旅游区（点）概况及活动项目等内容的宣传册。鼓励通过互联网等信息化手段为游客提供乡村旅游区（点）的地理位置、开放时间、游览内容、联系方式等基本信息服务。

3. 宜设有游客服务中心或旅游咨询点，其设置与服务规范应符合《旅游信息咨询中心设置与服务规范》（GB/T 26354－2010）的要求。

（二）餐饮

1. 餐饮服务设施应与乡村旅游点的整体环境相协调，体现农家风情和乡村文化。

2. 餐饮服务组织应申领餐饮服务许可证。其设施、设备、卫生和服务要求参照《农家乐旅游服务规范》（DB44/T 1184－2013）。

3. 餐饮服务设施与接待游客数量相适应，应提供当地特色菜肴。

4. 菜品分类清楚，明码标价。

5. 餐饮设施设备完好，有完善的防蝇、防尘、防鼠及污水处理设施。餐（饮）具配套并符合卫生要求，有消毒专用设备。

6. 厨房工作人员和服务人员持有卫生部门核发的《健康证》，工装整洁，具备基本服务技能。

7. 食品来源和加工制作应符合食品卫生要求，有健全的食品卫生管理制度，配有食品卫生管理人员。

8. 餐具、饮具（含茶具）卫生符合《食（饮）具消毒卫生标准要求》（GB 14934－1994）。

（三）住宿

1. 住宿设施应与乡村旅游区（点）的整体环境相协调，体现农家风情和乡村文化。

2. 乡村旅游区（点）住宿设施的入住登记、安全等制度健全，应有服务项目价目表和住宿须知，各类服务项目应明码标价。

3. 室内设施、日常生活用品齐备，通风良好，照明充足。门窗应牢固，开闭灵活。锁闭装置应安全可靠。

4. 应在客房区域内设有厕所和浴室。应 24 小时供应热饮用水，定时供应洗浴热水。

5. 床单、被单及枕套等用品应一客一换，供游客使用的饮具应一客一换一消毒，无污渍。

（四）购物

1. 购物摊点布局合理，证照齐全。

2. 应提供旅行日常用品、旅游纪念品、土特产品的销售服务。旅游商品应突出当地特色，明码标价。

3. 鼓励设计、开发具有民族、地方特色的服饰、手工艺品、特色食品、农产品、旅游纪念品等旅游商品。

（五）乡村娱乐

1. 根据当地自然和人文文化资源，开发民间节庆活动、文艺演出，为游客提供健康的娱乐、休闲、健身活动服务。

2. 文化娱乐活动内容文明、健康，适合国情，符合伦理道德。

3. 文化娱乐项目应富有民族和地方特色，活动内容与附近其他乡村具有较强的差异性。

4. 活动项目有较强的地方性、季节性和参与性，能充分体现当地农业和农村民俗特点。

5. 乡村娱乐活动项目具有充足的活动空间，功能完善。项目布局合理，表演、展示、游览、体验等活动能有机结合，协调统一。

6. 文化娱乐场所设施管理和服务应符合《旅游娱乐场所基础设施管理及服务规范》（GB/T 26353 – 2010）的要求。

九、安全要求

（一）应建立健全安全管理制度和旅游突发公共事件应急预案。应有处理游客事故、疾病和其他紧急情况的程序，有重大旅游安全事故发生后的处理及报告制度。

（二）应设置并公布紧急救援电话号码。

（三）安全管理人员和服务人员经过培训，具有应对紧急情况的基本知识与技能。

（四）建有相应的医疗设施，配备医务人员、常用药品和急救药品。应与当地的正规医院建立稳定的合作关系，有切实可行的医疗急救措施和制度。

（五）危险地段标志明显，防护设施齐备有效。地形险要的地段和水岸边应设置警示线、警示牌予以警示。

（六）应配置必备的消防设施和器材以及其他必要的安全防护设施，并定期保养、维护、更新。消防安全标志设置符合《消防安全标志设置要求》（GB 15630-1995）的规定。

（七）应在公共区域设置视频监控设备，并保存好数据。

十、卫生要求

（一）公共场所卫生

1. 公共场所应整洁、卫生，无污水、污物，无乱建、乱堆、乱放现象。

2. 垃圾清扫、清运及时，日产日清。

3. 污水排放得当，集中处理固体废弃物，不得任意丢弃或直接埋入土壤。

（二）餐饮卫生

1. 生活饮用水水质卫生符合《生活饮用水卫生标准》（GB 5749-2006）的要求。

2. 餐饮场所卫生符合《饭馆（餐厅）卫生标准》（GB 16153-1996）所规定的要求。

（三）其他

1. 旅店住宿卫生应符合《旅店业卫生标准》（GB 9663-1996）的要求。

2. 商场商店卫生应符合《商场（店）、书店卫生标准》（GB 9670-1996）的要求。

3. 娱乐场所卫生应符合《文化娱乐场所卫生标准》（GB 9664-1996）的要求。

4. 预防和控制传染性疾病，执行《商业、服务业经营场所传染性疾病预防措施》（GB 19085-2003）的规定。

十一、资源和环境保护

（一）旅游开发应保护当地自然资源和生态环境，不应擅自占用耕地和基本农田，不应乱砍乱伐、乱搭乱建和乱丢乱弃。

（二）旅游开发应保护当地的历史古迹、文物和特色建筑物。

（三）旅游开发应保护当地的文化特色和传统民俗、生活习惯。

（四）旅游活动项目应做到以不破坏生态环境为前提，坚持环保原则。

（五）应有提醒游客不得损坏农作物和其他植物的提示牌。

（六）餐厨油烟排放应符合《饮食业油烟排放标准》（GB 18483-2001）和广东省地方标准《大气污染物排放限值》（DB44/T 27-2001）的规定，生活污水排放应符合《污水综合排放标准》（GB 8978-2002）和广东省地方标准《水污染物排放限值》（DB44/T 26-2001）的规定。

十二、服务评价与改进

（一）投诉处理

1. 设立投诉受理机构并配备专门人员，制定完善的游客投诉处理制度。运行机制良好，能及时、妥善处理投诉，并及时将处理结果告知投诉者。

2. 应在醒目位置公布当地旅游部门和乡村旅游区（点）的投诉电话。

3. 应设置现场和网络投诉渠道，定期收集、分析游客意见，并进行相应改进。

4. 对待投诉人员应热情、耐心，并作好翔实记录。

5. 建立完善的投诉处理档案，保持两年以上的备查期。

（二）满意度调查

1. 定期进行游客满意度调查，每年不少于 2 次，游客总体满意度不低于 90%。

2. 对游客满意度调查征询意见有分析、有通报、有改进措施。

附件二

广东省地方标准《家庭旅馆经营服务规范》内容摘要

增城，2014年4月被国家旅游局办公室公布为"第二批全国旅游标准化示范城市"，也是广东省唯一的全国旅游标准化示范城市。广州市增城区旅游发展中心牵头起草了广东省地方标准《家庭旅馆经营服务规范》。笔者参加了该标准的起草工作，并作为主要起草人之一。现将该标准内容摘录如下。

一、本标准规定了家庭旅馆的经营管理要求、从业人员要求、服务要求、设施设备要求、卫生要求、安全要求和投诉处理。

二、本标准适用于家庭旅馆的经营服务。

三、定义：家庭旅馆

旅游地居民将自己闲置的住宅通过改造和装修建成的一种小型社会旅馆，可以让旅客感受到家庭氛围和增加对当地居民的接触和了解。

四、经营管理要求

（一）经营者应具备工商营业执照、税务登记证、卫生许可证、消防检查合格意见书、特种行业经营许可证等证照，并应在前厅等显著位置悬挂证照原件。销售食品的家庭旅馆需办理食品流通许可证，提供餐饮服务的家庭旅馆需办理餐饮服务经营许可证。

（二）应有旅馆服务指南，并在前厅显著位置悬挂或张贴。

（三）应有处理应急事件的预案，责任明确。

五、从业人员要求

（一）从业人员应熟练掌握岗位所需的业务知识和技能，并接受有关部门组织的专业培训。

（二）从业人员应有良好的个人卫生习惯，应每年进行健康检查，取得卫生部门核发的健康合格证明后方可上岗。

（三）从业人员应熟悉安全设施设备的位置和使用方法，对出现的安全隐患采取相应的措施。

六、服务要求

（一）基本要求

1. 旅馆环境清洁安静，应24小时供应电、自来水和热饮用水，定时供应洗浴热水。

2. 服务人员仪表仪容和举止大方得体，服务主动热情。

3. 应使用普通话作为服务语言，语言规范，表达清晰，使用文明礼貌用语。

4. 除发生紧急情况外，服务人员未经游客许可，不得随意进入游客下榻的房间。

5. 尊重游客民族风俗习惯和宗教信仰，保护游客隐私。

6. 提供餐饮服务的家庭旅馆，其设施、卫生和服务要求参照《农家乐旅游服务规范》（DB44/T 1184-2013）。

7. 从事商品销售的家庭旅馆，其出售的商品应符合《旅游购物场所服务质量要求》（GB/T 26356-2010）第7章有关"旅游商品要求"。

8. 鼓励旅馆对门牌、前台、客房内饰进行创意设计。

（二）前台服务

1. 提供接待、问询、结账服务。具备条件的旅馆可建立旅客档案。

2. 在明显位置标示当地旅游投诉电话号码与服务项目价目表。

3. 应提供当地游览、交通、安全等信息咨询服务。

4. 应耐心解答游客提出的问题，表达清晰，内容真实准确。

（三）客房服务

1. 客房、卫生间应每天全面清理一次，保持客房清洁，卫生间无堵塞、滴漏、污迹和异味。

2. 床单、被单及枕套等用品应一客一换，无毛发和明显污渍。供游客使用的饮具应一客一换一消毒，无污渍。有条件的家庭旅馆应设立独立的消毒间。

3. 服务人员应每天检查客房内的客用消耗品的使用情况，并及时配套齐全。

（四）医疗急救服务

应备有急救药箱，能对常见突发疾病或轻微外伤进行紧急救助。

七、设施设备要求

（一）房屋应具备房屋所有权或土地使用证。不具备房屋完全产权的，旅馆应持有临时经营场所使用证明。

（二）房屋应通过主管部门的检查，宜聘请具有资质的鉴定机构出具房屋安全鉴定证明。建筑安全、牢固，地面和墙面无破损、裂痕、脱落。

（三）底层和临街房屋，以及容易攀爬的阳台和窗户要有防盗措施。高层的阳台及窗户应设置限位等防护措施。门锁牢固，有防盗装置。

（四）旅馆应配备发电机、蓄电池等备用电源，保证旅馆应急用电。

（五）布局合理，设有与接待能力相适应的前厅，有与旅馆规模相适应的服务台。

（六）客房至少有2间（含2间），游客实际使用面积不小于7平方米。

（七）客房应配有床、桌、椅等家具和茶壶、茶杯等饮具，配齐床上用品，如床单、枕芯、枕套、棉被等。

（八）客房应配有电视机、电话以及互联网服务，有必要的电源插座，照明充足，提倡使用节能灯，并有遮光窗帘。配备相应的制冷设备，通风良好。

（九）有卫生间，配备面盆、梳妆镜、抽水马桶和必要的洗漱用品。采取有效的防滑措施。有良好的排风系统或排风扇。有条件的宜配置残疾人厕位。

（十）提供停车指引。

（十一）公共信息图形符号的设置合理，符合《标志用公共信息图形符号 第1部分：通用符号》（GB/T 10001.1-2012）的要求。

八、环保要求

（一）旅馆卫生要求应符合《旅店业卫生标准》（GB 9663-1996）的规定。

（二）旅馆生活用水和饮用水水质应符合《生活饮用水卫生标准》（GB 5749-2006）的要求。

（三）室内空气质量符合《旅店业卫生标准》（GB 9663-1996）的规定。

（四）公共浴室卫生符合《公共浴室卫生标准》（GB 9665-1996）的规定。

（五）污水排放达到国家标准《污水综合排放标准》（GB 8978-2002）中的规定。

（六）餐具、饮具（含茶具）卫生符合《食（饮）具消毒卫生标准要求》（GB 14934-1994）的要求。

（七）预防和控制传染性疾病，执行《商业、服务业经营场所传染性疾病预防措施》（GB 19085-2003）规定。

（八）垃圾处理符合环保要求，有安全有效的防蚊、蝇、虫、蛇、蚁、鼠措施。

九、安全要求

（一）游客入住手续和访客登记手续规范，符合公安部门的相关规定。访客需征得本人同意并做好来访登记后方可进入。

（二）对可能危及游客人身或者财产安全的情形，应当明确警示，并采取有效的防范措施。

（三）客房内有旅客住宿须知或服务指南，公布旅游、工商、公安、医疗等部门求助电话号码。

（四）消防安全设施齐全，并有消防安全标志，消防安全标志应符合《消防安全标志 第1部分：标志》（GB 13495.1-2015）的要求。

（五）定期对电器、安全、消防等设施设备进行检查、保养和维护。

（六）房门后显著位置应张贴应急疏散图。

（七）应保持通道畅通，无障碍物，光线充足，有应急照明设施。紧急出口的门不得上锁，标识应清晰可辨，位置合理。

（八）提供互联网服务的，应遵守网络安全管理的相关规定。

（九）家庭旅馆应在公共区域设置视频监控设备，做好日常防护工作，并保存好数据。

十、投诉处理

（一）应公布投诉电话，并在醒目处公示旅游行政管理部门的旅游质量监督电话。

（二）对待游客投诉要做到热情、耐心，并能冷静地倾听游客的投诉，避免和游客发生争执。

（三）应及时处理游客投诉，如能现场解决的应现场解决，不能现场解决的，应在约定时间内解决，并及时将处理结果告知投诉者。

（四）应建立投诉记录台账，有原因分析和整改情况记录。

参考文献

[1] 魏小安. 二十一世纪旅游. 广州：广东旅游出版社，2008.

[2] 魏小安，韩建民. 旅游强国之路：中国旅游产业政策体系研究. 北京：中国旅游出版社，2003.

[3] 魏小安. 中国古城古镇古村旅游发展研究. 北京：中国旅游出版社，2009.

[4] 魏小安. 旅游业态创新与新商机. 北京：中国旅游出版社，2009.

[5] 伍飞. 旅游整合世界. 北京：北京大学出版社，2008.

[6] 郝康理，柳建尧. 旅游新论：互联网时代旅游业创新与实践. 北京：科学出版社，2015.

[7] 罗明义. 旅游经济学原理. 上海：复旦大学出版社，2004.

[8] 陆素洁. 如何开发乡村旅游. 北京：中国旅游出版社，2007.

[9] 徐学书. 旅游资源保护与开发. 北京：北京大学出版社，2007.

[10] 徐菊凤. 中国休闲旅游度假研究. 大连：东北财经大学出版社，2008.

[11] 马莹. 旅游美学. 北京：中国旅游出版社，2009.

[12] 傅建祥. 人文旅游研究. 北京：中国旅游出版社，2010.

[13] 陆琦. 中国古民居之旅. 北京：中国建筑工业出版社，2004.

[14] 谢彦君. 基础旅游学. 北京：中国旅游出版社，2011.

[15] 梁明珠. 旅游资源开发与规划——原理、案例. 广州：暨南大学出版社，2008.

[16] 刘翠. 休闲旅游文化基础. 北京：清华大学出版社，2008.

[17] 武旭峰,武程翔. 福寿新丰. 广州:广东旅游出版社,2015.

[18] 李宏. 旅游目的地新媒体营销——策略、方法与案例. 北京:旅游教育出版社,2014.

[19] 叶美秀. 休闲活动设计与规划——农业资源的应用. 北京:中国建筑工业出版社,2009.

[20] (韩)孙海植等著. 休闲学. 朴松爱,李仲广译. 大连:东北财经大学出版社,2005.

[21] 王婉飞. 休闲管理. 杭州:浙江大学出版社,2009.

[22] 易思羽. 中国符号. 南京:江苏人民出版社,2005.

[23] 邹统钎等. 乡村旅游:理论·案例. 天津:南开大学出版社,2008.

[24] CCTV《致富经》栏目. 专家指点乡村文化旅游. 上海:上海科学技术文献出版社,2007.

[25] 贵州省旅游局. 贵州省乡村旅游规划. 贵阳:贵州人民出版社,2007.

[26] 易玉婷. 中国江苏乡村旅游指南. 苏州:苏州大学出版社,2014.

[27] (英)詹姆斯·本特利著;(英)雨果·帕莫尔摄. 英国最美乡村. 宋娟娟译. 广州:广东旅游出版社,2014.

[28] 原来. 都市圈上耀明珠——广东旅游休闲度假小镇发展之路. 广州:广东人民出版社,2012.

[29] 朱晓栋. 水墨徽州:黄山与婺源的诱惑. 北京:人民交通出版社,2008.

[39] 行者小刘. 建筑孤旅:水墨人家. 北京:中国电力出版社,2004.

[31] 秦俭,龚美玲. 中国乡土影像:婺源乡村. 北京:中国旅游出版社,2007.

[32] 石宝琇. 乡村故事. 成都:成都地图出版社,2006.

[33] 刘沛林. 中国古村落之旅. 长沙:湖南大学出版社,2007.

[34] 陶犁. 民族民俗风情赏析. 北京:旅游教育出版社,2005.

[35] 苏宁. 一座消失的村庄. 南京:江苏人民出版社,2014.

[36] 沈成嵩，王喜根. 农耕年华. 南京：江苏人民出版社，2014.

[37] 湛汝松. 荔枝红了. 南京：江苏人民出版社，2015.

[38] 湛汝松. 荔乡拾贝. 北京：中国戏剧出版社，2009.

[39] 李惜爱. 山水增城. 广州：广东经济出版社，2010.

[40] 肖文峰，巫国明. 人文增城. 广州：广东经济出版社，2010.

[41] 龚伯洪. 文化增城. 广州：广东经济出版社，2010.

[42] 林干. 魅力增城. 广州：广东经济出版社，2010.

[43] 史寿山. 大旅游：增城旅游发展的实践与思考. 广州：暨南大学出版社，2013.

[44] 井庄镇民俗旅游协会. 柳沟乡村旅游一本通. 宣传资料. 2010.

[45] 刘亚轩. 旅游中外民俗. 北京：中国旅游出版社，2015.

[46] 黄翔等. 旅游节庆与品牌建设：理论·案例. 天津：南开大学出版社，2007.

[47] 史寿山. 全域旅游：增城旅游发展的实践与思考. 广州：暨南大学出版社，2016.

后 记

自从完成《全域旅游》书稿，我就开始构思《现代乡村旅游》这本书。近年来，全国各地的党政学习考察团和旅游界的同行代表来增城考察交流，他们希望我总结思考一下，把类似增城乡村旅游发展的一些经验做法的"干货"写成一本书供大家实践参考；一些旅游专家学者朋友也建议或鼓励我从推动全国乡村旅游发展的实践和理论探讨的角度，从基层理论与实践结合的、丰富与鲜活的体会上，从"实战、实招"出发，为现代乡村旅游发展做些理论贡献。《现代乡村旅游》一书，从动议策划、搜集资料到编写编校、付梓，前后经历了近一年时间。为了写这本书，我搜集了乡村旅游的大量案例，广泛阅读了大量专家学者的关于乡村旅游的研究成果，受益匪浅。尤其是著名旅游专家魏小安先生的相关著作、演讲、博客，对我启发很大。本书有些章节的观点，就是根据他的思路及精辟语言，或点缀、或展开或深化解读的。魏小安先生也曾经作过《现代乡村旅游三十年》的专题讲座，这更使我坚定了编写本书的信心；邹统钎先生对乡村旅游的理论及案例研究成果，令我受益匪浅；伍飞先生所著《旅游整合世界》一书，使我对"旅游整合"的概念铭记在心；广东省社科院陈荣平教授建议我总结增城乡村旅游经验，写一本有关乡村旅游的书，真让我动了心；暨南大学旅游管理学院梁明珠教授、著名旅游专家武旭峰老师等都给了我热情鼓励。在此，一并深表诚挚敬意和衷心感谢。说实在的，一边工作，一边业余写作；一边博览群书汲取营养，一边反复思考研究和实践。经过多次挑灯熬夜的折腾，颇感不易。还好，几易其稿，终于完成此书。

我知道，现代乡村旅游领域里需要研究的实际问题很多、理论也亟须创新。譬如，乡村旅游品牌企业的招商、民宿的建设与运营、管理和实操人才的引进和培养、旅游商品开发和特色美食的挖掘与推广、新业态的研究、民间组织的扶持与发展、社区的参与机制、互联网下的营销平台的线上与线下互动、公共基础设施的适度超前配套研究、国土规划落地的有效措施等等，因本书篇幅所限，在此难以专题论述。除此之外，本人深知国内乡村旅游发展迅速，各种经验层出不穷；国外乡村旅游发展悠久，且无论从现场考察了解还是理论涉猎，都深感认知肤浅，恐有把握不准、画像不像之憾。

本书的顺利出版，衷心感谢中共广州市增城区委、区政府领导的大力支持和指导，感谢增城区文体旅游局、区旅游发展中心干部职工的辛勤付出，感谢各镇街和各部门单位的鼎力支持，感谢有关旅游景区、旅游相关企业和单位人士的热心支持与合作。同时，也向多年来热诚关心、支持和帮助增城旅游发展的上级和各地旅游部门的领导、专家、学者和同行表示诚挚敬意！

在此，我要衷心感谢广东旅游出版社社长和编辑的专业建议。同时，我在编写此书过程中学习借鉴了一些旅游专家、学者的智慧和《中国旅游报》有关的纸媒报道、网站资讯和图书文字材料，在此一并表示诚挚谢意。另外，我的家人为本书出版给予很多鼓励、支持和帮助，在此由衷感激并致谢。

由于编者视野、水平有限，加之乡村旅游的探索和实践发展迅速，自己深感研究肤浅，一些观点恐有不当之处，敬请广大读者批评指正。

广州市增城区旅游发展中心主任　史寿山
2017年1月12日